JN142212

院政期武士社会と鎌倉幕府

川合　康著

吉川弘文館

まえがき

本書は、前著『鎌倉幕府成立史の研究』（校倉書房、二〇〇四年）に続く、私の二冊目の論文集である。内乱期の地域社会をあつかった二篇を除いては、基本的に二〇〇四年以降に発表した論文によって本書は構成されており、前著の拙い成果を踏まえながらも、前著とは異なる問題関心や視角から執筆した論文が中心となっている。そこで、書名を『院政期武士社会と鎌倉幕府』としたことも含めて、本書の問題関心についてまず解説を行い、そのうえで本書の構成を示すことにしたい。

前著『鎌倉幕府成立史の研究』では、鎌倉幕府の成立を公権委譲論の視角からとらえようとしてきたそれまでの研究史を批判して、荘郷地頭制や御家人制など、鎌倉幕府権力を支える諸要素の歴史的特質に注目しながら、その形成について治承・寿永内乱期の戦争や政治過程から検討を行った。鎌倉幕府は、東国の相模国鎌倉を本拠に成立したこと一つをとってみても、決して院政期の武士社会から必然的に展開するような武家政権ではありえず、治承・寿永の内乱の結果として生み出された固有の歴史的存在であったことを論じたのである。

このような理解は現在も変わっていないが、そうなると次に問題となるのは、内乱期の特殊な戦争状態・政治過程のなかで成立した鎌倉幕府が、その後、なぜ約百五十年にもわたって東国を拠点に存続することができたのか、という問題である。院政期の武士社会に、中世国家の軍事権門が東国において存続しうる歴史的条件が整っていなければ、たとえ源頼朝が配所の伊豆国で挙兵に成功したとしても、内乱の過程で上洛して在京の軍事権門に変質するか、それとも途中で幕府権力は解体してしまったに違いないのである。本書は、そのような問題関心から、院政期の武士社会を検討対象にすえて、中央と地方を緊密に結ぶ広域的な人の移動とネットワークを明らかにし、それが内乱の展開や鎌倉幕府の成立にいかに作用したのかを考えることにしたい。

そして、もう一つの問題関心は、鎌倉幕府が院政期の武士社会を前提に成立しながらも、伝統的な武士社会の秩序をどのように変容させていくのか、という問題である。本書では、鎌倉幕府の成立によって御家人制の秩序が浸透したことを自明視するのではなく、白河・鳥羽院政期以来の「京武者」秩序と重複・競合していた状況を明らかにし、それが鎌倉幕府成立後の政治史に与えた影響について論じることにする。

以上のような課題のもとに考察を進めるため、本書の書名を『院政期武士社会と鎌倉幕府』とすることにした。鎌倉幕府の成立という大きな歴史的事件を、院政期武士社会から連続する側面と断絶する側面の双方から考えてみたいのである。

本書は、序章と、第Ⅰ部「院政期武士社会のネットワーク」、第Ⅱ部「内乱期の地域社会と武士」、第Ⅲ部「鎌倉幕府の成立と武士社会の変容」の三部構成とした。序章は、近年の中世史研究の動向と、自らの研究の歩みを関連させて述べたものである。第Ⅰ部には、院政期における東国武士の広域的なネットワークに関する論文三本を収録し、第Ⅱ部には、内乱期の武士の動向と地域社会に関係する論文三本を収録した。そして、第Ⅲ部には、鎌倉幕府の成立による院政期以来の「京武者」秩序の変容に関する論文三本を収録し、補論として、鎌倉幕府成立時期に対する私見を簡略に述べた小論を収録した。

本書に収録するにあたり、すべての論文に加筆修正を行った。詳細は各章末尾の〔補記〕を参照していただきたい。

目次

まえがき
序章　鎌倉幕府・戦争・『平家物語』……一
はじめに……一
第一節　鎌倉幕府成立史への関心……一
第二節　日本中世の戦争の実態……六
第三節　武士社会のネットワークと内乱……一一
第四節　『平家物語』と歴史学……一三
おわりに……二〇
第Ⅰ部　院政期武士社会のネットワーク
第一章　中世武士の移動の諸相……二六
——院政期武士社会のネットワークをめぐって——

はじめに……二八
第一節　京への出仕……三〇
第二節　内裏大番役……三三
第三節　女子の婚姻関係……三七
第四節　亡命・流刑……三九
第五節　武士社会のネットワークと内乱……四四
おわりに……五〇
第二章　横山氏系図と源氏将軍伝承……六二
はじめに……六二
第一節　「小野系図」と「横山系図」……六三
第二節　横山氏の武功と源氏将軍……六八
第三節　源氏将軍の誕生儀礼……七四
第四節　鎌倉幕府権力の正統性と横山氏……八二
おわりに……八五
第三章　鎌倉街道上道と東国武士団
――秩父氏のネットワークと鎌倉幕府――……九三

はじめに……九三
第一節　鎌倉街道上道の概観……九四
第二節　鎌倉街道上道の歴史的前提……九八
第三節　大蔵合戦と武士団ネットワーク……一〇〇
第四節　平治の乱後の秩父氏のネットワーク……一〇五
第五節　源頼朝の挙兵と秩父氏の動向……一〇八
第六節　源頼朝による鎌倉街道上道の整備……一一一
おわりに――鎌倉幕府権力と武蔵国――……一一四
第Ⅱ部　内乱期の地域社会と武士
第一章　和泉国久米田寺と治承・寿永の内乱……一二六
はじめに……一二六
第一節　平安時代末期の和泉守……一二六
第二節　久米田寺と平信兼……一三三
第三節　内乱期における和泉国と久米田寺……一三六
第四節　久米田寺免田の確立と九条家……一四〇

おわりに……一四五
第二章　生田の森・一の谷合戦と地域社会……一五七
はじめに……一五七
第一節　内乱の諸段階と生田の森・一の谷合戦……一五八
第二節　生田の森・一の谷の「城郭」戦……一六〇
第三節　民衆の戦場への動員……一六三
第四節　摂津武士の動員と摂津国惣追捕使多田行綱……一六六
第五節　軍勢を先導する「案内者」……一七〇
第六節　鵯越と多田行綱……一七四
おわりに……一八三
第三章　中世前期の戦争と在地社会……一九二
はじめに……一九二
第一節　軍事動員と民衆……一九四
第二節　路次追捕と隠物……二〇〇
第三節　没官措置と村落の戦争……二〇五
おわりに……二一一

第Ⅲ部　鎌倉幕府の成立と武士社会の変容

第一章　内乱期の軍制と都の武士社会……二一八
はじめに――宮田敬三報告の論点――……二一八
第一節　「京武者社会」研究の進展……二一九
第二節　平氏都落ちと諸国武士の入京……二二一
第三節　鎌倉軍の入京……二二三
第四節　元暦元年の政治的意味……二二四
第五節　義経の出陣と「京武者社会」……二二五
第二章　鎌倉幕府研究の現状と課題……二三〇
はじめに……二三〇
第一節　中世国家論と鎌倉幕府――権門体制と超権門的性格――……二三一
第二節　鎌倉幕府の歴史的個性――東アジアの特異な武人政権――……二三六
第三節　「京武者」秩序と御家人制――幕府成立期の二つの武士社会――……二三九
第四節　鎌倉幕府の軍事的基盤――都市としての京と鎌倉――……二四三
おわりに……二四五

第三章　鎌倉幕府の草創神話
——現代人をも拘束する歴史認識——……二五一
はじめに……二五一
第一節　「京武者」としての源頼義・義家……二五三
第二節　河内源氏嫡流の動揺と頼朝の位置……二五五
第三節　頼朝の「政治」と奥州合戦……二六一
第四節　鎌倉幕府草創神話の形成……二六五
おわりに……二六八
補　論　鎌倉幕府の成立時期を再検討する……二七六
はじめに……二七六
第一節　頼朝の征夷大将軍任官をめぐって……二七七
第二節　鎌倉幕府成立時期をめぐる諸説……二七八
第三節　文治勅許説の浸透……二八〇
第四節　文治勅許説の問題点と荘郷地頭……二八一
第五節　文治勅許と守護（惣追捕使・国地頭）……二八三
第六節　鎌倉幕府の実質的成立過程……二八四

初出一覧……二八九
あとがき……二九一
索引

序章　鎌倉幕府・戦争・『平家物語』

はじめに

日本中世史研究において、一九九〇年代以降に著しく研究が進展した分野の一つとして、「中世戦争論」をあげることには誰も異論はないでしょう。そして、「中世戦争論」の展開とも関わって、軍記物や伝記などの史料批判が進められ、『平家物語』や『信長公記』などをめぐる歴史学・文学共同の議論が活発になりつつあることも、よくご存知のことと思います。序章では、このような研究状況が戦後歴史学の展開や近年の中世史研究の動向とどのように関連しているのかについて、治承・寿永内乱期の戦争や『平家物語』の研究にたずさわってきた者として、私自身のこれまでの拙い研究の歩みを振り返りながら考えていくことにしたいと思います。

第一節　鎌倉幕府成立史への関心

私は一九七七年に神戸大学文学部に入学し、翌年に史学科に進みましたが、この時期はちょうど新しい中世史研究の流れが明確化した段階にあたっていました。というのは、一九七八年六月に網野善彦氏の話題作『無縁・公界・楽日本中世の自由と平和』（平凡社）が発表されるとともに、九月には戸田芳実編『日本史(2) 中世1』（有斐閣新書）が刊行され、この二冊は、入間田宣夫氏の指摘のように、戦後中世史研究の枠組みを乗り越えようとする「中世史研究の二つの道」を示すものであったからです。(1) 民俗学・社会人類学など隣接諸科学を積極的に取り込んで「無縁」に注目し、「世界史の基本法則」とは全く異なる人類史を構想する網野氏の著作に対して、戸田氏の編著は、戦後歴史学の成果を生かしつつ、歴史の現場に立って、より即物的・実態的に社会の全体像をとらえようとする方向性をもつもので、例えば、都市としての京・鎌倉、地方行政機構と領主支配、荘園村落の景観、職能的武士論、寺社の社会的機能、都鄙間の交通体系などのテーマがとりあげられています。私は、一九七〇年代後半にあらわれたこのような二つの社会史研究の潮流のなかで、指導教員であった戸田芳実氏の影響を受けつつ勉強を始めました。

私は名古屋で育ったせいもあって、小学生の頃から大の戦国時代ファンで、桶狭間や小牧・長久手、長篠古戦場などを歩きまわり、高柳光壽氏や桑田忠親氏の一般向けの本を読んでいました。ですので、史学科に入ったら当然のように戦国時代を勉強するつもりでいましたが、一九七八年後期に史学科に進んだ時、翌年のNHK大河ドラマ「草燃える」（永井路子原作）の放映に合わせて、学生主催の研究会で『吾妻鏡』を輪読することになり、鎌倉幕府の成立に興味をもつようになりました。歴史を好きになるきっかけは、小説でもドラマでもマンガでも何でもよいというのが私の持論で、私自身もそのような動機から鎌倉幕府の研究に取り組むことになりました。

私の問題関心は、鎌倉幕府の成立によって地域社会がどのような影響を受けたのかという点にあり、戸田芳実氏の助言にしたがって、『吾妻鏡』や『玉葉』からではなく、『鎌倉遺文』に収められた文書史料から幕府成立期の地域社会のイメージをつくろうとしました。当時の鎌倉幕府成立史をめぐる研究状況は、国地頭制を中心に大山喬平氏と義江彰夫氏の論争が華々しく行われており、両氏とも社会全体の動向のなかで幕府権力を理解する立場をとりつつも、朝廷から源頼朝がいかなる権限を与えられたのかという問題では、基本史料の一字一句にこだわる精緻な史料分析を展開し、難解で複雑な論争が積み重ねられていました。髙橋昌明氏は「「文治の守護・地頭」研究は、一般の中世史研究者が容喙すべくもないこの道の特別な〝専門家〟にのみ許された世界だ、という一箇の風潮が生れたことも、史学史的に見て忘れがたい事実であろう」と述べられましたが[2]、そのような風潮は私が勉強を始めた頃においても確実にのこっていたと思います[3]。

頼朝が朝廷から何らかの公権を与えられることによって鎌倉幕府権力が成立する、という発想（＝公権委譲論）は、難解な守護・地頭論争を生み出しただけではなく、鎌倉幕府がどの時点で成立したのかという鎌倉幕府成立時期論争とも密接に結びついています。お馴染みの「イイクニつくろう鎌倉幕府」の一一九二年説は、頼朝が朝廷から征夷大将軍に補任された建久三年（一一九二）七月の時点に、幕府成立の画期を求めようとする説ですし、より有力な説として古くから注目されてきた一一八五年説は、頼朝による守護・地頭の設置を朝廷が認めた文治元年（一一八五）十一月の「文治勅許」の時点に、幕府成立の画期を求めようとする説です[4]。そのほか、朝廷が頼朝の東国支配権を実質的に認めた寿永二年（一一八三）十月の「十月宣旨」の時点に幕府成立を求める一一八三年説[5]、上洛した頼朝が朝廷から右近衛大将に補任された建久元年（一一九〇）十一月の時点に幕府成立を求める一一九〇年説[6]など、幕府成立時期をめぐる諸説のほとんどが、実は頼朝が朝廷から何らかの公権や官職を与えられた時点に画期を求めているのです[7]。

諸説が並立していること自体は、鎌倉幕府という権力の本質をどのようにとらえるかという問題と密接に関わっていますから、むしろ当然のことといえます。例えば、幕府権力の根幹を全国に展開した守護・地頭制と理解する研究者は一一八五年説を、幕府権力を基本的に東国政権（国家）ととらえる研究者は一一八三年説を唱えることになります。しかしここで注意したい点は、全国的な守護・地頭制を重視する立場であれ、東国国家としての性格を重視する立場であれ、いずれも朝廷からの授権に幕府成立の指標を置いていることです。

上横手雅敬氏は、こうした研究状況について「諸説が示すように、国家公権との接触、すなわち朝廷による保障なくして幕府は存在し得なかったのではなかろうか。国家公権との接触、朝廷による承認が、幕府の本質的条件となるのは、幕府成立の特殊事情に由来している」と述べられたうえで、「日本では中央集権的な律令国家が早く形成され、律令国家やその変質した王朝国家を否定することなく、旧国家体制が健全な状態で、それと深い関係をもちつつ幕府が成立したことが、その原因である」と解説されています。(8)つまり、幕府成立時期をめぐる諸説が、頼朝が朝廷から公権を委譲された時点に指標を求めているのは、日本における幕府成立の歴史的事情に基づいており、正当なとらえ方であると指摘されているわけです。しかし、このような理解に問題はないのでしょうか。

私は、地域社会の視点から鎌倉幕府の成立をとらえるために、卒業論文では生まれ故郷である伊勢国をとりあげ、一九八一年一月に「鎌倉幕府成立期の武士勢力—伊勢国における幕府勢力の展開—」を提出しました。平氏権力の基盤であった伊勢国に、鎌倉幕府権力がどのように展開していったのかについて、多気郡河田別所や度会郡大橋御園などを素材に検討したものです。河田別所と大橋御園は、平忠盛の弟で伊勢守にも任じられた平貞正（河田入道蓮智）の子息行恵（仮名多米正富）の所領でしたが、(9)文治二年（一一八六）一月に提出された行恵の訴状によると、河田入道跡（貞正遺領）に遣わされた地頭代紀藤四郎は、貞正と関係のない行恵の所領をも謀叛人跡として没官しようとして武力をもって乱入し、妻子まで迎えて河田別所に住みついていました。(10)鎌倉幕府による荘郷地頭職の設置範囲が没官領に限定されていたことは、すでに学界の共通認識となっていましたが、私は河田別所や大橋御園における武士乱入の様相を見て、その地頭職設置の前提となる没官措置は敵方所領に対する軍事的占領そのものであり、没官措置（敵方所領没収）と地頭職補任（没収地給与）は戦争行為の一環として理解すべきではないかと考えるようになりました。とすれば、鎌倉幕府の荘郷地頭制は何らかの公権委譲によって成立するような性質のものではなかったことになります。

実際、敵方所領没収と没収地給与は、東国では治承四年（一一八〇）の頼朝の挙兵段階からすでに始められており、西国でも元暦二年（一一八五）六月には伊勢国の謀叛人跡で地頭職補任が行われています[11]。また、各国で軍事動員を担う守護（物追捕使）も、寿永三年（一一八四）二月の生田の森・一の谷合戦前後から、畿内近国で一斉に設置が進められており[12]、双方とも文治元年（一一八五）十一月の文治勅許によってはじめて設置されたものではありません。朝廷からの公権委譲によって守護・地頭制が成立するという従来の発想そのものが、内乱や戦争の現実をとらえる目を曇らせてしまい、いまだに鎌倉幕府一一八五年成立説を一人歩きさせている要因ではないでしょうか[13]。

それでは、幕府成立の理解をめぐって、なぜこれほどまでに公権委譲の発想が強かったのでしょうか。それは、そのような発想が近代になって生まれたものではなく、鎌倉時代前期にさかのぼる伝統的なものであったからだと思います。例えば、承久の乱前後から、頼朝の地位を「日本国総地頭」や「日本国総追捕使」という架空の官職で説明しようとする言説が様々な史料にあらわれてきますが、これなどは内乱期の戦争のなかで成立した幕府権力を王朝国家の官職秩序の枠内で説明しようとするイデオロギーにほかなりません[14]。こうした中世以来の伝統的発想が、近代においては、武家政権の成立を「天皇大権」の「委任」から理解する論理としても強調され[15]、今日まで多くの歴史家の頭の中を支配してきたのだと思います。

数年前に私は拙著『源平の内乱と公武政権』において、鎌倉幕府の成立を公権委譲論とは異なる視角から、次の三段階に分けて説明しました[16]。第一は、治承四年（一一八〇）八月の挙兵以後、頼朝の権力が朝廷に敵対したまま東国の反乱軍として軍事体制が構築された段階、第二は、東国の反乱軍の軍事体制が、寿永二年（一一八三）十月宣旨によってそのまま公認され、平氏追討戦争にともなって西国にまで拡大していった段階、第三は、文治五年（一一八九）

の奥州合戦に見られるように、内乱の終息にともなって、戦時に形成された幕府権力を平時に定着させる頼朝の「政治」が展開した段階です。私はこうした三段階を経て鎌倉幕府は全国的権力として成立したと考えており、特定の一時点だけをとりあげて幕府成立と見なすことは、かえって歴史的現実から目をそらせることになると思っています。(17)

第二節　日本中世の戦争の実態

さて、鎌倉幕府の成立を右のようにとらえ直してみると、次に問題となるのは治承・寿永内乱期における戦争の実態です。日本中世の戦争については、早く明治政府の修史事業にたずさわっていた久米邦武が、一八九一年に発表した「太平記は史学に益なし」という著名な論文のなかで、『太平記』に描かれた楠木正成の戦闘法をとりあげて次のように批判しています。(18)

太平記のみを読みて、楠木公を崇拝する人は世に多し。誠にさる志ならば、其智略を尊敬して、研究せんとの心も最篤かるべし。楠木公赤坂の籠城に、「塀を二重に塗て、外の塀をば切て落すやうに拵へたり」とあるを建築家に質問して、其釣塀の建築法を研究して軍備にせんと志す人のあるにや。(中略)又「城の内より柄の一、二丈長き柄杓に、熱湯の湧翻りたるを酌て懸たりける間」とあるを理学者に質問して、一丈の柄なれば常人の力には幾升の湯を持得るべし、二丈となれば幾許を減ずべし、又熱湯を高所より注下すれば、其湯の面積は空気中に広がりて、熱を失ふものなれば、何間なれば温湯となり、何間なれば冷水となることを研究したる者あるや。

楠木正成が赤坂城の籠城戦において行ったとされる、塀を二重につくって外側の塀を切り落としたり、あるいは柄が一丈(約三メートル)もある柄杓で熱湯を敵兵にかけたりするなどの戦闘法は、あくまでも文学における虚構の産物で、科学的には決してありえないことを久米は明確に指摘しています。

中世の戦争に対するこうした合理的認識は、明治政府の修史事業である『大日本編年史』の編纂過程において、水戸藩の『大日本史』が依拠した『太平記』の史料批判が進められるなかで提起されたものでしたが、かかる論説は、明治維新を建武の中興の延長線上に位置づけ、楠木正成など南朝の忠臣を顕彰することによって、近代天皇制のイデオロギー的基盤を確立させようとしていた明治政府の意図と正面から対立することとなります。一八九二年に、久米は論文「神道は祭天の古俗」で政府内部や神道家から激しい批判を受けて、帝国大学文科大学教授を休職処分となり、さらに翌九三年には文部大臣井上毅によって修史事業そのものが中止され、誕生したばかりの近代日本史学は大きな挫折を迎えました[19]。

その一方で、参謀本部が編纂した『日本戦史』の刊行が一八九三年から始まります。『日本戦史』編纂の目的は、編纂委員長の川上操六の緒言に、「凡ソ兵ヲ学フノ人ヲシテ既往ノ得失ニ鑑ミテ将来ノ進歩ヲ期セシメムトスル者ナリ」とあるように[20]、兵学の研鑽のために日本古来の戦闘における勝敗の因果関係を明らかにしようとするものでした[21]。『関原役』（一八九三年）・『大阪役』（一八九七年）・『桶狭間役』（一八九九年）・『姉川役』（一九〇一年）・『三方原役』（一九〇二年）・『長篠役』（一九〇三年）など全十三巻が次々と刊行され、それぞれの巻によって異なるものの、「起因及戦役前ノ形勢」「作戦」「戦後ノ動静及結果」などの構成でまとめられ、附表・附図が別冊としてついています。読者は軍人だけでなく、一般の人も対象とされており、東京の丸善商社・有斐閣をはじめ、全国四十八の書店で販売されました[22]。私も大学院生の時に、研究室が所蔵する『中川家文書』の演習の報告準備のために、よく図書館で『日本戦史』を参照しましたが、同書では同時代の一次史料と後世の編纂物が同じ史料的価値としてあつかわれており、歴史研究としては重大な欠陥をもっています。しかし、この『日本戦史』が戦前においては最も権威のある戦争史となり、その後の歴史認識に大きな影響を与えました。

近年、織田信長の戦争について次々と新見解を発表されている藤本正行氏は、信長の桶狭間合戦における迂回奇襲作戦や長篠合戦での鉄砲三千挺の三段撃ちなどは、信長の家臣太田牛一が執筆した『信長公記』にはなく、近世初期の儒医小瀬甫庵が著した伝記小説『信長記』において創作されたものであり、そのような虚構が参謀本部の『日本戦史』に引用されることによって「史実」として確立したことを明らかにされています(23)。例えば、長篠合戦において、織田軍の戦線に千挺ずつの鉄砲隊を横三段に並べたとして、いったい誰がどのような方法で全戦線に一斉射撃の号令をかけ続けることができるのか、また起伏のある戦場を突撃してくる武田の騎馬隊と歩兵が、織田軍の銃手全員の射程距離内に同時に入ってくるようなことがありうるのか、という藤本氏の指摘は、甫庵の創作した鉄砲三千挺三段撃ちがいかに非現実的な戦術であるかを示しています。

しかし、読みやすくて面白い甫庵『信長記』は、十七世紀初頭に版本として刊行されると、ベストセラーとなって版を重ねることになり、十七世紀後半には同書をもとに増補改訂した遠山信治の『総見記』なども出版されます。参謀本部が編纂した『日本戦史』は、これら『信長記』や『総見記』などの記述に基づいて、甫庵の創作した桶狭間の奇襲戦や長篠の鉄砲新戦術を史実としてあつかい、誤った歴史認識を定着させました。

近代日本の軍部には、「寡をもって衆を撃つ」ことを「作戦の妙」と考え、「奇策」を重視する思想が存在したことが指摘されていますが(24)、このような不合理な戦争観は、戦後の中世史研究が戦争の問題に正面から取り組まなかったことも災いして、今日においても克服されているとはいえません。長篠合戦における鉄砲三千挺の三段撃ちなどは、歴史小説やNHK大河ドラマ、さらには高等学校の日本史の授業などを通じて、いまだに通説として広く一般に浸透していると思います。

こうした研究状況のなかで、歴史学の立場から「中世戦争論」の先駆的業績をのこされていたのは、先ほどから紹介している藤本正行氏です。藤本氏は、一九七〇年代から信長の戦争の実像を再検討する論考を次々と発表され、それらを一九九三年に『信長の戦国軍事学』（JICC出版局）としてまとめられています。[25]現在は『信長の戦争』と改題され講談社学術文庫として刊行されていますので、是非多くの方にお読みいただきたいと思います。

藤本氏の研究の特徴は、それまで論拠とされることの少なかった『信長公記』の書誌学的分析を行われたうえで、それに基づいて信長の戦争の実態を一つ一つ解明していくもので、鎌倉幕府成立史から治承・寿永内乱期の戦争に関心を移しつつあった私が、先行研究として最も多くのことを学んだのが藤本氏の論考でした。特に、藤本氏の次のような指摘に、[26]私は目から鱗が落ちた気持ちがしました。

近代国家の軍司令官や参謀たちは、自軍の損害に対する私的負担から解放されている。そして、それをよいことにして、しばしば損害を度外視したような用兵を行ったあげく、味方の兵士で死骸の山を築いたりしている。これに比べれば、戦国時代の大名の方が、自軍の損害について、よほど気をつかわねばならぬ立場にいたといえよう。損害は身銭を切って埋め合わせなければならなかったうえ、敵もしくは敵になる可能性のある者は四方八方にいたから、ただ一度の戦闘に勝つために、損害を度外視して兵を用いることなど、許されなかったのである。（中略）これらの戦歴をみれば、信長の用兵の特色は明らかである。彼は敵方の属将にあるいは公然と圧力をかけて開城させ、あるいは内々で交渉して味方につける（調略という）などする一方、損害の出そうな主力決戦は行っていない。

私たちは、どうしても前近代の戦争ほど不合理で野蛮なものと思いがちです。もちろん、藤木久志氏が明らかにされた「乱取り」（奴隷狩り）の問題など、[27]そうした側面も確かに存在しますが、だからといって中世の戦争全体が無秩序であったわけではなく、藤本氏の右の指摘のように、中世権力の特質に基づいた戦争に対する計算や理性が存在したことも決して見落としてはならないと思います。私もそのような問題意識をもちつつ、治承・寿永内乱期の戦争を再検討しようと考えました。

従来、治承・寿永内乱期の戦争（いわゆる源平合戦）については、騎馬武者同士の一騎打ちのイメージで一般的に語られてきましたが、当時の古記録や古文書、『平家物語』諸本などを詳しく検討してみると、軍勢が通行可能な主要街道（大道）を堀や逆茂木によって遮断する「城郭」が各地に構築され、それを利用して歩兵と騎馬武者が連携して迎撃する組織戦が展開していました。[28] そのような「城郭」の最大の事例が、福島県国見町で現在も発掘調査が進められている「阿津賀志山防塁」（阿津賀志山二重堀）です。「阿津賀志山防塁」は、文治五年（一一八九）の源頼朝の奥州侵攻にそなえて奥州藤原氏側が奥大道（東山道）周辺を遮断するために構築した「城郭」で、厚樫山中腹から阿武隈川旧河道にいたる約三・二キロの空堀と土塁の遺構がのこされています。最近では、二〇〇八年に奥大道が通る西国見地区において防塁の切れ目（木戸口跡）が見つかり、さらに二〇〇九年には木戸口跡の北東側で約六メートル幅の道路（奥大道と推測される）を人為的に埋めて防塁で遮断した地点も検出され、「城郭」の構造と迎撃の具体的形態が明らかになりつつあります。[29]

このような「城郭」戦に注目すると、治承・寿永内乱期の戦争は決して武士だけで遂行できたわけではなく、例えば、「阿津賀志山防塁」を構築するためにはのべ二十数万人の人夫が必要であったと推定されているように、[30] 多くの民衆が「城郭」構築やその除去のために戦場に動員されていたことに注意しなければなりません。鎌倉幕府権力が、治承・寿永内乱期の戦争を遂行していく過程で、各国に惣追捕使（守護）を設置し、国衙機構を通じて国内の武士・民衆を動員し、兵粮米などの必要物資の徴発を進めているのは、まさにこうした当時の戦争の在り方に規定されたものだったのです。

第三節　武士社会のネットワークと内乱

鎌倉幕府権力が成立する前提となった治承・寿永の内乱を理解するうえで、当時の戦争の具体的形態の次に重要な検討課題になると思われるのは、「源平」合戦という枠組みではとらえられない戦力の構成と、鎌倉軍と平氏軍との間で模索された和平の動きについてです。例えば、寿永三年（一一八四）一月に京の木曾義仲軍を攻撃した源義経軍には、平氏都落ちに参加しなかった小松家家人（故重盛家人）や伊勢平氏の平信兼など、伊勢・伊賀の在地武士が多く加勢しており、決して東国武士だけで編成されていたわけではありませんでした。(31) その義経軍は、京を制圧するとすぐさま摂津国福原の平氏軍を攻撃するために丹波路から一の谷に向かうことになりますが、『玉葉』寿永三年二月二日条によると、義経軍は「下向之武士、殊不レ好二合戦一」という状況で、山城・丹波国境の大江山で進軍を止めており、「頼朝代官」として軍勢に付き添っていた土肥実平・中原親能も、後白河院の使者を通じた平氏軍との和議に期待をかけていました。(32) 義経軍にかつての平氏家人が多く含まれていた以上、和平を望む気運が高まっていたことは当然のことといえます。

結局、後白河院や院近臣の強硬な主張により生田の森・一の谷合戦は強行されましたが、合戦後も、土肥実平は自らが預かった囚人平重衡を通じて屋島の平宗盛と和議を進めようとしており、在京経験が豊富で平氏一門ともおそらく親しい関係にあった実平は、鎌倉の頼朝から「頼朝代官」として和平交渉の特命を受けていたのかもしれません。

このような鎌倉軍と平氏軍との和平交渉は、寿永三年三月には打ち切られることになりますが、頼朝の終戦構想が、元暦二年（一一八五）一月にいたっても源範頼軍の西国遠征によって屋島の平氏軍を軍事的に包囲し、降伏を求めるものであったとする近年の研究成果を踏まえれば[33]、壇ノ浦合戦における平氏一門の滅亡という事態は、決して内乱の必然的な結末ではなかったと考えられます。

また、近年の中世武士論は、院政期における東国武士の在京活動に注目し、東西の武士たちが京で様々な交流やネットワークをもっていたことを明らかにしていますが、そのような関係は、内乱期に敵味方に分かれても、互いに保護し合う関係として機能していたことに注意したいと思います。

例えば、本書第Ⅰ部第一章において詳しく検討するように、平氏の有力家人として知られている平貞能は、在京活動を行っていた下野国の宇都宮氏と姻戚関係にありましたが、治承・寿永の内乱が勃発すると、平貞能は在京中の宇都宮朝綱や畠山重能・小山田有重が東国に下向できるように取り計らい、一方の宇都宮朝綱も、西国に落ちた平氏軍から離脱して赦免を求めてきた貞能を保護し、頼朝に助命を申請して認められています[34]。また延慶本『平家物語』第五本「樋口次郎成降人事」には、木曾義仲の家人樋口兼光に対して、兼光を婿としていた鎌倉方の児玉党が、「人ノ一家ヒロキ中ヘ入ト云ハ、カヽル時ノ為也」とあり[35]、「人が広い縁戚関係に入るのは、こういう時に助け合うためだ」と降人になるよう呼びかける場面が描かれており、武士の広域的なネットワークが戦時にもつ意義が知られます。治承・寿永内乱期の戦争は一般的に「殲滅戦」ととらえられていますが[36]、私はもう少し慎重に、それとは異なる側面を今後も検討していきたいと思っています。

なお、下野国の宇都宮朝綱のもとで手厚く保護された平貞能は、『下野国誌』所収の「宇都宮系図」によると、同国塩原山に居住して子孫は宇都宮氏の家人となって山田党を称したといいます[37]。現在も、栃木県那須塩原市の妙雲寺や同芳賀郡益子町の安善寺、茨城県東茨城郡城里町の小松寺など、宇都宮氏ゆかりの地域には貞能と主人平重盛にまつわる伝承をもつ寺院が存在しているのはそのためです(38)。皆さんがよくご存知の仙台市青葉区の西方寺（定義如来）にも、「落人」としてこの地に移り住んだ貞能（定義）が、自らの墳墓のうえに寺院を建立し、重盛が帰依した阿弥陀如来像を安置するように遺言したという縁起が伝えられています(39)。一定の史実を反映しつつ、『平家物語』によって増幅された北関東の貞能説話が、この東北の地にまで展開していることに、大いに興味を感じています。

さて、このような敵方武士の赦免・保護は、何も特別なことではなく、戦時から平時への移行期にあたる文治五年（一一八九）奥州合戦の段階から多くの事例が確認されます(40)。そして『吾妻鏡』建保二年（一二一四）十二月十七日条には、「右大将家御時、平家侍令㆓参上㆒之時者、可㆓召仕㆒之趣、去建久年中被㆑誅㆓伊賀大夫㆒之後、被㆓定置㆒之上者」とあり、建久七年（一一九六）六月に平知盛の子息伊賀大夫知忠が法性寺一の橋で討たれると(41)、今後は平氏方の武士であっても自ら参上した場合には御家人として登用するという幕府の方針が、頼朝によって明確に打ち出されたことがわかります。幕府の討手から逃れて隠れ住んだという「平氏落人伝説」の広がりとは逆に、史実としては、内乱終息後幕府はむしろ積極的に敵味方の関係を解消する政策をとっていたのです。

中世の戦争の客観的分析とともに、今後はこうした戦争の終わらせ方、平和の維持の仕方についても、歴史学の検討対象にすえることが必要であると考えています。

第四節　『平家物語』と歴史学

『平家物語』が、「盛者必衰のことはり」から平氏一門の必然的滅亡を語る文学であることは、あらためていうまでもありません。このような『平家物語』の歴史観（平家物語史観）は、近代の歴史認識、さらには戦後の中世史研究に大きな影響を与えました。

戦後の中世史学界をリードした石母田正氏の「領主制論」は、武士＝在地領主階級を古代的な貴族政権と荘園制を打倒していく政治的主体ととらえ、在地領主階級を組織した鎌倉幕府を古代から中世への発展段階に積極的に位置づける一方、平氏一門は「古代国家の傭兵隊長」であったとして、その没落は内乱当初から決定されていたと主張しました。[42]平氏一門の滅亡、鎌倉幕府の成立という内乱の展開を必然的なものとして理解する点において、石母田領主制論と『平家物語』は基本的に同じ認識に立っていたことになります。

しかし、一九五〇年代末から六〇年代にかけて、荘園制は封建的土地所有体系の一類型として見直され、また院権力を中心とする当時の朝廷（貴族政権）についても封建国家（中世国家）として理解する学説が通説化します。[43]そうなると、鎌倉幕府成立以前にすでに中世国家は成立していたことになり、古代から中世への必然的な発展段階に鎌倉幕府を位置づける理論的根拠はなくなることになります。「鎌倉幕府とはなにか。日本の中世社会にとって幕府は、どうしてもなくてはならない存在だったのであろうか」と述べて、幕府成立を領主制発展の必然的帰結ではなく、「特殊な武装集団によってなしとげられた全国征覇」と主張された入間田宣夫氏の「守護・地頭と領主制」（一九八四年）は、[44]まさに日本中世の必然的な発展コースの図式から自由になった、新しい鎌倉幕府論を代表するものであったと思います。

しかし一方、平氏権力の理解については、優れた研究が蓄積されているにもかかわらず、「おごれる人も久しからず」の実例として平氏一門の必然的滅亡を語る「平家物語史観」から、完全に自由になっているとはいいがたいのではないでしょうか。いまの私の大きな関心の一つは、都を基盤に成立した平氏の権力こそが武家権力の正統な在り方であったとされる髙橋昌明氏の指摘を踏まえつつ、[45]平氏一門の滅亡を必然視しない立場から平安時代末期の政治史を考えることです。そのうえで、平治の乱後において当たり前のように使われている「平氏政権」という概念に関しても、平氏権力の実態を踏まえ、治承三年（一一七九）十一月のクーデタ以前に用いることに慎重であるべきだと考えています。[46]

例えば、平清盛の権力をおごりに満ちた専制的権力として描く『平家物語』は、平清盛が仁安二年（一一六七）二月に従一位太政大臣に昇進したことについて、「一天四海」を「掌の内」に握った清盛であれば「子細に及ばず」と記し、あたかも太政大臣が天下を治める官職であったかのように説明しています。[47] しかし、当時の太政大臣は、摂政が天皇元服の儀の加冠役を務めるに際して一時的に兼任したり、あるいは摂関家以外の重臣が最後に名誉職として就任したりするなど、名目的な地位に過ぎず、[48] 清盛の場合も二月十一日に太政大臣に就任して、[49] 安芸国厳島神社や高野山に参詣したのち五月十七日に辞職しており、[50] それが名誉職でしかなかったことは明白です。

一方、清盛の嫡子重盛は仁安元年十二月に春宮大夫の地位を清盛から譲られ、[51] 翌仁安二年二月には清盛の太政大臣昇進と同時に権大納言に就任します。[52] 権大納言は、三ヵ月前まで清盛が任じられていた官職であり、貴族社会における清盛の地位を重盛が継承したことになります。さらに清盛が太政大臣を辞職する直前の五月十日には、重盛に宛てて諸国の賊徒追討を命じる宣旨が出されており、[53] 重盛の平氏一門の家督としての地位が朝廷から公認されています。こうした動きを見ると、清盛の太政大臣就任は、はじめから清盛が政界から引退し、重盛に家督を譲ることを前提とした人事であったと理解できるでしょう。[54]

なお清盛は官を辞してからも、摂関家の「大殿」の立場から時には院・天皇・摂関家の持ち回り合議に参加し、国政に関与することもありましたが、[55] それは後白河院政を補佐するもので、決して「平氏政権」と呼べるものではありません。翌仁安三年（一一六八）二月に重病に倒れた清盛は、死を覚悟して出家しましたが、[56] 回復すると仁安四年春には摂津国福原に山荘を営んで隠棲し、それ以降は基本的に福原に常住しました。[57] この福原への隠棲は、清盛が太政大臣に任官する仁安二年以前から計画されていたことと推測されます。

『平家物語』は、その後も清盛が六波羅や西八条に居住していたかのように描き、嘉応二年（一一七〇）七月に平資盛と摂政藤原基房の間で起こった殿下乗合事件では、六波羅の清盛が重盛の制止を聞き入れず、配下の武士に命じて基房の行列を襲わせたと描いていることはあまりにも有名でしょう。[58] しかし、現実には清盛は福原に居住しており、この事件に全くタッチしていません。京で平氏一門を代表していた重盛が、この事件の張本であったかどうかについては慎重に考える必要がありますが、[59] ここでは、「是こそ平家の悪行のはじめなれ」と語る『平家物語』の虚構が、清盛の福原移住を無視することを前提に成立している点に注目したいと思います。

そうした観点から、『平家物語』の構想とも関わる最大の虚構と考えられるのが、安元三年（一一七七）の政変です。『玉葉』や『顕広王記』、『愚昧記』などの同時代史料によれば、この政変は次の三つの局面に整理することができます。[60] まず第一局面は、安元三年四月十三日に、後白河院の近臣西光の子息加賀守藤原師高の配流を求めて、二千人もの比叡山延暦寺大衆による強訴が行われ、事態を重く見た朝廷が師高の配流を決定し、延暦寺大衆と和解した段階です。つづく第二局面は、後白河院と西光・藤原成親ら院近臣たちが反撃に転じ、公卿たちの反対を押し切って、強訴の責任を追及して天台座主明雲の伊豆配流を決定するものの、五月二十三日に明雲が配流の途中で延暦寺大衆に奪還された段階です。激昂した院は延暦寺に武力攻撃を行う方針を固めて、平重盛・宗盛らに出陣を命じますが、彼らが平清盛の意向にしたがうと述べたため、院は福原の清盛のもとに使者を派遣し、上洛した清盛と二十八日に会談して延暦寺攻撃を合意させました。そして第三局面は、二十九日夜半から翌六月一日にかけて、清盛が突如として延暦寺と対立関係にあった西光と藤原成親を捕らえ、二日には西光を斬首、成親を備前国に配流するとともに、院の僉議に参加した近臣たちを次々と捕縛して、厳しい軍事介入を行った段階です。間もなく清盛は福原に帰りますが、この政変によって後白河院の権力は大きな打撃を受け、これ以降は高倉天皇が国政を主導することになります。

さて、すでにお気づきのように、安元三年の政変の第三局面は、一般には「鹿ヶ谷事件」として知られている事件の内容を含んでいます。「鹿ヶ谷事件」を最も詳しく記しているのは『平家物語』ですが、例えば覚一本『平家物語』では、時系列に沿って「御輿振」(巻第一)・「座主流」(巻第二)と延暦寺強訴事件の概要を描きながら、第三局面の「西光被斬」(巻第二)だけを、一連の政治過程から切り離して「鹿谷」(巻第一)と結びつけ、京都東山の俊寛僧都の鹿ヶ谷山荘での平氏打倒の謀議を、摂津源氏の多田行綱が裏切って西八条邸にあった清盛に密告したために、第三局面の西光・藤原成親らの捕縛が行われたと描いているのです。

しかし、第三局面だけを全く別の事件ととらえる「鹿ヶ谷事件」理解がいかに不自然かは、先に述べた事件の推移を見ても明らかであると思います。確かに、一部の貴族の日記には、尋問を受けた西光が清盛の命を狙う謀議を行ったことを認めたという噂も書き込まれていますが(61)、その後は全く記されず、事実かどうかは判断できません。ただ、延暦寺攻撃に協力させるために、後白河院が清盛とその軍勢をわざわざ京に呼び寄せたうえで、清盛を殺害する計画を立てるようなことがありうるでしょうか(62)。

もちろん、西光・藤原成親に加えられた清盛の異常に厳しい制裁には、延暦寺への武力攻撃を阻止するという目的だけでなく、かねてから二人に抱いていた怨恨なども絡んでいたのかもしれません。しかし、清盛がこのような強硬な措置を安元三年五月二十九日に実行した理由は、間違いなく後白河院の命に基づく延暦寺への武力攻撃が目前に迫っていたからです(63)。そして、それを阻止するという貴族社会における大義名分があったからこそ、かかる清盛の軍事介入も可能であったと思います。そもそも、後白河院や院近臣たちが平氏打倒の謀議を東山の山荘で秘密裏に行わなければならないほど、福原に移住した清盛の権力は絶大ではありませんし、その謀議への参加だけを理由に有力貴族を清盛が処罰できるほど、中央政界は無秩序ではなかったと考えられます。鹿ヶ谷山荘における謀議を多田行綱が密告したことによって、西光・藤原成親らが捕縛・処罰されたとする「鹿ヶ谷事件」像は、当時貴族社会に流れた風聞を脚色し、西光らの処罰を延暦寺強訴事件と関係のない事件として積極的に改変しようとする意思が働いているのではないでしょうか。

そのように考えてみると、鎌倉時代初期に四度天台座主に任じられた慈円が、晩年に著した『愚管抄』において、「鹿ヶ谷事件」を『平家物語』よりも完結したかたちで書きのこしていることが注目されます(64)。すなわち、慈円は延暦寺強訴事件に全く触れないままに、静賢法印の鹿ヶ谷山荘における平氏打倒の謀議から、多田行綱による清盛への密告を経て、西光・藤原成親らの処罰にいたる経緯を、ひとまとまりの「物語」として記しているのです。しかも、『愚管抄』においては行綱は福原の清盛のもとに赴いて謀議を密告し、それを聞いた清盛がただちに上洛したことになっており、延暦寺攻撃の協力を得るために、後白河院が福原の清盛のもとに使者を派遣したという史実(65)と明らかに矛盾しています。「鹿ヶ谷事件」については、『愚管抄』と『平家物語』のほかに、『平家物語』を史料源の一つにしている『百練抄』(66)や、慈円周辺に作者が求められる『六代勝事記』にも簡単な記事が見られますが(67)、承久の乱前にこの「物語」を記した慈円は、安元三年当時は二十三歳で、比叡山無動寺において千日籠山修行を行っており、その師は事件の最中に明雲にかえて後白河院から天台座主に任命された覚快法親王でした(68)。このような慈円の立場が、のちに事件の本質である後白河院・院近臣と延暦寺大衆との厳しい政治的対立を隠蔽して、清盛の西光・藤原成親らに対する異例の処罰だけを、清盛のおごりに満ちた権力を象徴する「鹿ヶ谷事件」として語らせたのではないでしょうか。

ちなみに、「鹿ヶ谷事件」において密告を行ったとされる多田行綱は、摂津国中央部の川辺郡多田荘を拠点とする有力武士で、摂津国福原に居を移した清盛と協調関係にある一方、平氏一門からは自立して院の指令を受けて京で軍事活動を展開する「京武者」の一人でした。(69)この行綱の密告がもし事実だったとすれば、少なくともこの事件以降は後白河院のもとでの活動は見られなくなるはずですが、これ以降も行綱は「京武者」として活動し、寿永二年（一一八三）十一月の法住寺合戦では、行綱は子息とともに院方の中心的武力として木曾義仲軍と戦っています。(70)こうした行綱の活動を見る限り、すでに文学研究者の早川厚一氏も指摘されているように、(71)行綱の密告は史実ではなく、またそのような風聞も、行綱が源頼朝から追放される元暦二年（一一八五）頃までは存在しなかったと判断すべきでしょう。「鹿ヶ谷事件」を語るすべての史料が、一致して多田行綱を密告者として描いているのは、最初から「鹿ヶ谷事件」物語がある定型をもって成立していたことを示していますが、行綱が「鹿ヶ谷事件」の密告者の役割を負わされることになった理由の一つは、慈円が『愚管抄』において行綱のことを「満仲ガ末孫」と記しているように、行綱が「安和の変」の密告者である多田満仲の子孫と意識されていたことにあるかもしれません。(72)

以上、「鹿ヶ谷事件」が史実ではなく意識的に創作された物語であり、それは慈円の政治的立場や利害に合致していることを述べてきました。このように「鹿ヶ谷事件」を思い切って史実ではなく物語としてとらえてみると、「おごれる人も久しからず」として平氏一門の滅亡を語る『平家物語』の成立についても、新たな考え方ができるように思います。というのも、『平家物語』巻第一の「吾身栄花」に記された平氏一門の官位が、安元三年のものと極位極官のものが混在することから、『平家物語』には安元三年に力点を置こうとする作為があると指摘された美濃部重克氏の研究や、(73)物語作者が当初から「鹿ヶ谷事件」に焦点を合わせて、『平家物語』を組み立ててまとめようとしたと指摘された日下力氏の研究などを踏まえると、(74)『平家物語』はまさに「鹿ヶ谷事件」物語の発展形態として理解できるように思われるからです。

従来から、『平家物語』の成立圏として、慈円が三条白川坊に建立した大懺法院などの比叡山圏が注目されてきましたが(75)、あらためて「鹿ヶ谷事件」物語という観点からそうした可能性を探っていきたいと考えています。そして、「おごれる人も久しからず」という「平家物語史観」にとらわれることなく、清盛や平氏一門の権力を冷静に当時の国家体制のなかに位置づけていきたいと思います。

おわりに

たいへん雑駁な話になりましたが、鎌倉幕府・戦争・『平家物語』をめぐる研究状況について、私自身の研究の歩みとともに述べさせていただきました。平安時代や鎌倉時代の歴史と聞くと、新発見の史料がそれほど出てくるわけでもなく、もう確定した事実ばかりで、あまり研究する余地がないように思われるかもしれません。しかし、現代的な関心に基づいて研究史を学び、研究動向に注意を払っていくことで、史料の新しい読み方や発想の転換が可能となり、これまでの歴史像を書き換えることにつながっていくと思います。今日、お話をさせていただいた分野に限っても、高等学校の日本史の教科書に記されているような周知の事実や事件をめぐって、実は再検討が必要になっているということを、おわかりいただけたのではないかと思います。今後も皆さんと議論を交えながら、新しい発見をしていきたいと考えております。

注

（1）入間田宣夫「中世史研究の新段階」（『新編日本史研究入門』東京大学出版会、一九八二年）三一九頁。
（2）髙橋昌明「文治国地頭研究の現状にかんする覚え書」（『日本史研究』二〇八号、一九七九年）五五頁。

（3）戦前から一九八〇年代初頭までの守護・地頭論争の研究史については、関幸彦『研究史地頭』（吉川弘文館、一九八三年）を参照。
（4）幕府成立の画期として文治勅許を重視する立場から、建久三年説を積極的に批判したものに、石井良助『大化改新と鎌倉幕府の成立　増補版』（創文社、一九七二年）がある。
（5）佐藤進一『鎌倉幕府訴訟制度の研究』（岩波書店、一九九三年、初出一九四三年）。
（6）「幕府」（八代国治・早川純三郎・井野辺茂雄編『国史大辞典』吉川弘文館、一九〇八年）。なお、上横手雅敬氏は建久元年に上洛した頼朝が日本国総追捕使に任ぜられ、公家政権下で幕府が諸国守護にあたる体制が固定化されたとして、『国史大辞典』とは異なる根拠から建久元年説を主張している（「鎌倉幕府と公家政権」『鎌倉時代政治史研究』吉川弘文館、一九九一年、初出一九七五年）。
（7）異質な見解としては、源頼朝の軍事政権が南関東に樹立された治承四年（一一八〇）末に幕府成立の画期を求める石井進氏の治承四年説（「鎌倉幕府論」『石井進著作集　第二巻　鎌倉幕府論』岩波書店、二〇〇四年、初出一九六二年）や、公文所・問注所が設置された元暦元年（一一八四）に画期を求める三浦周行氏の元暦元年説（「鎌倉時代史」『日本史の研究　新輯一』岩波書店、一九八二年、初出一九〇七年）があるに過ぎない。
（8）上横手雅敬「鎌倉幕府」（『国史大辞典　第三巻』吉川弘文館、一九八三年）五五一頁。
（9）平貞正については、拙稿「鎌倉幕府荘郷地頭職の展開に関する一考察」（『鎌倉幕府成立史の研究』校倉書房、二〇〇四年）注（91）を参照。貞正は清盛の叔父にあたる人物で、保元の乱では兄弟の忠正・時盛とは行動を別にして、崇徳上皇方につかなかったと推測され、治承二年（一一七八）八月に貞正が死去した際には、平頼盛・教盛が軽服にあったことが知られる（『図書寮叢刊御産部類記下』所収『山槐記』治承二年八月八日条）。貞正は清盛一門と協調関係を築いており、そのため内乱期には、貞正遺領（河田入道跡）は謀叛人跡として鎌倉方による没官の対象となったと考えられる。
（10）文治二年一月日「多米正富（行恵）申状案」（『大日本古文書　醍醐寺文書之二』四一四―（二））。拙稿前掲注（9）論文参照。
（11）元暦二年六月十五日「源頼朝下文」（『大日本古文書　島津家文書之一』一・二）、『百練抄』元暦二年六月十二日条。大山喬平「没官領・謀叛人所帯跡地頭の成立」（『史林』五八巻六号、一九七五年）参照。
（12）拙稿「生田の森・一の谷合戦と地域社会」（本書第Ⅱ部第二章、初出二〇〇七年）参照。

(13) 文治勅許によって設置された国地頭職は、平氏滅亡後に停止された惣追捕使の再設置という側面をもっており、文治勅許は守護の設置を認めたものといえなくもないが、少なくとも荘郷地頭職が文治勅許以前の元暦二年六月から展開していることは、一九七〇年代半ばの大山喬平前掲注(11)論文以降、広く学界の共通認識になっていると思われる。確かに、文治元年末の段階は広範に荘郷地頭職の設置が推し進められた時期でもあったが、そのことと文治勅許によってそれが認可されたということとは別問題である。戦争行為の一環として鎌倉幕府が独自に進めてきた荘郷地頭職の設置を、朝廷がはじめて明確に承認したのは、文治二年十月八日付け太政官符であったことを(武末泰雄「鎌倉幕府庄郷地頭職補任権の成立」『荘園制社会と身分構造』校倉書房、一九八〇年、拙稿「荘郷地頭職の展開をめぐる鎌倉幕府と公家政権」前掲『鎌倉幕府成立史の研究』、初出一九八六年)、ここであらためて確認しておきたい。

(14) 拙稿「鎌倉幕府成立史研究の現状と本書の視角」(前掲『鎌倉幕府成立史の研究』)。

(15) 牧健二『日本封建制度成立史』(弘文堂書房、一九三五年)。

(16) 拙著『源平の内乱と公武政権』(吉川弘文館、二〇〇九年)二〇九・二一〇頁。

(17) 鎌倉幕府成立時期をめぐる学説の問題点については、拙稿「鎌倉幕府の成立時期を再検討する」(本書第Ⅲ部補論、初出二〇一三年)、同「鎌倉幕府の成立を問い直す」(『歴史地理教育』八一五号、二〇一四年)などでも論及した。

(18) 久米邦武「太平記は史学に益なし」(『久米邦武歴史著作集　第三巻』吉川弘文館、一九九〇年、初出一八九一年)一五二頁。

(19) 宮地正人「近代天皇制イデオロギーと歴史学」(『天皇制の政治史的研究』校倉書房、一九八一年、初出一九七九年)、兵藤裕己「歴史研究における「近代」の成立」(『成城国文学論集』二五輯、一九九七年)などを参照。

(20) 川上操六「日本戦史緒言」(『日本戦史　関原役』参謀本部、一八九三年)二・三頁。

(21) 塚本隆彦「旧陸軍における戦史編纂」(『戦史研究年報』一〇号、二〇〇七年)。

(22) 塚本隆彦前掲注(21)論文参照。

(23) 藤本正行『信長の戦国軍事学』(JICC出版局、一九九三年、のち『信長の戦争』と改題、講談社、二〇〇三年)、同『桶狭間・信長の「奇襲神話」は嘘だった』(洋泉社、二〇〇八年)、同『長篠の戦い　信長の勝因・勝頼の敗因』(洋泉社、二〇一〇年)など。

(24) 山田朗『大元帥昭和天皇』(新日本出版社、一九九四年)六八頁。同『昭和天皇の軍事思想と戦略』(校倉書房、二〇〇二年)も参照。

(25) 藤本正行前掲注(23)『信長の戦国軍事学』。

(26) 藤本正行前掲注(23)『信長の戦国軍事学』一一三・一一五・一一六頁。

(27) 藤木久志『雑兵たちの戦場』(朝日新聞社、一九九五年)。

(28) 拙稿「治承・寿永の「戦争」と鎌倉幕府」(前掲『鎌倉幕府成立史の研究』、初出一九九一年)、拙著『源平合戦の虚像を剝ぐ』(講談社、一九九六年)。

(29) 『国見町文化財調査報告第16集　阿津賀志山防塁史跡指定調査概報1・他』(福島県伊達郡国見町教育委員会、二〇〇九年)、『国見町文化財調査報告第17集　阿津賀志山防塁史跡指定調査概報2・他』(同前、二〇一〇年)。

(30) 小林清治「南奥州の武士団」(『図説福島県の歴史』河出書房新社、一九八九年)。同「奥州合戦と二重堀」(国見町郷土史研究会編『郷土の研究』一〇号、一九七九年)も参照。

(31) 拙稿「治承・寿永の内乱と伊勢・伊賀平氏」(前掲『鎌倉幕府成立史の研究』)。

(32) 拙稿「中世武士の移動の諸相」(本書第Ⅰ部第一章、初出二〇〇七年)。

(33) 宮田敬三「元暦西海合戦試論」(『立命館文学』五五四号、一九九八年)。

(34) 『吾妻鏡』元暦二年七月七日条。

(35) 本書では、延慶本『平家物語』からの引用は、北原保雄・小川栄一編『延慶本平家物語　本文編上・下』(勉誠社)による。

(36) 石井紫郎「合戦と追捕」(『日本国制史研究Ⅱ　日本人の国家生活』東京大学出版会、一九八六年、初出一九七八年)。

(37) 河野守弘著・佐藤行哉校訂『校訂増補　下野国誌』(下野新聞社、一九六八年)三三三頁。

(38) 永井義憲「平家物語と観音信仰」(『日本仏教文学研究』古典文庫、一九五七年)、以倉紘平「平貞能像」(『谷山茂教授退職記念国語国文学論集』塙書房、一九七二年)、稲葉博「平家の残照」(『歴史と地理』二一二号、一九七三年)などを参照。

(39) 永井義憲前掲注(38)論文、西沢勇『〝秘境〟定義谷』(極楽山西方寺、一九七二年)などを参照。

(40) 入間田宣夫「白旗迎撃に築かれた背水の陣」(『日本史の舞台3　風翔ける鎌倉武士』集英社、一九八二年)、拙稿「奥州合戦ノート」(前掲『鎌倉幕府成立史の研究』、初出一九八九年)。

(41) 『明月記』建久七年六月二十五日条、延慶本『平家物語』第六末「伊賀大夫知忠被誅事」。

(42) 石母田正『石母田正著作集　第六巻　古代末期の政治過程および政治形態』岩波書店、一九八九年、初出一九五〇年)。
(43) 例えば、黒田俊雄「中世の国家と天皇」(『黒田俊雄著作集　第一巻　権門体制論』法藏館、一九九四年、初出一九六三年)、戸田芳実「中世封建制の成立過程」(『日本領主制成立史の研究』岩波書店、一九六七年)。
(44) 入間田宣夫「守護・地頭と領主制」(『講座日本歴史3　中世1』東京大学出版会、一九八四年) 九三・一一二頁。
(45) 髙橋昌明「武士と王権」(『歴史を読みなおす8　武士とは何だろうか』朝日新聞社、一九九四年) 二〇頁。
(46) 石母田正「平氏「政権」について」(『石母田正著作集　第七巻　古代末期政治史論』岩波書店、一九八九年、初出一九五六年)、上横手雅敬「平氏政権の諸段階」(『中世日本の諸相　上巻』吉川弘文館、一九八九年)、田中文英「高倉親政・院政と平氏政権」(『平氏政権の研究』思文閣出版、一九九四年) など、「平氏政権」を厳密に検討した研究は、いずれもその成立として治承三年のクーデタに画期を求めており、妥当な見解であると思われる。このような研究史を踏まえず、平治の乱後から漠然と「平氏政権」が存在したかのように述べる著作がいまなお多いことは残念である。
(47) 覚一本『平家物語』巻第一「鱸」。なお、本書では覚一本『平家物語』からの引用は、高木市之助・小澤正夫・渥美かをる・金田一春彦校注『日本古典文学大系　平家物語　上・下』(岩波書店) による。
(48) 橋本義彦「太政大臣沿革考」(『平安貴族』平凡社、一九八六年、初出一九八二年)。
(49)『玉葉』仁安二年二月十一日条。
(50)『山槐記』仁安二年五月十七日条。
(51)『公卿補任』仁安元年条 (平重盛項)。
(52) 前掲注 (49) 史料。
(53)『兵範記』仁安二年五月十日条。
(54) 平清盛に関する拙論としては、拙稿「平家物語とその時代」(『平家物語を読む』吉川弘文館、二〇〇九年)、前掲注 (16) 拙著、拙稿「平清盛」(『中世の人物　京・鎌倉の時代編　第一巻　保元・平治の乱と平氏の栄華』清文堂出版、二〇一四年) などがある。
(55) 樋口健太郎「平安末期における摂関家の「家」と平氏」(『中世摂関家の家と権力』校倉書房、二〇一一年、初出二〇〇四年)。
(56)『玉葉』仁安三年二月十一日条、『兵範記』仁安三年二月十一日条。
(57) 髙橋昌明「後白河院と平清盛」(『平家と六波羅幕府』東京大学出版会、二〇一三年、初出二〇〇四年)。

(58) 覚一本『平家物語』巻第一「殿下乗合」。
(59) 曽我良成「『源平盛衰記』の史実性」(『文化現象としての源平盛衰記』笠間書院、二〇一五年)は、殿下乗合事件を平重盛による報復ととらえる従来の見解を批判している。
(60) 拙稿「「鹿ケ谷事件」考」(『立命館文学』六二四号、二〇一二年)参照。
(61) 『玉葉』安元三年六月二日条、『顕広王記』安元三年六月五日条。なお『顕広王記』は、国立歴史民俗博物館所蔵の顕広王自筆本『顕広王記』(田中穣氏旧蔵典籍古文書)の写真版を使用したが、髙橋昌明・樋口健太郎「資料紹介　国立歴史民俗博物館所蔵『顕広王記』承安四年・安元二年・安元三年・治承二年巻」(『国立歴史民俗博物館研究報告』一五三集、二〇〇九年)も参照。
(62) 例えば、上横手雅敬氏は前掲注(46)論文において、西光・成親捕縛後の『顕広王記』の風聞記事に基づいて、平氏以外の叡山攻めの院の兵力が、清盛討伐に転用されようとした可能性は否定できないと指摘されているが、本文中に述べた理由から賛同できない。
(63) 早川厚一『平家物語を読む』(和泉書院、二〇〇〇年)は、清盛による西光の捕縛を延暦寺への武力攻撃を回避するためであったとし、多田行綱の密告による「鹿ケ谷事件」像を明確に否定している。
(64) 『愚管抄』巻第五「高倉」。なお、本書では『愚管抄』は、岡見正雄・赤松俊秀校注『日本古典文学大系　愚管抄』(岩波書店)を使用する。
(65) 前掲注(16)拙著六〇頁掲載の自筆本『顕広王記』安元三年五月二十四日条の写真参照。
(66) 早川厚一前掲注(63)著書。
(67) 弓削繁「六代勝事記の成立」(『六代勝事記の成立と展開』風間書房、二〇〇三年)。
(68) 多賀宗隼『慈円の研究』(吉川弘文館、一九八〇年)参照。
(69) 拙稿前掲注(12)論文。
(70) 「春日社司祐重記」寿永二年十一月十九日条(『続群書類従　第二輯上　神祇部』巻三十九)。
(71) 早川厚一前掲注(63)著書。
(72) 前掲注(16)拙著六八頁参照。なお、文学研究者の尾崎勇氏も「治承物語の復元」(『愚管抄の言語空間』汲古書院、二〇一四年、初出二〇一二年)において、慈円の『愚管抄』の多田行綱の密告に関する文章には、多田満仲のイメージが重ねられていることを指摘されている。

(73) 美濃部重克「『平家物語』序章考」(『南山国文論集』一〇号、一九八六年)。

(74) 日下力「原作者の構想力」(『平家物語の誕生』岩波書店、二〇〇一年、初出一九九〇年)。

(75) 志立正知「平家物語の成立」(『歴史と古典　平家物語を読む』吉川弘文館、二〇〇九年)などを参照。

〔補記〕序章の原論文は、二〇〇九年五月十日に行われた宮城歴史科学研究会主催「歴史学入門講座」(於仙台市戦災復興記念館)における講演内容を、文章化したものである。本書序章として収録するにあたり、注を大幅に増やすなどの加筆修正を行った。

第Ⅰ部　院政期武士社会のネットワーク

第一章　中世武士の移動の諸相

――院政期武士社会のネットワークをめぐって――

はじめに

本章は、日本中世における武士の移動と、そこで形成されるネットワークの意義について検討することを目的とする。

中世武士の「移動」と聞いてまず頭に思い浮かぶのは、東国武士の西遷・北遷の問題であろう。鎌倉幕府は、治承・寿永の内乱や承久の乱などにおいて敵方武士の所領を没官し、諸国の没官領に地頭職を設置したが、地頭職に補任されて遠隔地に所領を獲得した東国の御家人は、一族や代官を派遣して管理・経営にあたらせるだけでなく、やがて庶子家を中心に西国や東北の所領に移住するようになる。こうした東国武士の西遷・北遷は、南関東における所領不足やモンゴル襲来を契機とする幕府の西国防衛政策を背景にして、鎌倉時代を通じて進行した(1)。東国武士の移住によって、肥前国深堀（上総国）、肥後国小代（武蔵国）、備後国山内（相模国）、丹波国久下谷（武蔵国）などのように、東国の地名が入部した西国の所領に移されたことも、よく知られている通りである(2)。近年は、西遷・北遷する東国武士には家子・郎等・所従だけでなく、百姓身分をもつ有力農民までが随行し、入部地に東国の開発技術や支配慣行を持ち込んだ側面も明らかにされている。[3] 豊田武氏は、「鎌倉時代を通して、関東武士は東に西に、さかんに移住をおこなった。それはヨーロッパにおいて、中世の初期、ゲルマン民族が各地に民族移動をはじめたことにもくらべられる画期的な現象であった」と指摘されたが、[4] その社会的意義は武士身分に限ることなく、幅広い視野から検討されるべきであろう。

しかし、ここで注意しておきたいのは、武士の移動は、御家人の西遷・北遷の局面に限定されていたわけでは決してなかったことである。海津一朗氏は、東国武士が西遷後も遠隔地所領間を活発に経廻していたことを明らかにし、「いったん移住したらその地に土着して農村支配に没入するという」「草深い農村領主＝坂東武士」のイメージを批判されているが、[5] このような武士の存在形態は、実は鎌倉幕府成立以前の院政期においても共通するものであったと考えられる。

周知の如く、近年は、武士発生の基盤として都の貴族社会に注目された髙橋昌明氏の研究や、[6] 白河・鳥羽院政期における軍事貴族の在り方を「京武者」として特徴づけられた元木泰雄氏の研究などによって、[7] 武士論は新しい研究水準に到達し、中世の武士社会が東国の農村から独自に発展したかのように漠然と主張する旧説は、成立する根拠を失ったといえよう。十一世紀にあらわれる大鎧・腹巻などの中世的武器・武具の全体構造には、伝世遺品で見る限り地域性が存在しないことを指摘され、これを「都鄙間交流の賜物」と論じられた近藤好和氏の見解も参照すると、[8] 京と地方とを結ぶ活発な人的交流と情報伝達のなかで、武士社会は京を核としてむしろ均質的に形成されたと考えられる。

とすれば、東国における鎌倉幕府の成立も、あらためて右のような院政期武士社会の歴史的特質を踏まえてとらえ直す必要があろう。私は、東国を拠点に成立した鎌倉幕府を、伊豆に配流された源頼朝がその地で反乱軍を立ち上げ、関東から動かないまま朝廷から軍事権門に追認されるという、内乱期の特殊な政治過程と切り離しては理解できない固有の歴史的存在としてとらえており、院政期の武士社会の在り方からすれば、「武家政権」は平氏権力のように京に成立することが自然であったと考えている。(9)しかし、たとえ契機は偶然的であったにせよ、内乱終息後も鎌倉幕府が東国に存続しえた条件は、やはり当該期の武士社会のなかにあり、その一つは院政期において京と東国とを結ぶ緊密なネットワークが展開していたことに求められるのではないだろうか。

野口実氏は、伊豆配流中の源頼朝をめぐる中央・地方の人脈を丹念に追いながら、武士社会の都鄙間交流の様相を興味深く明らかにされ、(10)また杉橋隆夫氏は、北条時政の後妻牧の方が平忠盛の妻池禅尼の姪にあたる可能性が高いことを指摘されたうえで、「源頼朝の挙兵と東国武士団の対応も、京都と緊密に結び付いた人脈と在地の情報環境の下で行なわれたものとして、改めて捉えなおしてみる必要があろう」と述べられている。(11)本章も、これらの貴重な業績に学びながら、(12)東国を中心に院政期における武士の移動の事例を分類して整理し、武士社会のネットワークが、治承・寿永の内乱の展開や鎌倉幕府の成立にいかに作用したのかについて、若干の考察を試みることにしたい。

第一節　京への出仕

院政期における武士の移動として、まず第一にあげられる基本的な契機は、武士の中央への出仕にともなう移動である。東国武士の京への出仕については、滝口・武者所・女院侍所・内裏大番役に区分してまとめられた野口実氏の簡潔な整理があるが、(13)ここでは代表的な武士を二人とりあげ、在京活動の実態とそれにともなって形成される社会的関係の在り方を概観しておくことにしたい。

下野国一宮宇都宮社の社務職を保持する宇都宮朝綱は、治承・寿永の内乱以前に京で活動していたことがよく知られている人物である。(14) 朝綱は鳥羽院武者所・後白河院北面に祗候したと伝えられ、(15) 保元三年（一一五八）七月には左馬寮四足門一宇と同寮庁屋一宇を造進し、(16) 仁安三年（一一六八）一月に右兵衛尉、(17) 治承四年（一一八〇）一月には左衛門権少尉に任じられ、(18) 東国武士として異例の昇進を遂げている。朝綱の兄弟である八田知家も、武者所に出仕して右馬允に任官しているが、(19) ここで注目しておきたいのは、朝綱・知家の姉妹の一人が源頼朝の乳母になっていることである。(20) のちにこの女性は、下野国の有力在庁官人であった小山政光の妻となり、出家後は「寒河尼」と称し、挙兵した頼朝のもとに末子朝光（結城）を連れて駆けつけた人物として有名である。(21) 源頼朝は久安三年（一一四七）に京で生まれたと推定され、(22) また寒河尼は近衛天皇（一一三九〜五五）に仕える女房であったとも伝えられており、(23) 十二世紀半ば頃に彼女が京で活動していたことは明らかである。父の八田武者宗綱も、上洛して武者所に出仕した経験をもっていたから、(24) 彼女は父の八田宗綱、あるいは兄の宇都宮朝綱とともに在京し、その時点における宗綱・朝綱と源義朝との親密な関係に基づいて、(25) 頼朝の乳母になったものと思われる。東国武士の家の女子が、出仕する父や兄とともに京に滞在して、独自の役割を果たしているのである。

次に、武蔵国の足立遠元について見ておきたい。(26) 足立遠元は、石橋山敗戦後に房総半島で再起して武蔵に入国する頼朝を、豊島清元・葛西清重らとともに迎え、(27) 頼朝に最も早く臣従した武蔵武士であった。元暦元年（一一八四）十月には、別当大江広元のもとで、中原親能・二階堂行政・藤原邦通らの京下官人とともに公文所の寄人に任じられ、幕政を担った。(28) 遠元は、内乱以前の段階で京に出仕して右馬允の官職についていたが、(29) 興味深いのは、遠元の娘が後白河院近臣の藤原光能の妻となり、知光・光俊を儲けていることである。(30) 知光は仁安三年（一一六八）の誕生なので、婚姻はそれ以前ということになるが、これは鎌倉時代に多く見られるようになる東国御家人と京の貴族諸家との間の「公武婚」(31) の先駆けとなる事例の一つであろう。そして、遠元が京の貴族社会と深く交わり、政務にも通じていたからこそ、京下官人とともに公文所の寄人に抜擢されたと考えられる。なお、足立遠元の叔父にあたる安達盛長は、[32]挙兵前から配所の頼朝に近侍した側近としてあまりにも有名であるが、盛長は足立遠元を通じて京の情勢に明るかっただけでなく、盛長自身も京に出仕していた可能性が指摘されており、[33]「洛陽放遊客」であった大和判官代藤原邦通を配所の頼朝に右筆として推挙したのも盛長である。[34]京で形成された人脈が、政務を担う実務官人を東国に呼び寄せているのである。

院政期における武士の中央への出仕は、こうして女子を通じて乳母関係や公武婚を生み出し、公武間の人的交流や人の移動を促していたことを、まずは確認しておきたい。

第二節　内裏大番役

東国武士が京に赴く重要な契機として、次にとりあげたいのは院政期に始まったとされる内裏大番役である。内裏大番役については、従来大きく分けて二つの理解が存在する。一つは、大番役は国衙の所役として諸国の武士一般に賦課されたと考える立場であり、いま一つは、平清盛による内裏警固を起点に、平氏によって組織・編成された軍役と理解する立場である。[35]最近は後者の立場から、大番役の成立時期や具体的な警固対象について新知見が提起されている。

五味文彦氏は、応保二年（一一六二）三月に二条天皇が移った新造の押小路東洞院の里内裏に、清盛が宿直所を造り、一門の武士を配置して警固したという『愚管抄』の記事に基づいて、内裏大番役の起源をこの時点に想定されており、[36]また木村英一氏は、成立期の大番武士の史料的所見が高倉・安徳天皇の里内裏であった閑院内裏に限られている事実に注目され、仁安三年（一一六八）に閑院内裏で践祚し、その後も閑院を居所とした高倉天皇の身体を守護する軍役として内裏大番役は成立したと論じられている[37]。両氏の見解は、成立時期について若干の違いがあるものの、平氏と密接な関係をもつ天皇の里内裏に対する警固から、内裏大番役の成立を理解している点で重要である。木村氏の研究によれば、鎌倉幕府の京都大番役も、平氏の大番役を継承して、鎌倉時代中期まで代々の天皇の里内裏として使用された閑院内裏を警固対象とし[38]、院御所までも警固するようになるのは承久の乱後のことであった[39]。

とすれば、例えば「諸国の武士は御家人に編成される以前から国衙の所役として大番役を勤仕していた。それは義務であると同時に武士としての資格を示すものであった」「頼朝は朝廷との関係において全国的軍事警察権を確立することにより、諸国武士に対する大番催促を独占したものと考えられる」という近藤成一氏の見解に代表されるような従来の通説の抽象的な議論の仕方では[40]、もはや研究を前に進めることはできないであろう。近年の閑院内裏研究の進展を踏まえ[41]、閑院内裏の東西の四足門（左衛門陣・右衛門陣）や東北・西北の棟門（左兵衛陣・右兵衛陣）、北小門（縫殿陣、北陣）・南小門（直廬門）、西南小門の計七門における警備配置の在り方、宿直施設、警備責任者とそのもとに組織される武士の人数、交替の形態など、きわめて具体的な問題が内裏大番役の成立に関わる検討課題として浮上しているのである。

安元三年（一一七七）の延暦寺大衆による閑院内裏への強訴事件の際、強訴から一ヵ月が経った五月十三日、前天台座主明雲の処分に関連して明暁再び大衆が蜂起・入洛するのではないかという噂が流れたため、左大臣藤原経宗が使者を出して閑院内裏周辺を見に行かせたところ、①閑院内裏西の右衛門陣を固める部隊として、平維盛が閑院の西隣にあたる二条堀川の直廬に十余人ほどの武士とともにあったこと、②東の左衛門陣を固める部隊としては、平重盛の有力家人伊藤忠清が、閑院の東隣にあたる東三条殿の敷地で五十人ほどの武士とともに警備にあたっていたこと、③平資盛が院御所から退下し、兄維盛と交替して守備につく予定であることなどが報告されている。[42] 延暦寺大衆による閑院内裏への強訴のルートが、下山して二条大路を西に進んでくるものであった以上、左衛門陣の方が右衛門陣よりも武士の人数が多いのは当然であるが、緊張が高まった非常時においても、閑院内裏の警固はこの程度の規模であったことに注意しておく必要があろう。

また同年四月三十日夜半には、閑院内裏の北西に隣接する二条北・油小路西角の仮中宮庁に、強盗数人が乱入する事件があった。強盗は宮中雑物をことごとく盗み取ったうえに、庁守の男らを斬り伏せ、放火して逃げ去ったが、逃走の際に閑院内裏に向かって矢を放ち、右衛門陣の四足門と築垣に矢が二本射立ったという。[43]『吉記』の同日条には「大番兵士申云、於二火事一者聞付云々、不レ知二強盗之由一云々」とあり、『顕広王記』の同日条にも「右衛門陣四足射二立矢一了、四大番者等敢不二搦留一」とあるので、閑院内裏を警固する大番兵士が当日の夜も任務につき、仮中宮庁の火事を聞きつけていたことは確かであるが、『玉葉』五月二日条に「一昨日夜、中宮庁焼失、右衛門陣矢二立事語レ之、彼夜守護経盛卿云々、而一切無レ人、仍不レ能二搦留一云々」とあるのを見ると、どうもその夜は右衛門陣には警固の者が一人もおらず、そのために強盗を捕らえることができなかったようである。「彼夜守護経盛卿云々」という文言は、おそらくその夜の右衛門陣警固の指揮官が平経盛であったことを示しており、経盛が任務を怠ったことが事件後に問題になっているものと思われる。この事件からは、この段階の閑院内裏の警固体制が、番に編成された平氏諸将と大番兵士によって担われ、一定の整備がなされていたことがうかがえる一方で、事件当日、右衛門陣に誰もいなかったことに示されているように、あまり制度として過大に評価できない状況も見て取れよう。

院政期・鎌倉時代初期の内裏大番役については、承久の乱後の鎌倉幕府のもとで拡大・整備された京都大番役を前提に論じるのではなく、警固の実態に即して検討していくことが求められているのである。

さて、以上のことを念頭に置いて、院政期に大番役を勤仕したと伝えられる東国武士を見てみると、大番衆になる以前から在京活動を行っていた武士が多いことに気づく。例えば下総国の千葉胤頼は、治承四年（一一八〇）五月に大番衆として在京中に以仁王・源頼政挙兵事件を体験し、六月に帰国が許されると、大番衆の傍輩であった相模国の三浦義澄とともに配所の頼朝を訪ね、密かに挙兵を勧めた人物として有名であるが、(44)この胤頼は、大番衆となってはじめて京にのぼったわけではなく、「弱冠之当初」より上洛して蔵人所の滝口に出仕し、その後、文覚の父であった遠藤左近将監持遠の推挙によって上西門院に仕え、その御給によって従五位下に叙されていた。(45)

また、先に触れた下野国の宇都宮朝綱や、武蔵国の畠山重能・小山田有重兄弟の場合は、覚一本『平家物語』に「去治承四年七月、大番のために上洛したりける畠山庄司重能・小山田別当有重・宇津宮左衛門朝綱、寿永までめしこめられたりしが」とあり、(46)千葉胤頼・三浦義澄らと入れ替わりで、治承四年七月に大番衆として上洛したと記されているが、宇都宮朝綱は前述のように京を中心に活動している武士で、治承四年一月には左衛門権少尉に任じられているから、そのまま在京していた可能性が高いと思われる。畠山重能・小山田有重についても、慈円の『愚管抄』は「平家世ヲ知テ久クナリケレバ、東国ニモ郎等多カリケル中ニ、畠山荘司、小山田別当ト云者兄弟ニテアリケリ」と述べて、(47)彼らを東国の平氏家人の代表的存在として特筆しており、さらに同じ秩父平氏一族が関東においてこぞって頼朝軍に参加した状況のなかで、彼らが朝綱とともに平氏軍から離脱する場面を、延慶本『平家物語』が「廿余年ノ好ミナレバ、ナゴリハヲシク思ケレドモ」と描いていることなどを参照すると、(48)重能・有重の在京活動も大番衆の時期だけではなかったと推測されるのである。

もちろん、熊谷直実が武蔵国の傍輩とともに大番役を勤めていたように、(49)平氏の内裏大番役も一国単位の編成・動員があった可能性は否定しないが、その一方で、在京武士を個別に編成して閑院内裏の警固に割りあてることがあったとしても、何ら不思議はないであろう。貞永元年（一二三二）十二月の追加法五十二条制定以後、鎌倉幕府は在京御家人に対する京都大番役の賦課を免除し、大番役と洛中警固の制度的分離をはかっていくが[50]、平氏によって大番役が創始された段階では、むしろ在京武士が里内裏の警固に組織されることが多かったのではないだろうか。少なくとも院政期においては、国衙守護人などが国内武士を動員・統率して内裏の警固にあたるという大番役のイメージを、疑ってみる必要があるように思われる。

なお、のちに頼朝の側近となる相模国の土肥実平について、延慶本『平家物語』は「昌春令上洛之処ニ、即兼忠ニ仰テ昌春ヲ召取テ、其時大番衆、土肥二郎実平ニ被預ケ」と記し[51]、実平が大番衆として在京していた時に、囚人の土佐房昌俊の預かり人になったことを伝えている。「囚人預置」の拘禁刑は、京においては検非違使が預かり人となるのが普通であるが[52]、この記事は大番衆がその任務を補完する場合のあったことを示唆している。延慶本『平家物語』はさらに、安元三年（一一七七）のいわゆる「鹿ヶ谷事件」で捕らえられた卜部基仲（近江入道蓮浄）を預かり、常陸国に護送する担当者としても土肥実平の名をあげており[53]、平氏権力のもとでの土肥実平の在京活動と、大番衆の幅広い役割をうかがうことができる。

このような大番衆としての活動は、例えば大番衆の傍輩であった千葉胤頼と三浦義澄が一緒に頼朝を訪ねて挙兵を勧めたように、ともに警固にあたった大番衆同士の人的結合を生み出しており、それが政治的意味を帯びることもあった。また宇都宮朝綱や畠山重能・小山田有重の場合は、後述するように伊勢平氏一族で清盛の腹心の従者であった平貞能と親密な関係を築いており、彼らが内乱勃発後に無事に平氏軍を離れて関東に下向することができたのも、平宗盛に対する貞能の口添えによるものであった[54]。朝綱らは関東に下向して頼朝に属し、平貞能とは敵味方に分かれて戦うことになるが、こうして京でつくられた敵味方を超える人的ネットワークは、治承・寿永の内乱の展開に何らかの影響を及ぼさなかったのであろうか。その問題については、第五節であらためて考えることにしたい。

第三節　女子の婚姻関係

すでに第一節で、武士の中央への出仕が、京において女子の乳母関係や公武婚を展開させていたことを指摘したが、本節では逆に、女子の婚姻関係が、武士や下級官人の移動を引き起こしている事例についてとりあげておきたい。

『吾妻鏡』は、院政期における相模国の波多野氏の動向について、次のような興味深い事実を伝えている。[55]

為レ誅二波多野右馬允義常一、被レ遣二軍士一之処、義常聞二此事一、彼討手下河辺庄司行平等未レ到以前、於二松田郷一自殺、子息有常者在二景義（大庭）之許一、遁二此殃一、義常姨母者中宮大夫進朝長母儀典膳大夫久経為子、仍父義通就二妹公之好一、始候二左典廏（源義朝）之処、有二不和之儀一、去保元三年春之比、俄辞二洛陽一、居二住波多野郷一云々、

治承四年（一一八〇）十月十七日、頼朝の挙兵に応じなかった相模国の波多野義常は、頼朝から討手の軍勢を差し向けられ、所領の松田郷において自殺し、子息有常は大庭景義のもとにあって難を逃れたという。自殺した義常の叔母は、源義朝の次子中宮大夫進朝長を産んだ女性であり、父の波多野義通はその妹の縁により源義朝に祗候したが、やがて義朝と不和になり、保元三年（一一五八）春に京から相模国波多野郷に下向したと伝えている。

最初に確認したいのは、波多野義通の妹が源義朝の妻になった時期と場所についてである。義朝の次子朝長は十六歳の時に平治の乱に参加しているから、[56]天養元年（一一四四）の生まれであり、義朝はちょうどその頃、康治二年（一一四三）から天養元年にかけて、相模国「鎌倉之楯」に居住して下総国相馬御厨・相模国大庭御厨に侵入事件を起こしている。[57]したがって、義朝と義通の妹との婚姻は、関東で成立したことが明確である。その後、義朝は第三子の頼

朝が誕生する久安三年（一一四七）までには京に戻っており、[58]朝長も幼少の頃を波多野氏の所領松田郷の「松田御亭」で過ごしたのち、[59]おそらく母や伯父義通とともに上洛したと思われる。そして保元元年（一一五六）に左兵衛尉、[60]保元四年（一一五九）二月には中宮少進に任じられたが、[61]前述した通り同年十二月の平治の乱で滅亡した。

波多野氏は、義通の祖父秀遠（成親）が鳥羽院の蔵人所の所衆、父遠義が崇徳天皇の蔵人所の所衆として出仕するなど、鳥羽院政期から代々中央に出仕してきた家である。[62]義通も在京して義朝にしたがい、『保元物語』においては、敵方にまわった義朝の幼い弟たちを船岡山で涙ながらに処刑する、印象的な武士の一人として描かれているが、[63]その義通の在京活動は、右に述べたように妹と義朝との婚姻に基づくものであったことに注意しておきたい。

そしてもう一つここで見落としてはならないのは、先に引用した『吾妻鏡』の記事には、波多野義通の妹のところに「典膳大夫久経為レ子」の割注があり、彼女が典膳大夫中原久経の母でもあった事実が知られることである。中原久経の父は不明であるが、中原氏は京の下級官人の家であり、目崎徳衛氏は、義通の妹は義朝の妻になる前に中原氏に嫁して久経を儲けたと推定されている。[64]もしそうだとすれば、義通の妹は、父か兄とともに在京して中原氏の妻となったのち、相模国の波多野氏の本拠地に下向して義朝の妻となり、さらに朝長や義通とともに再び京にのぼったことになる。中原氏の妻になったのが先か、義朝の妻になったのが先かは、必ずしも明確ではないが、[65]いずれにせよ一人の女性をめぐり、京と関東、下級官人と軍事貴族という、地域と職能を異にする二つの婚姻関係が成立したのであり、院政期武士社会における人的交流の広がりをあらためて評価しなければならないであろう。

中原久経は、仁安三年（一一六八）十二月に内膳典膳に任官しているが、[66]頼朝が反乱軍として朝廷に敵対している段階から鎌倉に出仕していたことが確認され、[67]久経も京と母の出身地である関東を往来するような人物であったに違いない。そのことは、中原久経と同族と思われる中原親能が、『玉葉』に「自二幼稚之昔一、被レ養二育相模国住人一、自二彼国㆒成人、然間、依㆓近々㆒与㆓謀叛之首頼朝㆒年来為㆓知音㆒」と記され[68]、幼少の時から相模国住人に養育されて、その地で成長し、配所の頼朝と年来「知音」の関係にあったとされていることからも裏づけられよう。その親能を養育した「相模国住人」とは、義通の弟波多野四郎経家のことであり、経家の娘は親能の妻にもなっているのである[69]。京の下級官人中原氏と相模国武士団の波多野氏は、こうして公武婚や養育による親密な関係を幾重にも結んでいたのである。

すでに述べたように、波多野義通の嫡子義常は頼朝に敵対して滅亡したが、義常子息の有常（有経）はのち流鏑馬の芸によって許されて御家人となり[70]、また義通の弟で波多野氏の惣領の地位を継承した義景や、中原親能の舅となった経家も御家人として活動する[71]。鎌倉幕府にとって武士団としての波多野氏の存在が重要であったことはいうまでもないが、中原久経や親能が挙兵直後から頼朝に仕え、さらに親能が父中原広季の養子として朝廷に出仕していた大江広元を鎌倉に招いたことなどを考えると[72]、中央と地方を緊密に結ぶ波多野氏の院政期における存在形態そのものが、鎌倉幕府の成立にきわめて大きな意味をもったことになる。早くから波多野氏の存在形態に注目されていた目崎徳衛氏や野口実氏の研究を、鎌倉幕府論としてあらためて評価すべきであると思われる[73]。

第四節　亡命・流刑

本節においては、これまでとはやや異質なものとなるが、武士の移動をもたらした契機として政治的亡命や流刑の事例を検討しておきたい。

東国に亡命した武士として最も有名なのは、近江国の佐々木秀義であろう[74]。『吾妻鏡』によれば、秀義は平治の乱後に平氏から圧力を受け、本領の佐々木荘を得替されたため、子息を率いて相模国の渋谷重国のもとに移住し、配所の頼朝に子息の太郎定綱・三郎盛綱を祗候させて、頼朝の援助を行ったと伝えられる(75)。また治承四年（一一八〇）八月九日、頼朝の挙兵準備が京の平氏に漏れていることを大庭景親から聞いた秀義は、早速に嫡男定綱を頼朝のもとに向かわせて情報を伝え(76)、十七日に実行された頼朝の挙兵には、四人の子息定綱・経高・盛綱・高綱を参加させており(77)、秀義は、頼朝の挙兵を成功に導いたキー・パーソンの一人といえよう。

この佐々木秀義が、平治の乱後、相模国の渋谷重国のもとに身を寄せたのは、『吾妻鏡』に「相二率子息等一、恃二秀衡一秀義姨母夫也、赴二奥州一、至二相模国一之刻、渋谷庄司重国感二秀義勇敢一之余、令二之留置一之間、住二当国一既送二二十年一畢」とあるように(78)、本来は奥州の藤原秀衡を頼ろうと相模国まで下向したところ、渋谷重国に留まるように要請されたからであった。とすると、まずは佐々木秀義と奥州藤原秀衡との関係が問題になるが、右の『吾妻鏡』には秀衡は「秀義姨母夫也」とあり、秀義の叔母の夫を藤原秀衡と記している。近年、奥州藤原氏の妻たちについて精力的に解明を進めておられる川島茂裕氏によれば(79)、藤原秀衡の妻として確認されるのは、かつての陸奥守で平治の乱で陸奥国に流された藤原基成の娘（泰衡の母）と、陸奥国の武士である信夫佐藤氏の女子（国衡の母）の二人であり、秀衡の妻に佐々木秀義の父母とつながる人物はいないように思われるが、川島氏の指摘のように、「佐々木系図」には秀義の母が「安部（ママ）宗任女」と記され(80)、また『吾妻鏡』には秀衡の父基衡の妻が「宗任女」と記されており(81)、秀衡ではなく、その父の藤原基衡が佐々木秀義の叔母の夫であったことが知られるのである。とすれば、先の『吾妻鏡』の記事は、秀衡と基衡の情報について混乱が見られるものの、佐々木秀義が奥州藤原秀衡を頼って下向しようとしたという記述自体は、二人が従兄弟同士であることを思えば、信憑性をもつことになる。そしてさらに、西岡虎之助氏によって紹介された『野田文書』所収の「□奉公初日記」には(82)、

三郎秀義生年十三、遁参二奥国判□対馬守預レ之、於レ是弓箭之工習レ之、勝レ人抽レ妙、判官殿（源為義）依レ之為二専使一、
遣二奥州秀衡之許一、召二羽与馬一、帰参之時、宿二相模大磯一、自レ是参二鎌倉一、

とあり、源為義が弓箭の工芸に巧みであった佐々木秀義を専使として奥州藤原秀衡のもとに遣わし、矢羽となる鷲羽や馬を調達していたことが判明する。(83) 秀義が藤原秀衡と親密な関係にあり、京と奥州平泉とを往来する武士であったことは確実であろう。

なお、秀義の嫡男定綱は、頼朝の挙兵直前の段階では下野国の宇都宮氏のもとにあったと伝えられている。(84) 宇都宮を通る奥大道が平安時代後期に奥州と関東を結ぶ主要幹線道として成長し、(85) 宇都宮が奥州に向かう北関東の拠点となっていた地理的条件を考えると、これも決して偶然ではなく、山本隆志氏が推定されたように、定綱は奥州との往反を繰り返していたと思われる。(86) 延慶本『平家物語』は、挙兵計画が平氏に漏れていることを知った秀義が、即座に挙兵するか、あるいは奥州へ逃亡するかを促すために、定綱を頼朝のもとに遣わしたと描いているが、(87) 佐々木氏と奥州藤原氏との親密な関係や、宇都宮と定綱との関係を前提にすれば、現実にありうる話であるといえよう。亡命者である佐々木秀義のネットワークが、頼朝の逃亡先まで準備したのである。

ところで、佐々木秀義が源為義の専使として奥州に遣わされていたことを示す先の史料には、秀義が奥州からの帰途に相模国大磯に宿して、鎌倉の義朝のもとに出向いていたことが記されていたが、おそらく秀義と相模国の渋谷重国との関係もこの頃にまでさかのぼるものと推定されよう。(88) 関東亡命後、渋谷氏の婿として迎えられた秀義は、やがて太郎定綱を宇都宮氏、二郎経高を自らと同じ渋谷氏、三郎盛綱を前節でとりあげた相模国の波多野氏、四郎高綱を京に置いているが、(89) このような子息の配置が可能になったのも、佐々木秀義が京と奥州を往来する武士であり、宇都宮氏や波多野氏も同様に京と関東を往来する武士だったからに違いない。武士社会のネットワークが武士の亡命を支

え、そのネットワークは亡命によってさらに広がったのである。

以上、武士の亡命とそのネットワークについて、佐々木氏を素材に検討してきたが、もう一つ亡命に類似するものとして、流刑の問題をとりあげておきたい。

流刑については、平治の乱で陸奥国に配流された藤原基成の娘が、藤原秀衡の妻となって泰衡を産んだことは先に触れたが、このように流人が配流先で手厚く保護を受けた事例はほかにも見られる。例えば、権中納言平時忠の子息であった右近衛権少将兼伯耆守の平時家は、治承三年（一一七九）十一月の平氏クーデタで解官され、[90]「継母之結構」により上総国に配流されたが、[91]その時家を保護して「婿君」に迎え、頼朝に側近として推挙したのは、かの上総介広常であった。[92]広常が「ナンデウ朝家ノ事ヲノミ身グルシク思ゾ、タヾ坂東ニテカクテアランニ、誰カハ引ハタラカサン」と頼朝に語ったとする『愚管抄』の記事に基づいて、[93]広常を一貫した東国独立論者であるかのように理解する見解が、いかに一面的なものかは、平時家を婿に迎えた広常の態度を見れば明瞭であろう。

このように考えてくると、伊豆国に配流された源頼朝と北条時政の関係も、当時の武士社会においては決して特殊なものではなかったことがわかる。杉橋隆夫氏は、平治の乱で頼朝が池禅尼の実子平頼盛の郎等平宗清に捕らえられて以降、禅尼の助命嘆願を経て、配流先で禅尼の姪（牧の方）の夫となる北条時政から監視・保護を受けるまで、頼朝の身柄は一貫して池家の管理下にあったことを鋭く論じられている。[94]杉橋氏はそこに池家や時政の特別な政治的意図を読み取ろうとされているが、このような流刑の執行形態は、中世の武士社会においては、むしろ一般的な在り方として理解できるのではないかと思われる。

最後にもう一人とりあげておきたい流人は、平兼隆である。平兼隆は、伊勢平氏のなかでも当時伊勢国内で最大級の勢力を誇り、平氏一門からは自立して活動した軍事貴族の平信兼の子息である。[95]兼隆は、安元三年（一一七七）の延暦寺大衆による強訴事件では、検非違使として後白河院の命を受けて前天台座主明雲を警衛しており、[96]「京武者」として活動していたことが知られるが、治承三年（一一七九）一月に、理由は不明ながら父信兼の訴えにより右衛門尉を解官され、[97]伊豆国田方郡山木郷に配流された。[98]翌治承四年五月、伊豆国知行国主であった源頼政や、伊豆守であった頼政嫡子の仲綱が、以仁王とともに挙兵に失敗して宇治川合戦で滅亡すると、[99]同年六月二十九日には伊豆国の知行国主に平時忠、伊豆守には猶子時兼が任じられ、[100]流人であった平兼隆も、京で形成された時忠との人脈から「当国目代」に任用されることとなる。[101]

この兼隆こそ、同年八月十七日の頼朝の挙兵で最初に討ち取られた山木判官兼隆であった。『吾妻鏡』はこの間の事情について、次のように述べている。[102]

散位平兼隆前廷尉、号㆓山木判官㆒者、伊豆国流人也、依㆓父和泉守信兼之訴㆒、配㆓于当国山木郷㆒、漸歴㆓年序㆒之後、仮㆓平相国（平清盛）禅閤之権㆒、輝㆓威於郡郷㆒、是本自依㆑為㆓平家一流氏族㆒也、

ここでは、平兼隆は父信兼の訴えにより伊豆国山木郷に配流されたが、年月を経るうちに次第に清盛の権勢をかさに着て、国内の郡郷に勢力を振るうようになったと記している。従来の研究もこの『吾妻鏡』の記事に依拠して、頼朝の挙兵を説明する場合が多かったが、実際は兼隆が伊豆国に流されて一年半、目代に任用されてわずか一ヵ月半しか経っていない。しかも、先に述べたように、兼隆の一族は清盛の平氏一門からは基本的に独立して活動した貞季流伊勢平氏の軍事貴族であり、平氏都落ち後も父信兼や兼隆の兄弟たちは本国に留まり、伊勢に進軍した源義経・中原親能に加勢するなど、独自の動向を示しているのである。[103]したがって、平氏一門でも平氏家人でもない兼隆は、頼朝の挙兵の攻撃目標とするには、あまりふさわしくない人物だったといえよう。

しかし、兼隆が頼朝の攻撃目標に定められたのは、まさに彼が京から配流されてきた流人であり、流人であるがゆ

えの保護を、中央・地方を貫く人的ネットワークのなかで受けていたからである。兼隆が伊豆国目代に任用されたのも、伊豆国知行国主となった平時忠が兼隆に憐憫をかけたものであろうし、国内においては、田方郡山木北方に本拠をもつ堤権守信遠が兼隆の「後見」となっていたのである。(104)そして、一方の頼朝も流人として、田方郡北条に本拠をもつ北条時政らの保護を受けていたことはあらためていうまでもないであろう。頼朝の挙兵は、そうした流人をめぐる中央・地方の人的ネットワークを前提に、そのネットワークにつながる勢力間の競合・矛盾を背景にしながら、流人が流人を討つという形態で始まったのである。内乱がこのような形態で始まったこと自体に、この時代の武士社会の歴史的特質が示されているように思われる。

第五節　武士社会のネットワークと内乱

以上、院政期における武士の移動の諸相を、京への出仕、内裏大番役、女子の婚姻関係、亡命・流刑の四つの契機から整理し、そこに見られる武士社会のネットワークについて検討してきた。本章では、そのような武士社会のネットワークが鎌倉幕府の成立にどのように作用したのかという観点から、頼朝周辺の人脈に関わる事例を意識的にとりあげてきたが、もちろんこのような中央・地方を貫くネットワークは何も東国に限定されるものではなく、奥羽から九州まで全国に広がっていたはずである。伊豆に流された流人の反乱権力が、京の朝廷と協調関係を保ちつつ、そのまま関東を拠点に全国的な武家政権として発展しえた要因は、そうした中世武士社会の特質にあったと考えられよう。

最後に本節では、このようなネットワークが、治承・寿永の内乱の展開においていかなる意味をもったのか検討することにしたい。治承・寿永内乱期の戦争は、一般には「功名手柄への強烈な欲求」に基づく「相手の殲滅をめざす

「公戦」」として理解されることが多いが、[105] 武士社会の人的ネットワークは、内乱のなかで敵味方の壁を超えて広がっていたからである。本節では、そうした人脈に注目することによって、従来の「殲滅戦」のイメージではとらえることのできない治承・寿永内乱期の戦争の別の側面を探っていくことにしたい。

第二節において、在京して内裏大番役を勤仕していた下野国の宇都宮朝綱や武蔵国の畠山重能・小山田有重兄弟が、内乱勃発後に平氏軍を離脱して関東に下向することができたのは、平氏の有力家人平貞能の口添えによるものであったことを述べたが、『吾妻鏡』元暦二年（一一八五）七月七日条は次のように記している。

前筑後守《（マヽ）》貞能者、平家一族、故入道大相国《（平清盛）》専一腹心者也、而西海合戦不レ敗以前逐電、不レ知二行方一之処、(a)去比忽然而来二于宇都宮左衛門尉朝綱之許一、平氏運命縮之刻、知レ少二其時一、遂二出家一遁二彼与同之難一訖、於レ今者隠二居山林一、可レ果二往生素懐一也、但雖二山林一、不レ蒙二関東免許一者難レ求之、早可レ申二預此身一之由懇望云々、（中略）(b)而朝綱強申請云、属二平家一在京之時、聞下挙二義兵一給上事、欲二参向一之刻、前内府《（平宗盛）》不レ免之、爰貞能申二宥朝綱并重能《（畠山）》・有重《（小山田）》等一之間、各全レ身参二御方一、攻二怨敵一畢、是啻匪レ思二私芳志一、於レ上又有レ功者哉、後日若彼入道有下企二反逆一事上者、永可下令レ断二朝綱子孫一給上云々、(c)仍今日有二宥御沙汰一、所レ被レ召二預朝綱一也、

すなわち、平清盛の「専一腹心者」で、壇ノ浦合戦以前に平氏軍から離脱して行方のわからなくなっていた平貞能が、(a)先頃突然に関東の宇都宮朝綱のもとにあらわれ、平氏軍を離れて出家した事情を語り、朝綱が預かり人となって頼朝に助命を申請してくれるように懇願したこと、(b)そこで朝綱は頼朝に対して、かつて畠山重能・小山田有重とともに平氏に属して在京していた時に、頼朝の挙兵を知り、関東に下向して味方に馳せ参じることができたのは、平宗盛に対する貞能の執り成しによるものであったことを説明し、貞能の助命を申請したこと、(c)その結果、頼朝から貞能を囚人として朝綱に預け置くという寛大な処分が下されたこと、などを伝えている。

平貞能は、平忠盛の郎等として有名な筑後守平家貞の子息で、伊賀国北部に本拠をすえた季衡流伊勢・伊賀平氏の一族である。貞能は基本的に在京して清盛の家司として家政を担い、筑前守・肥後守に任官して九州経営にたずさわるとともに、清盛死後は小松家の有力家人として故重盛の子息資盛を補佐して活動した。平氏都落ち以降、平氏一門が清盛後家時子と宗盛を中心とする主流派、小松家、池家に分裂するなかで、貞能は寿永二年（一一八三）十月に九州において出家を遂げ、多くの小松家家人と同様に平氏陣営から離脱した。(106) その貞能が、かつて関東下向を手助けした宇都宮朝綱のもとに保護を求めて突然あらわれ、朝綱の強い要請によって頼朝から死罪を許されているのである。(107)

この貞能と朝綱の親密な関係について、『源平盛衰記』は「貞能後ニ聞エケルハ、西国ノ軍破テ、下野国宇都宮へ下向ス、彼宇都宮ハ外戚ニ付テ親シカリケレバ、尋下テ出家シテ、肥後入道ト云テ、如法経ヲ書写シテ、大臣殿ノ後生ヲ弔ヒ奉ケリ」と記しており、(108) 宇都宮氏が実は貞能の外戚であったことを伝えている。(109) 第一節で見たような院政期における宇都宮氏の在京活動の在り方を想起すれば、宇都宮氏の女子が平家貞の妻となり、貞能を産んだ可能性は十分に想定できよう。京で成立した東西の武士の家の婚姻関係は、内乱の展開のなかで互いに敵味方に分かれながらも、こうして相互に扶助し合う関係として機能し続けたのである。

ちなみに、洛北にある峰定寺の仁王門に安置されている金剛力士像からは、「長寛元年六月廿八日　沙弥生西　平貞能母尼」という胎内銘が発見されており、平貞能の母が長寛元年（一一六三）六月に峰定寺の金剛力士像の願主になっていたことが判明する。(110) 峰定寺は、鳥羽院や美福門院に授戒を行った西念（三滝上人）が久寿元年（一一五四）に草創した寺院で、平治元年（一一五九）四月には前太政大臣藤原忠通が法成寺領の久多・針幡・大見の田地三十五町を当寺に寄進し、(111) また保元元年（一一五六）五月には権中納言藤原忠雅が木造礼盤を、(112) 平治元年五月には平清盛が仏舎利と唐羅漢図を奉納している。(113) 峰定寺は、こうして京の貴族や武士の支援を受けながら整備されており、貞能の母尼が金剛力士像の造立に関わったことも、平家貞や貞能と密接な関係をもちながら出家後も京に居住していたことを物語っている。

なお、彼女の名が「平貞能母尼」とのみ記され、伊賀国の本拠で活動していた貞能の兄平田家継の名が記されていないのは、おそらく家継と貞能の母が異なっていたからであろう。(114)旧稿では、主として本国で活動する兄の平田家継と、京で活動する弟の平貞能を、武士団内部における分業関係として理解したが、(115)そのような分業の在り方を規定する一つの要因として、各々の母の出自とその生活圏の違いという問題も考慮に入れる必要があると思われる。

さて、もう一つ平貞能と宇都宮朝綱との関係で注目したいのは、元暦元年（一一八四）七月に兄平田家継が伊賀・伊勢で引き起こした「元暦元年の乱」で討たれたのち、家継の本拠地である伊賀国阿拝郡壬生野郷の地頭職に、宇都宮朝綱が補任されている事実である。『吾妻鏡』はこれを乱勃発前の元暦元年五月二十四日条に記しているが、伊勢・伊賀をはじめとする畿内近国の謀叛人跡に荘郷地頭職が補任されるのは、元暦二年（一一八五）六月以降のことであり、(116)朝綱が壬生野郷地頭職に補任されたとする『吾妻鏡』の所収年は明らかに誤っている。朝綱の孫にあたる宇都宮頼綱が壬生野郷地頭職を相伝していることは事実であるので、(117)所収年月日のみの誤りと判断されよう。

菱沼一憲氏は、鎌倉幕府体制が西国で整備されるなかで平氏家人との軋轢が生じ、宇都宮朝綱の壬生野郷地頭職への補任が直接的契機となって、元暦元年の乱が勃発したと推定されている。(118)しかし、右に述べたような地頭職補任時期の誤記や、宇都宮氏と平家貞の婚姻関係、朝綱と貞能の親密な関係を念頭に置くと、菱沼氏とは全く逆の理解が可能である。むしろこれは両家の親しい関係を前提に、元暦元年の乱後も北伊賀にのこる平田家継・平貞能ゆかりの旧勢力と合意を形成しやすい人物として、(119)朝綱が壬生野郷地頭職に補任されたと考えられるのではないだろうか。謀叛人跡における荘郷地頭職補任の意義が、御家人に対する恩賞であると同時に、反乱再発防止のための現地における警衛にあったことを思えば、[120] 武士社会の人的ネットワークに依拠して、在地社会に受け入れられやすい地頭を人選することも当然行われていたと推定されるのである。朝綱の地頭職補任が、貞能を預かってからの時期であったとすれば、なおさらであろう。

以上、平貞能と宇都宮朝綱との関係を素材にして、院政期に形成された武士社会の人的ネットワークが、治承・寿永の内乱における敵味方の関係を相対化し、幕府の敵方処分や地頭職補任に影響を与えたことを指摘してきた。このような関係は、例えば木曾義仲の乳母子で、「木曾専一者」であった信濃国の樋口兼光が、[121] 義仲滅亡後に鎌倉軍と最後の一戦を交えようとした際、兼光を婿とする鎌倉方の武蔵国児玉党が兼光に降人になるように説得し、「彼等募二勲功之賞一、可レ賜二兼光命一」と児玉党が源義経に対して兼光の助命を願い出たことにも見ることができる。[122] おそらくこうした事例は、内乱の様々な局面で数多く存在したであろう。『平家物語』は、児玉党が兼光に対して、

> ヤ、殿、樋口殿。人ノ一家ヒロキ《広》中へ入ト云ハ、カヽル時ノ為也、軍ヲトヾメ給へ。和殿ヲバ御曹子《源義経》ニ申テ助ウズルゾ。

と説得したと伝えているが、[123] まさに「人ノ一家ヒロキ中へ入ト云ハ、カヽル時ノ為也」、すなわち「広く交際し、あちこちにつながる縁戚関係の中に身を置こうとするのは、こういう時に助け合うためである」[124] と明確に語っているのである。「ヒロキ中」[125] と表現される武士社会の広域的なネットワークは、こうして戦時下で互いに保護し合うことを前提にして、意識的に維持・拡大がはかられていたのである。

このような武士社会のネットワークは、武士同士の個別的関係だけではなく、時には敵対する軍勢間での和平交渉に利用される場合もある。例えば、寿永三年（一一八四）一月二十日に木曾義仲軍を破って入京した鎌倉軍には、「頼朝代官」として土肥実平と中原親能が付き添っていたが、同年二月二日、生田の森・一の谷合戦直前の彼らの動向に

ついて、右大臣九条兼実は日記『玉葉』に次のように記している。[126]

或人云、向二西国一追討使等暫不レ遂二前途一、猶逗二留大江山辺一云々、平氏其勢非二尩弱一、鎮西少々付了云々、下向之武士殊不レ好二合戦一云々、土肥二郎実平・次官親能等此両人頼朝代官也、相二副武士等一所レ令二上洛一也、或御使被二誘仰一之儀、甚甘心申云々、而近臣小人等朝方、親信、親宗等□少弁北面下臈等云々、一口同音勧二申追討之儀一、是則法皇之御素懐也、仍流掉、無二左右一事歟、此上左大臣又被レ執二申追討之儀一云々、

すなわち兼実は、①摂津国福原の平氏軍を西から攻撃するために、丹波路を迂回して一の谷に進もうとしていた鎌倉軍（搦手の源義経軍）が、山城・丹波国境の大江山（大枝山）付近で進軍を止めて逗留していること、②平氏の軍勢は決して少なくなく、鎮西の武士も加勢したらしいこと、③平氏追討に下向しようとしていた鎌倉軍の武士たちは、実は平氏軍との戦闘を避けたがっていること、④「頼朝代官」として上洛した土肥実平と中原親能は、院から和平の使者を平氏のもとに送る計画に積極的に賛同していること、⑤それにもかかわらず後白河院の近臣はそろって平氏追討を主張し、後白河院自身も平氏追討を望んでいること、などの情報を書きのこしている。結局、二月七日に生田の森・一の谷合戦が行われたため、このような合戦直前の鎌倉軍の動向はあまり関心を向けられることがなかったが、[127]平氏のもとで在京活動を行っていた土肥実平や京の下級官人出身の中原親能が、「頼朝代官」として上洛し、平氏軍との和平の途を探っていたことはもっと注目されてよいであろう。

二月七日に強行された生田の森・一の谷合戦では、平氏軍制のなかで最も中心的な位置を占めた武将の平重衡が生け捕りとなり、[128]同九日には京に送られて土肥実平に預け置かれたが、[129]ここで実平が平重衡の預かり人となっているのは、おそらく実平が内裏大番役などで在京していた時期から、重衡と面識があったからであろう。そして早速、翌十日には重衡が和平と神器返還を求める書状を宗盛に宛てて送ることを申し出ている事実を見ると、[130]ここに平氏との和

平を実現させようとする「頼朝代官」実平の意思を読み取ることが可能であろう。この重衡と宗盛の和平交渉は、二月下旬には宗盛側も神器・安徳天皇・建礼門院などの入洛に応じる姿勢を見せ、前進を見せることになるが、(131)三月に入ると土肥実平は備前・備中・備後の惣追捕使として西国に下向し、(132)また平重衡も鎌倉に護送されて、(133)宙に浮いたまま打ち切られることになる。(134)

しかし近年の宮田敬三氏の研究では、元暦二年（一一八五）一月、源義経が後白河院の許可のみで讃岐国屋島に向けて出陣するまでは、頼朝は一貫して平氏軍を包囲して降伏させる構想をもっていたことが明らかにされている。(135)政治交渉によって内乱を終結させようとする動向は、決して内乱期の一時期にのみあらわれた現象ではなかったのである。

本章では十分な検討はできなかったが、「ヒロキ中」と呼ばれた武士社会の中央・地方を貫く人的ネットワークを踏まえ、土肥実平や中原親能らが上洛中に担った活動の意味を、あらためて内乱期政治史のなかで考えてみるべきではないだろうか。

おわりに

本章では、院政期における武士の移動の諸相と、そこに見られる武士社会の人的ネットワークについて検討してきた。女子をともなって在京活動を行い、「公武婚」も含めて婚姻関係を結び、また亡命者や流人を手厚く保護して、人的ネットワークを意識的に拡大していくという武士社会の在り方は、地縁的なネットワークに焦点をあててきた旧来の在地領主制研究や武士団研究ではあまり関心が向けられなかった問題であり、近年になってようやく意識的に追究されるようになったテーマといえよう。治承・寿永の内乱についても、私はこれまで内乱が全国に拡大した要因を、在地領主間の競合・矛盾という地域社会の視点からとらえてきたが、頼朝の権力形成の動向、例えば、流人が流人を討つという形態で頼朝の挙兵が始まっていることや、東国の反乱軍に京下官人までが加わっていることなどについては、院政期武士社会における広域的な人の移動とネットワークを前提にしない限り、決して読み解けない問題である。また、戦場で敵味方に分かれた武士同士が互いに保護し合う関係や、和平の途を探る政治的動向なども、以上のような視点によってはじめて実態的に浮かび上がらせることができると思われる。

今後は、平氏の有力家人であった平家貞の子息のうち、兄の平田家継が基本的に本国、弟の平貞能が基本的に京で活動したような、武士団内部における分業関係の在り方を、それぞれの母親の出自・生活圏に注目するなど、より具体的な事実から解明していくことが必要であろう。分業関係のもとで本拠地に密着して所領経営を担った武士は、現地の「案内者」として、軍勢の進軍を現地で先導したりするなど、武士社会の広域的なネットワークを、在地社会において積極的に支える役割を担っていたのである。(136) 治承・寿永の内乱は、数百から数千、時には数万という軍勢が列島を駆けめぐった未曾有の規模の内乱であったが、そのような事態を現出させたものとして、院政期武士社会の歴史的特質は今後も検討されねばならないであろう。

注

（1） 東国武士の北遷・西遷については、河合正治「東国武士団の西遷とその成長」（『史学研究記念論叢』柳原書店、一九五〇年）、瀬野精一郎「鎮西における東国御家人」（『鎮西御家人の研究』吉川弘文館、一九七五年、初出一九六二年）、同「東国御家人の西国下向」（『歴史の陥穽』吉川弘文館、一九八五年、初出一九七六年）、五味克夫「東国武士西遷の契機」（『鎌倉幕府の御家人制と南九州』戎光祥出版、二〇一六年、初出一九六八年）、豊田武「苗字の歴史」（『豊田武著作集　第六巻　中世の武士団』吉川弘文館、一九八二年、初出一九七一年）などを参照。

（2）河合正治「鎌倉武士団とその精神生活」（『中世武家社会の研究』吉川弘文館、一九七三年）。
（3）海津一朗「「武家の習」と在地領主制」（『民衆史研究』三〇号、一九八六年）、同「鎌倉時代における東国農民の西遷開拓入植」（『中世東国史の研究』東京大学出版会、一九八八年）、竹本豊重「地頭と中世村落」（『中世の村落と現代』吉川弘文館、一九九一年）などを参照。
（4）豊田武前掲注（1）論文四二八頁。
（5）海津一朗前掲注（3）「鎌倉時代における東国農民の西遷開拓入植」三四九頁。
（6）髙橋昌明『武士の成立　武士像の創出』（東京大学出版会、一九九九年）。
（7）元木泰雄「摂津源氏一門」（『史林』六七巻六号、一九八四年）、同「院政期政治構造の展開」（『院政期政治史研究』思文閣出版、一九九六年、初出一九八六年）。
（8）近藤好和「大鎧の成立」（『中世的武具の成立と武士』吉川弘文館、二〇〇〇年、初出一九九八年）。
（9）拙稿「鎌倉幕府研究の現状と課題」（本書第Ⅲ部第二章、初出二〇〇六年）。
（10）野口実「流人の周辺」（『中世東国武士団の研究』高科書店、一九九四年、初出一九八九年）。
（11）杉橋隆夫「牧の方の出身と政治的位置」（『古代・中世の政治と文化』思文閣出版、一九九四年）一九二頁。なお、北条時政と牧の方との婚姻は頼朝挙兵以後であるとする有力な批判が存在し（細川重男・本郷和人「北条得宗家成立試論」『東京大学史料編纂所研究紀要』一一号、二〇〇一年）、本書でも妥当な批判と考えるが、その場合でも内乱以前から北条氏と牧氏の間に親密な交流があったことは認められている。
（12）近年、保立道久氏も「全国的な情報連絡、都鄙間交通の条件の上に展開した政治史の全国性」という視角に基づいて、京から奥州に移動した源義経の前半生を論じられている（『義経の登場』日本放送出版協会、二〇〇四年、三九頁）。
（13）野口実「東国武士と中央権力」（前掲『中世東国武士団の研究』、初出一九八二年）。
（14）宇都宮朝綱については、野口実「平氏政権下における坂東武士団」（『坂東武士団の成立と発展』戎光祥出版、二〇一三年、初出一九八二年）、同前掲注（13）論文、山本隆志「宇都宮朝綱の在地領主化」（『東国における武士勢力の成立と展開』思文閣出版、二〇一二年、初出二〇〇二年）、須藤聡「宇都宮朝綱と下野守源義朝」（『武尊通信』一三二号、二〇一二年）、野口実「下野宇都宮氏の成立と、その平家政権下における存在形態」（『東国武士と京都』同成社、二〇一五年、初出二〇一三年）、市村高男「中世宇都宮氏の成立と展開」(『中世宇都宮氏の世界』彩流社、二〇一三年)などを参照。
(15)『尊卑分脈』第一篇「道兼公孫　宇都宮」。
(16)仁安二年十二月十三日「藤原朝綱申文」(陽明文庫本『兵範記』紙背文書)。吉田早苗「『兵範記』紙背文書にみえる官職申文(上)」(『東京大学史料編纂所報』二三号、一九八八年)に翻刻・紹介がある。野口実「惟宗忠久をめぐって」(前掲『中世東国武士団の研究』、初出一九九一年)、須藤聡前掲注(14)論文も参照。
(17)『兵範記』仁安三年一月十一日条。
(18)『玉葉』治承四年一月二十八日条。
(19)前掲注(15)史料。
(20)『吾妻鏡』治承四年十月二日条。
(21)寒河尼については、米谷豊之祐「武士団の成長と乳母」(『大阪城南女子短期大学　研究紀要』七巻、一九七二年)、田端泰子『日本中世の女性』(吉川弘文館、一九八七年)、同『乳母の力』(吉川弘文館、二〇〇五年)、野口実前掲注(10)論文、松本一夫「寒河尼」(『中世小山への招待』(小山市・小山市教育委員会、二〇〇六年)などを参照。
(22)角田文衞「源頼朝の母」(『王朝の明暗』東京堂出版、一九七七年、初出一九七四年)。
(23)「老士雑談」(『改訂史籍集覧』第十三冊)。米谷豊之祐前掲注(21)論文参照。
(24)前掲注(20)史料。
(25)須藤聡前掲注(14)論文、野口実前掲注(14)「下野宇都宮氏の成立と、その平家政権下における存在形態」参照。
(26)足立遠元については、金澤正大「鎌倉幕府成立期に於ける武蔵国々衙支配をめぐる公文所寄人足立右馬允遠元の史的意義」(『鎌倉幕府成立期の東国武士団』岩田書院、二〇一八年、初出一九七九年)、同「武蔵武士足立遠元」(同書、初出二〇一三年)、同「武蔵武士足立氏の系譜再論」(同書、初出二〇一三年)などを参照。
(27)前掲注(20)史料。
(28)『吾妻鏡』元暦元年十月六日条。
(29)前掲注(20)史料。
(30)『尊卑分脈』第一篇「長家卿孫　大炊御門」。金澤正大前掲注(26)「鎌倉幕府成立期に於ける武蔵国々衙支配をめぐる公文所寄人足立右馬允遠元の史的意義」参照。
(31) 公武婚については、鈴木芳道「鎌倉時代の公武婚」(『鷹陵史学』三〇号、二〇〇四年)参照。
(32) 金澤正大前掲注(26)「武蔵武士足立氏の系譜再論」参照。
(33) 多賀宗隼「安達盛長」(『日本歴史』四三〇号、一九八四年)。
(34) 『吾妻鏡』治承四年六月二十二日・八月四日条。
(35) 前者の理解を代表するものとしては、石井進「院政時代」(『石井進著作集　第三巻　院政と平氏政権』岩波書店、二〇〇四年、初出一九七〇年)、飯田悠紀子「平安末期内裏大番役小考」(『御家人制の研究』吉川弘文館、一九八一年)などがあり、後者の理解を代表するものとしては、五味文彦「院支配の基盤と中世国家」(『院政期社会の研究』山川出版社、一九八四年、初出一九七五年)、野口実「平氏政権下における諸国守護人」(前掲『中世東国武士団の研究』、初出一九七九年)、髙橋昌明「中世成立期における国家・社会と武力」(前掲注(6)著書、初出一九九八年)などがあげられる。
(36) 五味文彦前掲注(35)論文。
(37) 木村英一「鎌倉幕府京都大番役の勤仕先について」(『鎌倉時代公武関係と六波羅探題』清文堂出版、二〇一六年、初出二〇〇二年)、同「王権・内裏と大番」(同書、初出二〇〇六年)、同「中世前期の内乱と京都大番役」(『生活と文化の歴史学5　戦争と平和』竹林舎、二〇一四年)。
(38) 木村英一前掲注(37)「王権・内裏と大番」。
(39) 木村英一前掲注(37)「鎌倉幕府京都大番役の勤仕先について」。
(40) 近藤成一「中世前期の政治秩序」(『鎌倉時代政治構造の研究』校倉書房、二〇一六年、初出二〇〇四年)五六〇頁。
(41) 近年の閑院内裏研究としては、飯淵康一「平安時代里内裏住宅の空間的秩序(一)(二)」(『平安時代貴族住宅の研究』中央公論美術出版、二〇〇四年、初出一九八一・八四年)、野口孝子「平安宮内の道」(『古代文化』五五号、二〇〇三年)、同「閑院内裏の空間領域」(『日本歴史』六七四号、二〇〇四年)、同「仁和寺本『系図』に描かれた閑院内裏の陣中」(『仁和寺研究』五輯、二〇〇五年)、同「閑院内裏の空間構造」(『院政期の内裏・大内裏と院御所』文理閣、二〇〇六年)などがあげられる。
(42) 『愚昧記』安元三年五月十三日条。なお、史料上には軍勢は「郎従十余人許」「郎等五十人許」と記されており、あたかも平維盛家人と伊藤忠清家人が警固にあたっていたかのように見えるが、忠清の指揮する軍勢が、重盛に属する自立的な武士の集合体であったことは、拙稿「治承・寿永の内乱と伊勢・伊賀平氏」(『鎌倉幕府成立史の研究』校倉書房、二〇〇四年)において明らかにした通りである。
(43) この事件については、『玉葉』安元三年五月一・二日条、『吉記』安元三年四月三十日条、『愚昧記』安元三年五月一日条、『顕広王記』安元三年四月三十日条、『伯家五代記 仲資王記』安元三年四月三十日条、『百練抄』安元三年四月三十日条などを参照。なお『顕広王記』は、国立歴史民俗博物館所蔵の顕広王自筆『顕広王記』(田中穣氏旧蔵典籍古文書)の写真版を使用したが、本文中でも引用するように、大番兵士について「四大番者等」と記されており、「四」という数字が大番役に関わるものなのかどうか、興味のあるところである。今後の検討課題としたい。また、本章の原論文発表以降、髙橋昌明・樋口健太郎「資料紹介 国立歴史民俗博物館所蔵『顕広王記』承安四年・安元二年・安元三年・治承二年巻」(『国立歴史民俗博物館研究報告』一五三集、二〇〇九年)が公表され、『顕広王記』の当該記事が翻刻された。合わせて参照されたい。
(44) 『吾妻鏡』治承四年六月二十七日条。
(45) 『吾妻鏡』文治二年一月三日・承元二年閏四月二十七日条。千葉胤頼については、野口実「東国政権と千葉氏」(『千葉氏の研究』名著出版、二〇〇〇年、初出一九七七年)参照。
(46) 覚一本『平家物語』巻第七「聖主臨幸」。
(47) 『愚管抄』巻第五「安徳」。
(48) 延慶本『平家物語』第三末「筑後守貞能都へ帰リ登ル事」。
(49) 『吾妻鏡』建久三年十一月二十五日条。
(50) 木村英一「六波羅探題の成立と公家政権」(前掲『鎌倉時代公武関係と六波羅探題』、初出二〇〇二年)。
(51) 延慶本『平家物語』第一本「土佐房昌春之事」。
(52) 『顕広王記』治承二年(一一七八)十月二十一日条には、日吉小五月会の競馬において暴力事件を起こした番長中臣重種が、検非違使大江遠業に預け置かれ、五カ月間拘禁されていたことが記されている。
(53) 延慶本『平家物語』第一末「謀叛ノ人々被召禁事」。
(54) 『吾妻鏡』元暦二年七月七日条。
(55) 『吾妻鏡』治承四年十月十七日条。

(56) 陽明文庫蔵本『平治物語』上巻「待賢門の軍の事」。なお、本書では『平治物語』の最古態本である陽明文庫蔵本・学習院大学図書館蔵本『平治物語』は、栃木孝惟・日下力・益田宗・久保田淳校注『新古典文学大系　保元物語　平治物語　承久記』（岩波書店）を使用する。
(57) 安田元久「古代末期における関東武士団」（『日本初期封建制の基礎研究』山川出版社、一九七六年、初出一九六〇年）参照。
(58) 角田文衞前掲注（22）論文。
(59) 『吾妻鏡』治承四年十月十八日条。
(60) 『除目大成抄』第八（『新訂増補史籍集覧　公家部別巻二』）。
(61) 『山槐記』保元四年二月二十一日条。
(62) 波多野氏に関しては、関恒久「波多野氏についての一考察」（『駒沢史学』二〇号、一九七三年）、野口実「十二世紀における坂東武士団の存在形態」（前掲『坂東武士団の成立と発展』）、同『鎌倉の豪族Ⅰ』（かまくら春秋社、一九八三年）、『秦野市史　通史1　総説・原始・古代・中世』（秦野市、一九九〇年）、湯山学『波多野氏と波多野庄』（夢工房、一九九六年）、同『相模武士　第三巻　中村党・波多野党』（戎光祥出版、二〇一一年）などを参照。
(63) 半井本『保元物語』下「義朝ノ幼少ノ弟悉ク失ハルル事」。なお、本書では半井本『保元物語』は、栃木孝惟・日下力・益田宗・久保田淳校注『新日本古典文学大系　保元物語　平治物語　承久記』（岩波書店）を使用する。
(64) 目崎徳衛「鎌倉幕府草創期の吏僚について」（『貴族社会と古典文化』吉川弘文館、一九九五年、初出一九七四年）。
(65) 波多野氏と中原氏の関係については、野口実前掲注（62）論文・著書も参照。
(66) 『兵範記』仁安三年十二月十三日条。
(67) 『吾妻鏡』治承五年二月二十八日条。
(68) 『玉葉』治承四年十二月六日条。
(69) 『吾妻鏡』元暦二年四月十四日条。
(70) 『吾妻鏡』文治四年四月三日条。
(71) 関恒久前掲注（62）論文。
(72) 上杉和彦『大江広元』（吉川弘文館、二〇〇五年）。

(73) 目崎徳衛前掲注(64)論文、野口実前掲注(62)論文・著書。
(74) 佐々木秀義については、西岡虎之助「佐々木荘と宇多源氏との関係」(『荘園史の研究 下巻一』岩波書店、一九五六年、初出一九三一年)、野口実前掲注(10)論文などを参照。
(75) 『吾妻鏡』治承四年八月九日条。
(76) 『吾妻鏡』治承四年八月十・十一日条。
(77) 『吾妻鏡』治承四年八月十七日条。
(78) 前掲注(75)史料。
(79) 川島茂裕「藤原基衡と秀衡の妻たち」(『歴史』一〇一号、二〇〇三年)。
(80) 「佐々木系図」(『続群書類従 第五輯下 系図部』巻百三十三)。
(81) 『吾妻鏡』文治五年九月十七日条。
(82) 「□奉公初日記」(野田文書、西岡虎之助前掲注(74)論文四五〇~四五四頁)。
(83) 野口実前掲注(10)論文、同『武家の棟梁の条件』(中央公論社、一九九四年)。
(84) 『吾妻鏡』治承四年八月十日条。
(85) 永村真「産業と民衆生活」(『栃木県史 通史編3 中世』栃木県、一九八四年)。
(86) 山本隆志前掲注(14)論文。
(87) 延慶本『平家物語』第二末「佐々木者共佐殿ノ許へ参事」。
(88) 野口実前掲注(10)論文。
(89) 前掲注(87)史料、『尊卑分脈』第三篇「宇多源氏 佐々木」。野口実前掲注(10)論文参照。
(90) 『玉葉』治承三年十一月十七日条。
(91) 『吾妻鏡』養和二年一月二十三日条。
(92) 前掲注(91)史料。
(93) 『愚管抄』巻六「後鳥羽」。
(94) 杉橋隆夫前掲注(11)論文。

(95)　平信兼については、拙稿前掲注（42）論文、同「和泉国久米田寺と治承・寿永の内乱」（本書第Ⅱ部第一章、初出一九九六年）などを参照。
(96)　『愚昧記』安元三年五月十六日条。
(97)　『山槐記』治承三年一月十九日条。
(98)　『吾妻鏡』治承四年八月四日条。
(99)　『山槐記』治承四年五月二十六日条。
(100)　『公卿補任』天福元年条（平時兼項）、『玉葉』治承四年九月三日条。
(101)　延慶本『平家物語』第二末「屋牧判官兼隆ヲ夜討ニスル事」。ちなみに、平兼隆が検非違使であった安元二年時点での検非違使別当は平時忠であり、時忠は兼隆のことをよく知っていたものと思われる。この点、木村英一氏のご教示による。なお、野口実「「京武者」の東国進出とその本拠地について」（前掲『東国武士と京都』、初出二〇〇六年）にも同様の指摘がある。
(102)　前掲注（98）史料。
(103)　拙稿前掲注（42）論文。
(104)　前掲注（77）史料。
(105)　石井紫郎「合戦と追捕」（『日本人の国家生活』東京大学出版会、一九八六年、初出一九七八年）五四頁。
(106)　平貞能については、以倉紘平「平貞能像」（『谷山茂教授退職記念　国語国文学論集』塙書房、一九七二年）、上横手雅敬「平家物語の虚構と真実」（塙書房、一九八五年、初出一九七三年）、同「小松殿の公達について」（『和歌山地方史の研究』安藤精一先生退官記念会、一九八七年）などを参照。
(107)　延慶本『平家物語』では、宇都宮朝綱・畠山重能・小山田有重の平氏軍離脱、関東下向を促すのは平宗盛として描かれ（第三末「筑後守貞能都へ帰リ登ル事」）、覚一本『平家物語』では平知盛として描かれているが（巻第七「聖主臨幸」）、双方とも平貞能がかつて朝綱を手厚く保護したことを記し、平氏滅亡後、貞能が朝綱を頼って関東に下向したことを伝えている（延慶本『平家物語』第三末「筑後守貞能都へ帰リ登ル事」・第六末「肥後守貞能預観音利生事」、覚一本『平家物語』巻第七「一門都落」）。
(108)　『源平盛衰記』巻第三十一「小松大臣如法経」。なお、本書では『源平盛衰記』からの引用は、渥美かをる解説『源平盛衰記　慶長古活字版　一～六』（勉誠社）による。

(109)平貞能と宇都宮氏との関係については、中野玄三「峯定寺諸像の系譜」(『日本仏教美術史研究』思文閣出版、一九八四年、初出一九七〇年)、以倉紘平前掲注(106)論文、角田文衞『平家後抄　上巻』(講談社、二〇〇〇年、初出一九七八年)などを参照。なお、大山田村史編纂委員会編『大山田村史　上巻』(大山田村、一九八二年)は、貞能の母か妻が宇都宮氏の出身であることを推定している。

(110)峰定寺の金剛力士像については、毛利久「金剛力士像　京都　峯定寺」(『日本彫刻史基礎資料集成　平安時代　造像銘記篇　第五巻』中央公論美術出版、一九七〇年)、同「峰定寺」(『仏教芸術』八二号、一九七一年)、赤松俊秀「峰定寺蔵金剛力士像について」(『史迹と美術』四〇輯ノ四、一九七〇年)、中野玄三前掲注(109)論文などを参照。

(111)平治元年四月日「前太政大臣藤原忠通家政所下文案」(高松宮家所蔵文書、『平安遺文』六―二九七七)。

(112)保元元年五月五日「京都市峰定寺木造礼盤銘」(峰定寺所蔵、『平安遺文』金石文編三五〇)。

(113)「大悲山寺縁起」(『続群書類従　第二十七輯上　釈家部』巻七百八十六)。

(114)角田文衞氏も前掲注(109)著書において、平田家継と平貞能を異母兄弟と推定されている。

(115)拙稿前掲注(42)論文。

(116)『吾妻鏡』文治二年六月二十一日条所収の「源頼朝書状」において、頼朝は謀叛人跡への地頭職補任を「元暦元年の乱」鎮圧を契機とするものであったことを述べている。大山喬平「没官領・謀叛人所帯跡地頭の成立」(『史林』五八巻六号、一九七五年)を参照。

(117)『吾妻鏡』建保四年十二月八日条。

(118)菱沼一憲「伊勢伊賀地域をめぐる公武権力」(『中世地域社会と将軍権力』汲古書院、二〇一一年、初出二〇〇三年)。

(119)平貞能は基本的には京で活動した武士であるが、伊賀国の国衙行政に関わったり〈年未詳〉七月五日「平貞能書状」東大寺文書、『平安遺文』七―三六三一)、追討使として京から伊賀道を下向する大将軍平資盛の補佐を行ったりしており(『玉葉』治承四年十二月二日条)、北伊賀の本拠との関係を維持していたことは明らかである。こうした関係を前提に、貞能と親密な宇都宮朝綱が壬生野郷地頭職に補任されたと考えられる。なお、平家貞一族と北伊賀地域との強い結びつきを示すものとして、鎌倉時代中期の東大寺別当宗性が書写した建長七年(一二五五)五月日「重阿弥陀仏清浄光寺一切経等勧進帳写」(東大寺図書館所蔵、東京大学史料編纂所架蔵写真帳六一一四―七―一四「東大寺宗性筆聖教并抄録本」)に、久安二年(一一四六)にその存在が確認される伊賀国山田郡往生院において「願主平朝臣」と見えており、宗性はそれに「肥後先司定能事也」と傍注を記している。この「平朝臣」が貞能か、あるいは仁安二年（一一六七）に八十四歳で没した父家貞かは決め手がないが（『顕広王記』仁安二年五月二十八日条）、両人のどちらかが往生院の願主になったものと思われる。この往生院は山田郡平田にほど近い千戸別所に所在し、平安時代末期から大般若経の書写や校合が盛んに行われたが、元暦元年（一一八四）七月に平田家継が乱を起こす直前まで、後鳥羽天皇のもとで改元された元暦年号を使用せず、寿永三年の旧年号を用い続けている。この事実は、平氏都落ち後も依然として、同地域が平田家継の強い影響下にあったことを示していると思われる。伊賀国往生院に関しては、小野妙恭『大本山護国寺蔵『大般若波羅蜜多経』平安後期古書写経（久安―寿永）』（ノンブル社、二〇〇五年）、山口興順「中世天台教学の一拠点・伊賀国往生院について」（『多田孝正博士古稀記念論集　仏教と文化』山喜房佛書林、二〇〇八年）などを参照。平家貞一族による伊賀国の所領経営については、守田逸人「荘園制成立期の地域秩序と社会編成」（『日本中世社会成立史論』校倉書房、二〇一〇年、初出二〇〇五年）、拙稿「源平の争乱と平田家継」（『伊賀市史　第一巻　通史編　古代中世』伊賀市、二〇一一年）などを参照されたい。

(120)　『吾妻鏡』文治二年六月二十一日条。

(121)　『吾妻鏡』寿永三年一月二十一日条。

(122)　『吾妻鏡』寿永三年二月二日条、延慶本『平家物語』第五本「樋口次郎成降人事」など。なお、信濃国の樋口兼光と武蔵国の児玉党との親密な関係は、兼光の父中原兼遠が木曾義仲の父帯刀先生源義賢にしたがって、上野国多胡荘や武蔵国大蔵館を拠点に活動していた時代にまでさかのぼるものではないだろうか（延慶本『平家物語』第三本「木曾義仲成長スル事」、『吾妻鏡』治承四年九月七日条参照）。

(123)　延慶本『平家物語』第五本「樋口次郎成降人事」。

(124)　早川厚一・佐伯真一・生形貴重校注『四部合戦状本平家物語全釈　巻九』（和泉書院、二〇〇六年）一一〇頁。

(125)　『平家物語』における「ヒロキ中」（ひろい中）については、以倉紘平前掲注（106）論文を参照。

(126)　『玉葉』寿永三年二月二日条。なお、本書では『玉葉』寿永三年（元暦元年）の記事については、高橋秀樹氏の労作『玉葉精読　元暦元年記』（和泉書院、二〇一三年）を参照した。

(127)　元木泰雄「頼朝軍の上洛」（『中世公武権力の構造と展開』吉川弘文館、二〇〇一年）は、生田の森・一の谷合戦直前の鎌倉軍の動向に注目され、「頼朝軍は後白河の半ば強制にあって平氏追討に出撃したと考えられる」（一三九頁）と重要な指摘をされている。

(128) 平氏軍制における平重衡の位置については、髙橋昌明「平家家人制と源平合戦」(『平家と六波羅幕府』東京大学出版会、二〇一三年、初出二〇〇二年)参照。
(129) 『玉葉』寿永三年二月九日条、『吾妻鏡』寿永三年二月十四日条。
(130) 『玉葉』寿永三年二月十日条。
(131) 『玉葉』寿永三年二月二十九日条。
(132) 『吾妻鏡』寿永三年二月十八日・三月二日条。
(133) 『玉葉』寿永三年三月十日条、『吾妻鏡』寿永三年三月十日条。
(134) この時期に模索された和平の動向については、拙稿「治承・寿永内乱期における和平の動向と『平家物語』」(『文化現象としての源平盛衰記』笠間書院、二〇一五年)を参照。
(135) 宮田敬三「元暦西海合戦試論」(『立命館文学』五五四号、一九九八年)、同「十二世紀末の内乱と軍制」(『日本史研究』五〇一号、二〇〇四年)。
(136) 「案内者」については、拙稿「治承・寿永の内乱と地域社会」(前掲『鎌倉幕府成立史の研究』、初出一九九九年)、同「生田の森・一の谷合戦と地域社会」(本書第Ⅱ部第二章、初出二〇〇七年)、大石直正「阿津賀志山合戦と安藤氏」(『奥州藤原氏の時代』吉川弘文館、二〇〇一年、初出一九八八年)、入間田宣夫「陸奥国の案内者佐藤氏について」(『日本・東アジアの国家・地域・人間』入間田宣夫先生還暦記念論集編集委員会、二〇〇二年)などを参照。

〔補記〕本章の原論文は、二〇〇五年十一月二十六日に行われたメトロポリタン史学会秋季シンポジウム「歴史における人の移動とネットワーク」(於首都大学東京)における報告内容を、文章化したものである。本書に収録するにあたり、注を増やすなどの加筆修正を行った。

第二章　横山氏系図と源氏将軍伝承

はじめに

武蔵国の横山党は、漢詩文に秀でた貴族として名高い小野篁（八〇二～八五二）の後裔を称する小野姓の同族武士団で、いわゆる「武蔵七党」の一つとして知られている。多摩丘陵の横山荘を拠点に強大な勢力を誇り、その一族は北武蔵・相模・甲斐にまで展開し、中小武士団の多い武蔵国内では秩父平氏とならんで卓越した存在であった(1)。鎌倉幕府成立期には、嫡宗の横山時広が源頼朝から但馬・淡路両国の惣追捕使に補任され(2)、草創期の幕府権力を支える有力御家人として活躍したが、建暦三年（一二一三）五月の和田合戦に際して、横山党は婚姻関係のあった和田氏に与同し、一族の多くが滅んで勢力を後退させた。

さて、この横山党に関しては、後述するように「小野系図」・「横山系図」・「武蔵七党系図」などの詳細な系図がのこされており、これらの系図の記載に注目して、従来は主として三つの視角から研究が進められてきた。一つは、承平元年（九三一）に勅旨牧に設定された武蔵国小野牧の別当小野諸興らと横山党の小野姓横山氏との関係や、横山氏と小野牧・横山荘（船木田荘）との関連について検討する研究である(3)。二つめは、入間田宣夫氏に代表されるような、「小野系図」における源義家・為義・頼朝・頼家などの源氏将軍に関わる記事に注目し、横山氏の家の歴史的展開を源氏将軍故実の伝承という側面から分析する研究である。(4) そして三つめは、「小野系図」と「横山系図」の相違点に注意を払いつつ、横山党の親族関係の歴史的展開を復元し、和田合戦への参加にあらわれたような武士団の「縁のネットワーク」を追究される鈴木国弘氏の研究である。(5)

以上のような研究史のうち、本章では主に第二・第三の視角の研究成果に学びながら、横山氏のもとで語られた源氏将軍伝承の内容を歴史的に検討し、横山氏系図が何を表現しようとしていたのかという観点から、鎌倉幕府権力のもとでの横山氏の位置について考えていくことにしたい。

第一節 「小野系図」と「横山系図」

まず本節では、横山党の小野姓横山氏に関連する諸系図の性格について確認しておきたい。横山氏系図には、大きく分けて三系統が存在することが知られている。各系統の主要な翻刻本は、次の通りである。(6)

a 「小野系図」(『続群書類従 第七輯上 系図部』巻百六十六、系三二一)

b 「横山系図」(『続群書類従 第七輯上 系図部』巻百六十六、系三一九)

c 「武蔵七党系図 横山小野氏」(『系図綜覧』所収)

a「小野系図」は、横山・猪俣の両党を中心とする総合系図で、敏達天皇に始まり、和田合戦で滅んだ横山時兼から五世の孝時に及ぶ系図である。bcに比べてはるかに詳細な記載をもつことが特徴で、記載内容から成立は南北朝時代と推定される。(7) 『続群書類従』本の底本は、水戸彰考館が修史の過程で集めた系図類を、丸山可澄が元禄五年(一六九二)に整理・編集した『諸家系図纂』巻二十三所収本である。(8)

b「横山系図」は、「横山小野氏」という書き出しで始まる小野姓横山党の本支流の家系図で、『続群書類従』は「小野氏系図横山」として収録しているが、本章では鈴木国弘氏にならってこれを「横山系図」と呼ぶことにしたい。(9)「横山系図」は、a「小野系図」と同じく敏達天皇に始まるが、最後は横山時兼から九世の兼氏に及んでおり、その兼氏の叔父重真が元弘三年（一三三三）に鎌倉にて討死したと記されていることから、本系図は南北朝時代から室町時代初期に成立したものと推定される。『続群書類従』本の底本は、aと同じく『諸家系図纂』巻二十三所収本である。(10)

c「武蔵七党系図　横山小野氏」は、一九一五年に国書刊行会から刊行された『系図綜覧』に収められているもので、その底本は、「武蔵七党系図」のなかの善本である鈴木真年蔵本を一八八七年に影写した東京帝国大学文科大学史料編纂掛本である。(11)小野篁から始まって、b「横山系図」と同様に兼氏にまで及んでおり、若干の異同は見られるものの、基本的にbの記載を簡略化したものといえる。ただbとの大きな相違点は、後述するように、bは横山時広の嫡子を和田合戦で滅んだ時兼ではなく、平子家をおこした広長としているのに対し、cではaと同様に時兼としている点である。

以上、簡単にa～cの三系統の横山氏系図を紹介してきたが、その記載を比較するために、表1「横山氏系図における父子記載の異同」を作成した。横山氏は、はじめて横山の地に居住し「横山大夫」を名乗った義隆を祖とするが、この表は、義隆の父で武蔵守となった隆泰から鎌倉幕府成立期に活躍する時広まで、歴代の横山氏の家督ごとに各系図に記された子どもの記載をまとめたものである。

この表を見て最初に気がつくのは、a「小野系図」の記載と、b「横山系図」c「武蔵七党系図」のそれとの間で、大きな差があることである。記載人数や人名・通称の表記などにおいて、三系統の横山氏系図がさらに〈a〉と〈b

表1　横山氏系図における父子記載の異同

代	父	子		
		a「小野系図」	b「横山系図」	c「武蔵七党系図」
	隆泰(孝泰)	義隆(横山大夫)	義孝(横山大夫) 時資(横山介三郎)	義孝(横山大夫) 時資(横山介三)
1	義隆(義孝)	資隆(野別当) 次郎 時資(猪俣介三郎) 四郎 五郎 六郎 家光(野次大夫資兼) 七郎 義兼(横山野八) 良範(九郎) 阿闍梨(楊下君)	資孝(野三別当) 某(五郎) 家光(野次大夫六郎) 某(七郎) 義兼(横山八郎)	資孝(野二) 某(五) 家光(野沢大夫六郎) 某(七郎) 義兼(横山八)
2	資隆	経兼(横山次郎大夫) 野小院(忠兼野五郎) 成任(野三大夫) 資遠(野七)	経兼(野大夫) 成任(野三郎大夫) 忠兼(野五郎)	経兼(野大夫) 成任(野三大夫) 忠兼(野五)
3	経兼	隆兼(横山野大夫) 光致(野先生政経) 盛経(糟屋次郎) 隆家(由木六郎) 隆久(野七) 女子(佐貫小間太郎妻) 女子(秩父権守妻)	孝兼(新大夫) 光致(野先生) 盛経(糟屋五郎) 保経(由木六郎) 孝久(野七郎)	孝兼(新大夫) 光致(野先生) 盛経(糟屋五) 保経(由木六) 孝久(野七)
4	隆兼(孝兼)	時重(横山権守) 隆遠(藍原次郎大夫) 忠重(古郡別当大夫) 経隆(小山次郎) 女子(糟屋権守妻) 女子(梶原太郎妻) 女子(沢田権守妻) 女子(波多野佐藤権守妻)	時重(散位権守) 女子(秩父重弘妻) 女子(波多野遠義妻) 孝遠(藍原二郎大夫) 忠重(古郡別当) 経孝(小倉二郎) 女子(梶原景時妻)	時重(散位) 女(秩父重弘妻) 女(波多野遠義妻) 孝遠(藍原二太夫) 忠重(古郡別当) 経孝(小倉二) 女(梶原景時〈妻脱カ〉)
5	時重	時広(横山権守) 重兼(椚田樟田) 忠隆(古郡三郎) 重経(海老名小四郎) 女子(渋谷庄司妻) 女子(和田左衛門尉妻)	時広(出雲権守) 女子(和田義盛妻) 女子(渋谷庄司重高妻) 重兼(擇田) 忠孝(三郎) 重経(海老名小二郎)	時広(出雲権守) 女(和田義盛妻) 女(渋谷庄司重高妻) 重兼(擇田) 忠孝(三) 重経(海老名小二)
6	時広	時兼(横山右馬允) 時隆 広季 京六 女子(四宮三郎妻) 女子(駒江四郎妻) 女子(豊島五郎妻) 女子(海老名兵衛尉妻) 女子(波多野三郎妻) 女子(和田新左衛門尉妻)	広長(平子野内) 時兼(右馬允) 時孝 広季(田名二郎兵衛)	時兼(右馬允) 広長(平子野内) 時孝 広季(田名二兵)

注　男子の括弧内は通称，女子の括弧内は婚姻関係を示した．下線部の人名は系図に表現された嫡子．

出典　a「小野系図」(『続群書類従』第七輯上)，b「横山系図」(『続群書類従』第七輯上)，c「武蔵七党系図」(『系図綜覧』)．

c〉の二グループに大別できることは一目瞭然である。このような性質の違う二種類の横山氏系図が作成された意味について、鋭い分析のメスを入れられたのは鈴木国弘氏であった。鈴木氏は、a「小野系図」とb「横山系図」を比較されて、次のように指摘されている。(12)

①a「小野系図」には和田合戦関係の記事がほとんど見られないのに対して、b「横山系図」には和田合戦に参加した者の記事が多く見られることから、主として和田合戦勃発以前の状況を伝えているのがa「小野系図」であり、合戦終結後の状況を伝えているのがb「横山系図」と想定されること。

②a「小野系図」では時広の嫡子を、『吾妻鏡』と同様に和田合戦で滅んだ時兼としているのに対し、b「横山系図」では平子家をおこした広長としており、ここには、和田合戦後に一時的にせよ平子家から広長を嫡子に入れ、横山党嫡宗家の存続を図ろうとした努力があらわれていること。

③a「小野系図」には女子の記載が多く、b「横山系図」にはわずかしか見られないのは、a「小野系図」が示している和田合戦以前の横山党の世界が、女子を媒介として形成された「縁のネットワーク」に支えられた世界であったことを物語っていること。

④a「小野系図」には隆兼の庶子隆遠の系統が詳しく記されていないのに対して、b「横山系図」には多くの人々が登場しており、和田合戦における隆遠の家系の断絶と再興という事態がここから読み取れること。

⑤a「小野系図」には資隆の庶子成任の系統や、経兼の庶子隆家の系統の人々が多数記されているのに対して、b「横山系図」ではその多くが省略されており、和田合戦の謀議に参画した人々の系統を、系図の上から抹消した可能性が考えられること。

鈴木氏の右の見解は、a「小野系図」とb「横山系図」という二つの系図の記載の相違に、建暦三年（一二一三）

五月の和田合戦における横山党の敗北と、その後の生き残りをかけた一族関係の再編を読み取ろうとされており、研究史上画期的な意味をもつものといえよう。

鈴木氏の①の指摘については、図1「横山氏系図に見える和田合戦参加者」を見ればわかるように、a「小野系図」では、張本の一人として甲斐国坂東山償原別所で自害した横山時兼においてすら[13]、和田合戦についての記載がないのに対して、b「横山系図」では、時兼をはじめ、平山時宗・田名広季・椚田広重・古郡経忠・同保忠・同忠光において、討死または自害の情報が書き込まれており、b「横山系図」が和田合戦の生々しい記憶を伝えようとしていることは明らかである（c「武蔵七党系図」もほぼ同様の記載をもつ[14]）。鈴木氏の②の指摘である、b「横山系図」が時広嫡子を広長としている点については、基本的に同質の記載をもちながら時広嫡子を時兼とするc「武蔵七党系図」が存在していることを踏まえると、bがcよりも和田合戦直後の状況を反映しているととらえ、和田合戦後の緊迫した状況のもとでの横山氏の一時的な家督変更が記憶されたと理解するか、あるいはbとcを伝えられた「場」の相違ととらえ、bを合戦後に横山氏の嫡宗を主張する広長流の人々によって作成されたものと理解するかの、どちらかであろう。鈴木氏が指摘された④

図1　横山氏系図に見える和田合戦参加者

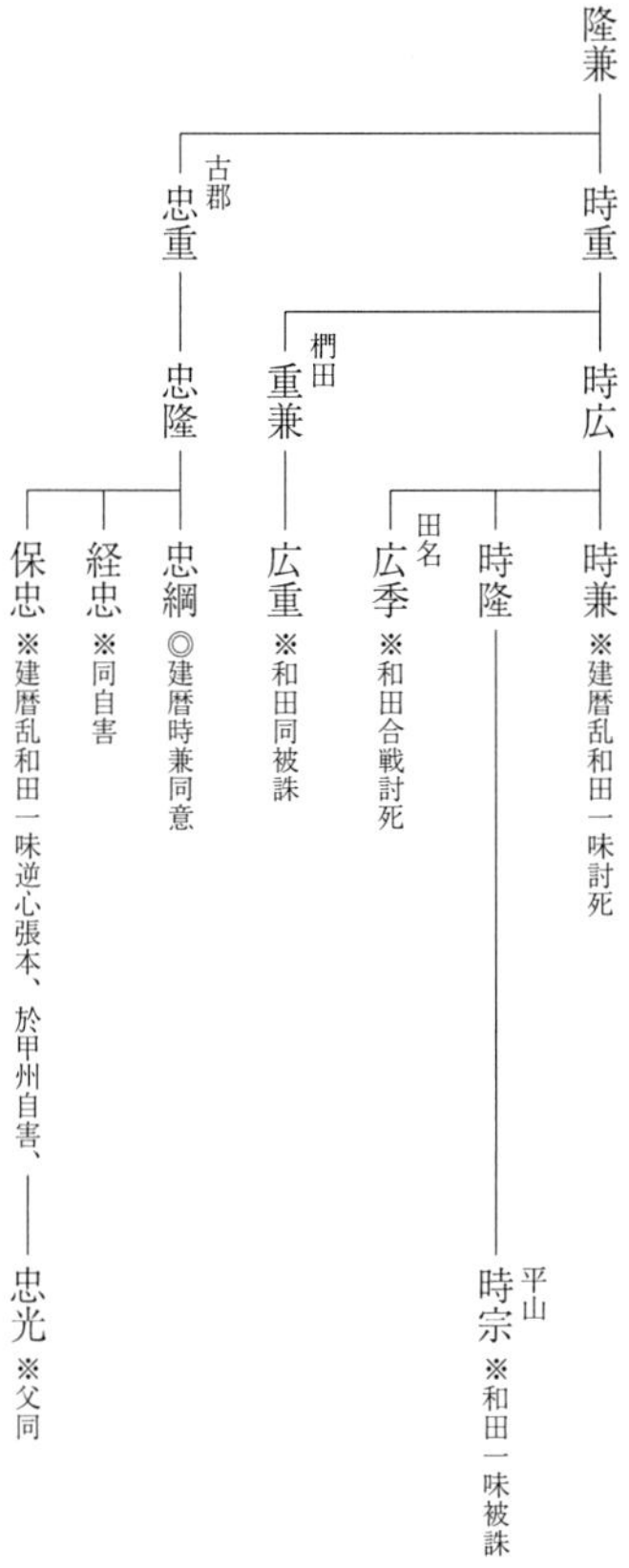

注　◎はa「小野系図」に見える記載、※はb「横山系図」に見える記載。

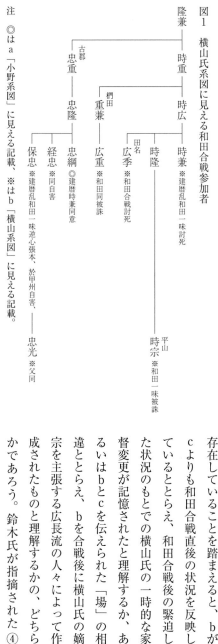

⑤の問題については、全体としてｂｃの系図が和田合戦の影響のもとで作成されたものであったことは確実である。

では、他方のａ「小野系図」は、どのような意図のもとに作成された系図だったのであろうか。鈴木氏は、ａ「小野系図」は主に和田合戦以前の横山党の状況を映し出していると興味深く論じられたが、次節以下では、この鈴木氏の見解を踏まえつつａ「小野系図」をとりあげ、十一世紀から十二世紀にかけての横山党にまつわる源氏将軍伝承について検討していくことにしたい。

第二節　横山氏の武功と源氏将軍

ａ「小野系図」の特徴は、本来は別系でありながら、小野姓横山氏の先祖として持ち出された中央貴族の小野氏に関して詳細な官歴が記されていることと、[15]第二代資隆以降の横山氏家督と源義家・為義・頼朝などの河内源氏嫡流との親密な関係が、きわめて具体的に記されていることである。前者はいうまでもなく、外部の情報を系図中に取り込んだものであるが、後者は、横山氏のもとに記憶された情報として重要である。鎌倉幕府を草創した源頼朝が、前九年合戦で安倍貞任らを追討した鎮守府将軍源頼義の故実を、「曩祖将軍」の故実として重視したことについては、拙稿「奥州合戦ノート」において詳しく検討したが、[16]「小野系図」は、入間田宣夫氏が注目されたように、そのような「源氏将軍故実」を御家人の家の側で伝えてきたことがわかる貴重な事例である。[17]

もちろん、現存する「小野系図」自体は南北朝時代の成立であり、古い時代の記載がそのまま同時代性を保っているわけではなく、またそこには史実だけではなく虚構も当然含まれていると考えねばならないが、その虚構も含めて「小野系図」が、十一・十二世紀の横山氏の歴史をどのように語ろうとしていたのかを知ることは、決して無意味ではあるまい。そこで本章では、横山氏に伝えられた源氏将軍伝承の内容を順に検討していきたい。

図2「『小野系図』に見える源氏将軍伝承」は、「小野系図」のなかで源氏将軍伝承の記載をもつ人物を簡略に示したものである。横山氏に伝えられた源氏将軍の記憶は、二つの類型に区分することができる。一つは、経兼・隆兼・時広に見られるような、合戦に関わって語られる源氏将軍のもとでの武功や主従関係であり、いま一つは、資隆・経隆・時兼に見られるような、源氏将軍の誕生に関わって語られる誕生儀礼への参加である。

まず本節では、合戦に関わる源氏将軍伝承をとりあげる。図2に見える横山経兼について、「小野系図」は次のように記している(18)。

図2　「小野系図」に見える源氏将軍伝承

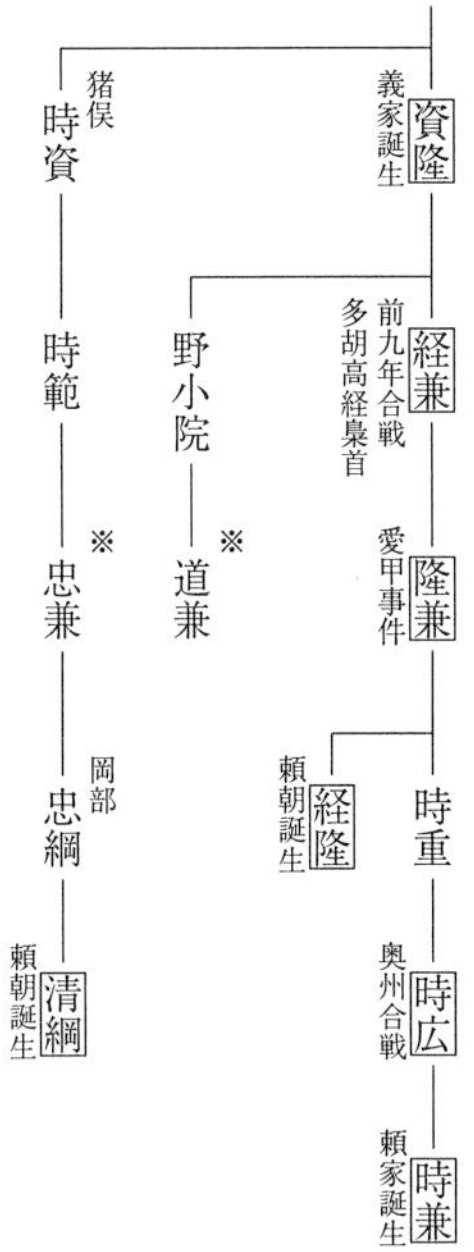

注　□は詳細な源氏将軍伝承の記載をもつもの。※は他者の源氏将軍伝承に名前が見えるもの。猪俣氏に関する「小野系図」の錯誤は、『続群書類従　第七輯上　系図部』所収「猪俣系図」（巻百六十六、系三一一九）に基づいて訂正した。

八幡殿《(源義家)》奥州貞任責給時、横山野次大夫小野経兼承二先陳《(陣)》一畢、彼貞任首者経兼承レ之、親者定兼小六郎請二取之一、郎等惟長子仰太《(ママ)》田懸二返之一、釘八寸、貞任自二高矢倉之上一開矣《(ママ)》、回射二出矢一而タツル所ニ、御方射二入矢一者経兼・道兼経兼甥・忠兼猪俣三人也、又八幡殿上野国多胡四郎別当大夫高経、依レ不レ奉レ従二于仰一、児玉有大夫広行承二討手一、以二舎弟有三別当一為二代官一、討二取四郎別当一、与二其首一進二武蔵国足立野御狩之宿一、首者経兼承レ之、椚ニ返《(懸カ)》サス、至二于後彼木一者四郎別当之柴云々、

前半は、「八幡殿」源義家が安倍貞任らを追討した

前九年合戦についての記述であるが、横山野次大夫経兼が先陣とともに安倍貞任の首を梟首する役を承り、経兼の「親者」定兼が貞任の首を請け取って、郎等惟長の子が八寸の釘で首を懸けたこと、また、高矢倉から弓矢で猛攻撃をしかけていた貞任に対して、味方から矢を射込んだのは、経兼と甥の道兼、一族の猪俣忠兼の三人（図2参照）であったことを述べている。

後半は、源義家が、命に服さなかった上野国の多胡四郎別当高経を追討した事件についての記述であるが、討手を承った児玉有大夫広行の代官として、舎弟の有三別当が多胡高経を討ち、その首を武蔵国足立野で狩猟をしていた義家の宿所に届けた際にも、横山経兼は高経の首を承り、椚の木に首を懸けさせたことを述べている。

いずれの場合も、敵の張本の首を梟首するという役割から、「八幡殿」源義家と横山経兼との親密な主従関係が強調されており、梟首の儀礼を担うことを従者の名誉とする、中世武士社会の特徴的な観念が示されている。

では、ここに記されたことは史実だったのであろうか。前九年合戦を描いた『陸奥話記』などには横山経兼は登場しないが[19]、参考となるのは『吾妻鏡』の次の記事である[20]。

康平五年九月、入道将軍家頼義獲二貞任頸一之時、為二横山野大夫経兼之奉一、以二門客貞兼一、請二取件首一、令下二郎従惟仲一懸上之、以二長八寸鉄釘一打二付之一云々

この記事によれば、康平五年（一〇六二）九月、「入道将軍家」源頼義が安倍貞任を討った際に、頼義は横山経兼に貞任の首を梟首することを命じ、経兼は門客貞兼に貞任の首を請け取らせ、郎従惟仲が八寸の鉄釘でその首を懸けたと記している。すでに入間田宣夫氏が指摘された通り、「小野系図」と『吾妻鏡』では、「八幡殿」義家と「入道将軍家」頼義との大きな違いを除けば、「親者定兼」が「門客貞兼」に、「郎等惟長子」が「郎従惟仲」に表記が変わっているだけであり、伝えている内容は基本的に同一である[21]。前九年合戦において横山党が先陣の功をあげたという記事

は別にしても、経兼が安倍貞任の梟首の儀礼を担ったことは、史実と考えて間違いないであろう。

なお、b「横山系図」やc「武蔵七党系図」はともに、横山経兼について、

　康平五年頼義奥州合戦抽レ功、

と簡略に記すのみであるが、康平五年の前九年合戦を源義家ではなく、その父頼義の合戦ととらえる理解は、先の『吾妻鏡』の記事とも一致し、正しく史実を伝えている。もちろん前九年合戦には、父頼義にしたがって義家も参加しているが、前九年合戦の「将軍」はあくまでも鎮守府将軍であった頼義であり、a「小野系図」はのちに頼義を義家に置き換えたものと思われる。その理由については、第四節で考えることにしたい。

次に、後半の多胡四郎別当高経の追討についてであるが、上野国の多胡高経の事件を他史料から確認することはできないものの、源義家から討手を命じられた「児玉有大夫広行」と代官として高経を討った舎弟の「有三別当」は、『系図綜覧』所収「武蔵七党系図　児玉有道氏元藤原」における「弘行有大夫」と「経行有三、別当大夫、平児玉」の兄弟に比定することが可能である。(22) 鎌倉時代末期に作成された有名な「小代伊重置文」には、この児玉有大夫弘行・有三別当経行の兄弟が、源義家の家人として活躍したことが記されており、(23) しかも、町田有弘氏の研究によれば、兄の弘行は児玉党の嫡宗家として武蔵国北部を中心に勢力を張ったのに対して、弟の経行の子孫は上野国南部に盤踞しており、討ち取った多胡高経の旧領に児玉経行が進出したことが想定されるのである。(24)

とすれば、義家の命で児玉経行が多胡高経を討ったことは史実だったと考えられ、(25) 横山経兼がその高経の梟首を行った可能性も高いといえよう。のち仁平三年（一一五三）夏、源為義の子義賢が京から上野国多胡荘に下向して、北関東に勢力を扶植しようとしたのも、(26) このような源義家と児玉経行との関係を前提に、児玉党の勢力圏に依拠したものであったと思われる。

さて、再び図2に戻り、続いて横山隆兼に関する「小野系図」の記述を見てみたい。

依レ打二六条判官（源為義）殿御代官愛甲内記平大夫一、蒙二十七ヶ条之衾宣旨一、而為二近江国伊加麿菰先生守末大将軍一、以二東海道十五ヶ国武士一被レ責レ之、三年之間追二帰宣旨御使一十七ヶ度也、雖レ然仰二秩父権守重綱・三浦平太郎為次・鎌倉権五郎景政等一被レ責之間、参二京都一無レ咎之由依レ申レ之、六条判官殿蒙二神妙之仰一、給二白弓袋・愛甲庄一云々、

この記事によると、横山隆兼が「六条判官殿」源為義の代官愛甲内記平大夫を殺害したため、十七ヵ条の衾宣旨が発給され、東海道十五ヵ国の武士に攻められたが、隆兼は頑強に抵抗して、三年間に十七回も追討軍を追い返したという。しかし、秩父権守重綱・三浦平太郎為次・鎌倉権五郎景政らに攻められたため、ついに上洛して罪のないことを訴え、為義から許されて白弓袋と愛甲荘を賜ったとしている。

一見してわかるように、この記事には明白な誇張が含まれており、いかにも信憑性のない内容に思われるが、これに関連する一次史料が存在する。『長秋記』天永四年（一一一三）三月四日条の次の記事である。

横山党依レ殺二害内記太郎一、被レ下二追罰宣旨一、左府（源俊房）仰云、頭弁来仰、横山党廿余人、常陸・相模・上野・下総・上総五ヶ国司、可二追討進一之由、可二宣下一者、直雖レ下二同弁一、彼弁猶示下可レ下二大弁一之由上、依二事道理一、左（召カ）二右大弁一下レ之、如レ此凶事必所レ下二右弁官一也、

右の史料は、天永四年三月、内記太郎を殺害した横山党二十余人を追討するために、常陸・相模・上野・下総・上総の五ヵ国の国司に宣旨が下されたことを伝えている。ここに見える横山党の事件が、「小野系図」における横山隆兼による愛甲内記平大夫殺害と同一事件であることは明確である。

この事件を検討された湯山学氏は、内記太郎（愛甲内記平大夫）は、おそらくは為義と姻戚関係にあった美濃国不破郡青墓の内記大夫行遠の一族で[27]、相模国愛甲荘の知行権を有していた源為義が代官として現地に派遣した武士と理解

され[28]、さらに野口実氏は、横山党追討の宣旨が坂東五ヵ国に下された背景として、この事件が為義代官の内記太郎の殺害にとどまらず、相模国目代の殺害にまで及んでいたことを指摘された[29]。

結局この事件は、『長秋記』天永四年四月十二日条に、

左府《源俊房》仰云、坂東横山党可二追討一之由宣下、而追捕後不レ申二上子細一、列《ママ》検非違使請取条、尤不レ似二先例一事也者、

とあるように、「小野系図」の隆兼の武勇伝とは異なり、実際には数人の犯人が追捕されて早期に決着したが[30]、横山党の嫡宗隆兼は罪を問われた形跡がなく、また愛甲荘を横山党の忠兼（隆兼の叔父）の系統が支配している事実を見ると、隆兼が為義から許されて愛甲荘の支配を委ねられたとする「小野系図」の記載は、一定の史実を反映していると考えられる[31]。

この事件が起こったのは、河内源氏の嫡流を継いだ義家の四男義忠が天仁二年（一一〇九）二月に殺されてから[32]、わずか四年後のことであり、嫡宗の為義はいまだ十八歳である[33]。野口実氏の指摘のように、横山隆兼の反乱は、まさに河内源氏の嫡宗権が動揺する状況のなかで起こったものであり、源為義は、東国の所領経営に横山党の勢力を積極的に利用することで、事態の収拾をはかったものと理解されよう[34]。横山氏と河内源氏嫡流との主従関係は、こうして為義とも再設定されたのであり、頼義・義家以来の「譜代」の主従関係が維持されたのである。

「小野系図」が伝える横山氏の武功に関わる源氏将軍伝承の最後のものとして、横山時広の記述を検討したい。

右大将《源頼朝》家討二取奥州泰衡一、其首時広承レ之、為二嫡子時兼代官一、以二郎等惟永《長》末小比企七太広綱一懸レ之、以レ針《釘》付レ之、

釘八寸、

この記事では、文治五年（一一八九）、源頼朝が奥州藤原泰衡を滅ぼした奥州合戦において、横山時広が泰衡の首を梟首する役を承り、嫡子時兼を代官として、郎等惟永（惟長）の末裔小比企七太広綱に八寸の鉄釘で泰衡の首を懸け

させたことを伝えている。『吾妻鏡』文治五年九月六日条も、奥州陣岡で行われた泰衡の梟首を、

追二件例一、仰二経兼曾孫小権守時広一、々々以二子息時兼一、自二景時手一、令レ請二取泰衡之首一、召二出郎従惟仲後胤七太広綱一、令レ懸レ之、釘同二彼時例一云々、

と記しており、前九年合戦における横山経兼と同様に、奥州合戦で横山時広が藤原泰衡を梟首する儀礼を担ったことは、史実として疑う余地はないであろう。

以上、「小野系図」において合戦に関わって語られる横山氏の武功や源氏将軍との主従関係について検討してきた。あらためて図2に注目すれば、横山経兼には十一世紀後半における頼義・義家との関係、隆兼には十二世紀前半の為義との関係、時広には十二世紀後半の頼朝との関係が語られており、多少の誇張は含まれるものの、そのいずれもが史実を踏まえた記述であったことが確認された。それでは、「小野系図」における源氏将軍伝承のもう一つの類型である、源氏将軍の誕生儀礼への横山氏の参加についてはどうであろうか。次節では、「小野系図」に記された源氏将軍の誕生儀礼について検討する。

第三節　源氏将軍の誕生儀礼

横山氏が河内源氏嫡流の人物の誕生に関わって、誕生儀礼に参加したことが「小野系図」に記されているのは、図2に見える資隆・経隆・時兼である。史実かどうかの検討は三人合わせて行うこととし、まずは資隆の記述から順に紹介していきたい。

八幡殿源陸奥守（義家）、長元元年戊辰十月於二相模国柳下一生給之時、資隆御引目之役仕、兼二鳴絃役一、其外鳴絃之役三

人内、一人常陸介為範、一人蒲野介広隆、一人宇都宮紀三郎是景、守刀進人六人内、一人秩父権守武恒、一人出雲目代兼次、一人相模介是成、一人相馬庄司清行、一人伊藤兵衛尉真家、一人駿河判官家光、

この記事によれば、「八幡殿」源義家が長元元年（一〇二八）十月に相模国「柳下」において誕生した際、横山資隆は、「誕生祝」の儀礼である蟇目の役と鳴弦の役を務めたという。[35] 鳴弦の役は、そのほかに常陸介為範・蒲野介広隆・宇都宮紀三郎是景の三人が務め、嬰児の傍らに置く悪事災難除けの守刀を進上したのは、秩父権守武恒・出雲目代兼次・相模介是成・相馬庄司清行・伊藤兵衛尉真家・駿河判官家光の六人であったと伝えている。

次に、時重の弟経隆について、「小野系図」は次のように記している。

治承三年四月十三日死去、六十一、右大将家《（源頼朝）》、久安四年戊辰正月於㆓相模国鎌倉御霊殿㆒生給時、鳴絃役三人内、一人経隆、一人庄貫首頼季、一人森田介房直、御守刀進人々四人内、一人豊島介家広、一人小谷平大夫景信、一人岡部大夫清綱、一人河越太郎重頼、

経隆は頼朝の「誕生祝」に参加したとされる。すなわち、「右大将家」源頼朝が久安四年（一一四八）正月に相模国鎌倉「御霊殿」に誕生した際、経隆は、庄貫首頼季・森田介房直とともに鳴弦の役を務め、豊島介家広・小谷平大夫景信・岡部大夫清綱・河越太郎重頼の四人が守刀を進めたという。なお「小野系図」の岡部清綱の項でも、頼朝誕生に際し守刀を進めた武士として、右と同じ四人の名前が記されている。

最後は、時兼についての記述である。

左衛門督殿《（源頼家）》、養和二年壬寅五月於㆓相模国鎌倉比企谷㆒生給時、御引目役上総介広恒、弦打役三人内、一人大庭三郎平太景義、一人諸岡兵衛尉定連、御守刀奉人七人内、横山太郎時兼、一人畠山次郎重忠、一人梶原平三景時、同源太景季、和田太郎義盛、一人宇都宮弥三郎朝綱、一人土屋兵衛尉義清、

養和二年（一一八二）五月に「左衛門督殿」源頼家が相模国鎌倉比企谷で誕生した際に、蟇目の役は上総介広恒（広常）、鳴弦の役は大庭三郎景義や諸岡（師岡）兵衛尉らが務め、横山太郎時兼は、畠山次郎重忠・梶原平三景時・同景季・和田太郎義盛・宇都宮朝綱・土屋兵衛尉義清とともに守刀を進上したと伝えている。

以上、横山氏が参加した源義家・頼朝・頼家の誕生儀礼に関する「小野系図」の記事について紹介してきたが、これらのなかで他史料からも確認できるのは頼家の場合である。『吾妻鏡』寿永元年（一一八二）八月十二・十三日条は、頼家の誕生を以下のように記している。

十二日庚戌、霽、酉剋、御台所男子（頼家）御平産也、御験者専光房阿闍梨良暹、大法師観修、鳴弦役師岳兵衛尉重経、大庭平太景義、多々良権守貞義也、上総権介広常引目役、戌剋、河越太郎重頼妻比企尼女、依レ召参入、候二御乳付一、

十三日辛亥、若公誕生之間、追二代々佳例一、仰二御家人等一、被レ召二御護刀一、所謂、宇都宮左衛門尉朝綱、畠山次郎重忠、土屋兵衛尉義清、和田太郎義盛、梶原平三景時、同源太景季、横山太郎時兼等献レ之、亦御家人等所レ献御馬、及二二百余疋一、

右の記事によると、源頼家は寿永元年年八月十二日の酉の刻に生まれ、師岳（師岡）兵衛尉重経・大庭平太景義・多々良権守貞義が鳴弦の役、上総介広常が蟇目の役を務め、「護刀」は「代々佳例」により、宇都宮左衛門尉朝綱・畠山次郎重忠・土屋兵衛尉義清・和田太郎義盛・梶原平三景時・同源太景季・横山太郎時兼らが献上したという。

「小野系図」と『吾妻鏡』の相違点は、「小野系図」が頼家の誕生を養和二年（＝寿永元年）の五月としている点、鳴弦の役を三人としながら大庭景義と師岡兵衛尉の二人しか記していない点、宇都宮左衛門尉朝綱を宇都宮弥三郎朝綱と表記している点などであるが[36]、それを除けば、両者は基本的に同じ情報を伝えている。頼家誕生の一ヵ月前にあたる『吾妻鏡』寿永元年七月十二日条には、北条政子が「御産気」によりあらかじめ設定しておいた産所の「比企谷

する。

殿」に移っていることが記されているから、「小野系図」における頼家が鎌倉比企谷で誕生したという記載とも一致

従来、『吾妻鏡』の頼家の誕生儀礼の記事には、治承・寿永内乱勃発時に平氏家人として在京していた宇都宮朝綱が、守刀を献上した武士の一人として記されているため、この時点ですでに関東に下向して頼朝に仕えていたことを示す史料として注目され、朝綱が畠山重能・小山田有重とともに、翌年の寿永二年（一一八三）七月二十五日の平氏都落ちまで、平氏一門と京で行動をともにしていたとする『平家物語』諸本の記事との矛盾が問題視されてきた。(37) そして、鳴弦の役を務めた師岡重経の兵衛尉任官が頼家誕生以後のことと考えられることや、守刀を進めた土屋義清の兵衛尉の名乗りがこの時期の『吾妻鏡』に見られないことを理由に、頼家の誕生儀礼に関する『吾妻鏡』の記事は信頼できないとする見解が、野口実氏によって提起されている。(38)

しかし、宇都宮朝綱の平氏軍からの離脱を、寿永二年七月の平氏都落ちの時点として描く『平家物語』の方に作為性がより強く感じられることや、(39) 多少の相違点はあるものの、『吾妻鏡』と「小野系図」の記述内容が基本的に一致していることを踏まえれば、頼家の誕生儀礼の記事は史実を示していると考えてもよいのではないだろうか。『吾妻鏡』の地の文における師岡重経や土屋義清の表記の問題は、「小野系図」と同じように頼家誕生以降に書かれた頼家の「誕生祝」の記録を、『吾妻鏡』の編者がそのまま掲載したことに基づく誤りと考えることもでき、記事そのものを疑う根拠にはならないと思われる。

以上の理由から、本章は、横山時兼が頼家の誕生に際して守刀を進上したという「小野系図」や『吾妻鏡』の記事は史実であったと判断するが、次に問題となるのは、十一世紀前半の義家や十二世紀半ばの頼朝の誕生儀礼に関する「小野系図」の記述である。入間田宣夫氏は、頼家への守刀の献上が「代々佳例」に基づいて行われたとする『吾妻

鏡』の記事に注目されて、「先祖の資隆が「八幡殿」誕生祝の役目を勤めたという故実は、百数十年の歳月を隔てても、厳然として生き続けていた。そして、太郎時兼が「右衛門督殿」（頼家）の「御守刀」を奉るという新たな歴史を生み出す原動力になったのであった。大叔父の経隆が「右大将家」（頼朝）誕生祝の役目を勤めたという最近の故実が、それにプラスしていたことは、いうまでもない」と述べられている。[40]「小野系図」に記される横山氏の源義家・頼朝の誕生儀礼への参加を、入間田氏は史実と判断されたうえで、その「佳例」により時兼は頼家に守刀を献上する御家人の一人に選ばれたと理解されたのである。

確かに、前節で検討したような、横山氏と頼義以来の河内源氏嫡流との「譜代」の主従関係を念頭に置けば、入間田氏の見解はきわめて説得的である。しかし一方で、「小野系図」の源義家・頼朝の誕生儀礼の記事には、疑問点が多いことにも注意を払う必要がある。

まず源義家についてであるが、先に引用したように、「小野系図」は義家が長元元年（一〇二八）十月に相模国「柳下」で誕生したと記している。義家の生年は明確な史料がなく、没年についても史料によって一定しないが、安田元久氏の研究によれば、義家が六十八歳で死去したという点では諸史料がほぼ一致し、没年で最も信頼できるのは、『中右記』嘉承元年（一一〇六）七月十六日条の「一日比陸奥前司源義家朝臣卒去、義家者故頼□（義）長男、経二下野・陸奥国等守一、位至二正下四位一、為二院殿□（上）一、武威満二天下一、誠是足二大将軍一者也」という記事であるから、義家の出生年は長暦三年（一〇三九）の可能性が高いことになる。[41]それより十年以上も早い「小野系図」の長元元年説は、他の文書・系図類に見ることができず、根拠は不明である。

次に義家の誕生地について考えてみたい。義家の母は、長元元年（一〇二八）に勃発した平忠常の乱で、追討使に任じられた貞盛流平氏の嫡流平直方の女子である。[42]『陸奥話記』には、平直方が源頼義の騎射の武芸に感心して、自らの一女と頼義との婚姻を望み、その女子を妻とした頼義との間に、長男義家をはじめとする三男二女が生まれたと記している。(43)大殿藤原忠実の言談を大外記中原師元が筆録した『中外抄』にも、「義家の母は、直方の娘なり」とあり、(44)貴族社会でもよく知られた事実であったことが確認される。

ところで、相模国藤沢の遊行寺の僧由阿が、貞治五年(一三六六)五月以前に書いた歌学書『詞林采葉抄』には、

其後平将軍貞盛ノ孫上総介直方、鎌倉ヲ屋敷トス、爰ニ鎮守府将軍兼伊予守源頼義イマタ相模守ニテ下向シ時、直方聟トナリ玉テ、八幡太郎義家鎮東将軍出生シ玉シカハ、鎌倉ヲ奉レ譲ヨリ以降、源家相伝ノ地トシテ、

とあり、(45)長元九年(一〇三六)十月に相模守に任じられた(46)頼義が相模に下向した際、鎌倉を屋敷地としていた平直方が頼義を娘の婿とし、義家が誕生したので鎌倉の地を頼義に譲り、それ以降、鎌倉は源氏相伝の地になったと説明している。実際、源頼義は前九年合戦後の康平六年(一〇六三)八月に石清水八幡宮を鎌倉郡由比郷に勧請するなど、(47)鎌倉に拠点を有していたことは確かであり、平直方から鎌倉の屋敷を譲られたとする『詞林采葉抄』の記事は、後世の史料ではあるが史実を反映している可能性もあろう。(48)

ただし、『詞林采葉抄』の記事で注意しなければならないのは、相模守となった源頼義を婿に迎えた平直方が、あたかも鎌倉を拠点に活動する東国武士であったかのように描いている点である。というのも、野口実氏によって詳細に明らかにされているように、(49)平直方は貞盛流平氏の嫡流として中央軍事貴族の地位にあり、治安三年(一〇二三)四月に関白藤原頼通の推挙で検非違使に任じられ、(50)長暦三年(一〇三九)二月の延暦寺僧徒による強訴の際には関白頼通邸の防衛にあたり、(51)さらに永承三年(一〇四八)十月の頼通の高野山参詣においても「前能登守直方」として供奉人に名前が見えるなど、(52)一貫して京で関白藤原頼通に奉仕する関係にあったことが知られるからである。平直方は忠常の乱の追討使などに任じられ、関東に一時的に下向することはあっても、基本的には中央軍事貴族として京で活

動する武士だったのである。

とすれば、平直方女子と源頼義との婚姻も東国ではなく、京において成立したと考えるのが自然であろう。そして、義家をはじめとして、頼義と直方女子の間の子どもたちが生まれた場所についても、東国や河内源氏の本領である河内国古市郡壺井ではなく、京と推測するのが最も妥当な理解であると思われる。(53)

ちなみに、「小野系図」が義家誕生の地として記している相模国「柳下」（八木下）は、足下郡柳下郷のことで、酒匂川（丸子河）河口東岸の酒匂宿の西のはずれに位置する。東海道における酒匂川の渡渉地点にあたり、源頼朝の寄進によって伊豆走湯山領となったことが知られている。(54)この場所が、なぜ義家誕生の地と伝承されるようになったのかは不明であるが、嘉慶年間（一三八七〜八九）に佐竹師義が執筆したと推定されている『源威集』にも、(55)「頼義国務ノ時、相州楊下ニヲイテ義家誕生ノ夜也母ハ上野守直方女ナリ」という一節があり、(56)「小野系図」と同様に、義家の誕生地を相模国「楊下」（柳下）と伝えている。このように、源義家が相模国足下郡の柳下で生まれたという伝承が、「小野系図」と『源威集』に共通してあらわれる以上、鎌倉時代後期から南北朝時代にかけて東国において広く語られていたことは間違いないであろう。そうした言説の流布が、柳下郷を支配する伊豆走湯山と関係するのかどうかは、今後の興味ある課題である。

さて、右に述べてきた通り、源義家は実際には京で誕生したと推測されるが、そうだとすると、横山資隆は、京において義家の「誕生祝」に参加したのであろうか。しかし、資隆が在京していたことをうかがわせる史料は、管見の限り見出すことはできない。先に紹介した義家の誕生儀礼に参加した武士たちの名前を見てみると、他史料でも確認される人名自体が少ないものの、秩父平氏一族で豊島氏の祖にあたり、「千葉大系図」に源頼義の前九年合戦に従軍したと記されている秩父権守武恒（武常）や、(57)平安時代前期に下野国に下向し、宇都宮俗別当の地位を有した紀氏一族と推測される宇都宮紀三郎是景など、[58]明らかに東国を意識させる人名が並んでいる。義家の誕生儀礼に参加したという武士名は、義家が東国で出生したという伝承と一体のものであったと判断されよう。

これと同様のことは、実は源頼朝の誕生儀礼の記事にも該当する。「小野系図」では、源頼朝は久安四年（一一四八）正月に相模国の鎌倉「御霊殿」で生まれたとしているが、『公卿補任』や『百練抄』では、頼朝は建久十年（一一九九）一月十三日に五十三歳で死去したと記しており、[59]久安三年（一一四七）出生であったことが判明する。頼朝の母は、熱田大宮司藤原季範の女子であり、[60]その藤原季範は熱田大宮司職に補任されたのちも京で中央官人として活動し、その子女も在京して待賢門院・上西門院・後白河院などに仕えていたことが明らかにされている。[61]したがって、熱田大宮司藤原季範女子と源義朝との婚姻は京で成立したと考えられ、頼朝も京で誕生したと判断される。[62]頼朝の長兄鎌倉悪源太義平は、父義朝の関東下向中に三浦義明の女子を母として生まれ、[63]また次兄の中宮大夫進朝長も、同じく波多野義通の妹を母として生まれている。[64]しかし、頼朝は兄たちとは全く異なる環境で誕生したのである。

頼朝の「誕生祝」に参加した武士として、明確に出自がわかるのは、横山時重の弟小山次郎経隆、猪俣党の岡部大夫清綱、秩父平氏の河越太郎重頼の三人であり、また豊島介家広は秩父平氏の豊島氏一族、[65]庄貫首頼季は武蔵児玉党の一族と推測される。[66]頼朝の場合は、特に武蔵武士の名前が列挙されている点が特徴であるが、やはり彼らが在京していたとは考えられず、頼朝が東国で出生したという伝承と結びついた交名と思われる。

以上、「小野系図」に記された義家・頼朝の誕生儀礼の記事の内容について検討してきたが、すでに戦前において遠藤元男氏は、頼朝の誕生儀礼に関する「小野系図」の記事が信用できないことを明確に指摘されている。[67]本書も、義家と頼朝に関しては生年・誕生地ともに史実ではなく、誕生儀礼への参加者も史実として信頼すべきではないと考える。

第四節　鎌倉幕府権力の正統性と横山氏

それでは、なぜこのような情報が「小野系図」に記されたのであろうか。

そこで参考となるのは、文治五年（一一八九）九月の奥州合戦における横山氏の役割である。すでに第二節で述べたように、横山時広は源頼朝の命を受けて、子息時兼・郎等広綱を動員して藤原泰衡の首を梟首する儀礼を行ったが、それは康平五年（一〇六二）九月の前九年合戦において、時広の曾祖父経兼が源頼義の命を受けて、門客貞兼・郎等惟仲に安倍貞任の首を梟首させた故実にならったものであり、八寸の鉄釘まで同じという徹底ぶりであった。この泰衡の梟首は、入間田宣夫氏が指摘されたように、横山氏のもとに伝えられた源氏将軍故実に基づいて実施されたと思われるが(68)、それは御家人横山氏の名誉心や忠誠心を煽り立てただけでなく、泰衡の梟首を見守る大軍勢に、源頼義以来の河内源氏「譜代」の主従関係を誇示し、頼朝の御家人制の歴史的正統性の印象を抱かせるものであったことを見落としてはならない(69)。

現実の利害が優先される双務契約型の主従制が一般的であった中世の武士社会においては、そもそも「譜代」の家人はごく限られた存在である。しかも源義家と弟義綱の対立、嫡流を継いだ義忠の殺害、為義と義朝の対立など、河内源氏内部の紛争が相次ぎ、嫡流の地位自体も流動化した以上、頼義・義家以来の源氏家人など、頼朝のもとにはほとんど存在しなかったはずである。そうしたなかで、まがりなりにも頼義や義家、為義と主従関係を結び、頼朝に服属した横山氏は、鎌倉幕府の御家人のなかでも希有な存在であった。横山氏の十一・十二世紀の歴史は、東国における源氏将軍の歴史と一体のものであり、横山氏の先祖伝承は、鎌倉幕府権力にとってもきわめて重要な意味をもっていたのである。

ここに横山氏が、合戦における先祖の武功や源氏将軍との主従関係だけでなく、新たに義家・頼朝の誕生儀礼を語り始めた理由があるのではないだろうか。「小野系図」に記された源氏将軍の誕生儀礼は、河内源氏嫡流と横山氏の親密な関係を示すだけでなく、義家・頼朝が東国で誕生したことを宣伝し、東国を拠点に成立した鎌倉幕府の歴史的由緒を主張するものである。奥州合戦において頼朝が横山氏と協力して前九年合戦の再現を演出したように、その源氏将軍伝承を外部に誇示することを期待された横山氏は、そのような幕府権力の正統性を語るのに最もふさわしい存在であった。

ではこうした義家・頼朝の誕生儀礼は、いつ頃から語られ始めたのであろうか。前述した通り、本書は、寿永元年（一一八二）の源頼家の誕生儀礼において、横山時兼が守刀を献上したことを史実ととらえているが、その際に『吾妻鏡』が記している「追代々佳例」とは、守刀を献上する御家人の家柄を意味しているのではなく、家人から守刀を進上させる儀礼の在り方を意味していると理解できよう。この時点では、いまだ横山氏が義家や頼朝の誕生儀礼に参加したという言説は成立しておらず、時兼が頼家に守刀を進める役に選ばれたのは、この時点での幕府権力内における横山氏の実力によるものであったと思われる。実際に、頼家に守刀を進めた土屋義清・和田義盛・梶原景時・同景季らは、「小野系図」の義家・頼朝の誕生儀礼に登場しない武士団である。

源義家や頼朝が東国で誕生し、横山氏がその誕生儀礼に参加したという言説は、頼朝自身が生存している段階では、成立することはありえなかったと思われる。上横手雅敬氏が指摘されたように、院政期の武家の棟梁の特性は「貴族性、非在地性」にあり、その貴種性ゆえに頼朝は一般の在地武士と区別され、自らのもとに武士を結集することができたからである。(70) 貴種性を強調する頼朝にとって、京で誕生した事実は重要であり、鎌倉誕生説はむしろ否定的に作用するものであったに違いない。院政期の武士社会は、院や摂関家などの公家権門のもとで在京して軍事活動を担う軍事貴族＝「京武者」を中心に、武士の広域的な移動と人的ネットワークによって、都と地方とを緊密に結びつけて成立しており、そのような伝統的な「京武者」秩序は、東国に鎌倉幕府が成立してからも容易に解体されず承久の乱まで存続した。(71) 義家や頼朝が東国で誕生し、東国武士の参加のもとで誕生儀礼が行われたとする伝承が語られ始めるのは、そのような「京武者」秩序が解体され、鎌倉幕府御家人制の秩序に武士社会が包摂された鎌倉時代後期になってからのことではないだろうか。

従来の研究は、鎌倉時代後期以降、源頼朝が「曩祖将軍」として崇拝した源頼義にかわって、源義家の英雄伝説が東国武士社会で肥大化することを明らかにしている。(72)「小野系図」でも、前述のように、前九年合戦を頼義ではなく義家の合戦として描いており、これは他の東国武士団の系図にも一般的に見られる現象であった。(73) 源氏将軍頼義と、「東国武士」のイメージで語られる平直方の女子との間に生まれた義家は、いわば東国武士社会の象徴であり、東国武士の間で特別な崇拝の対象になっていくのである。(74)「小野系図」の誕生儀礼伝承には、まさにそのような時代状況が刻み込まれているといえよう。

建暦三年（一二一三）五月の和田合戦で勢力を後退させながらも生き残った横山氏は、先祖から伝えられた伝承に加えて、鎌倉時代後期には右のような新たな「伝承」も語り始めていたのである。今後は、そのような「伝承」がどのような場で語られ、東国武士社会で共有されるのか、具体的に探っていくことが重要であろう。

おわりに

以上、粗雑な論ではあるが、「小野系図」に記された源氏将軍伝承について検討を行ってきた。最後に少し言及しておきたいのは、「小野系図」の義家・頼朝の誕生儀礼の記事に、横山氏や同族の猪俣氏のほかに、秩父平氏の豊島氏・河越氏、児玉党、宇都宮紀氏など、十一世紀前半ならびに十二世紀半ばに実在がうかがえる東国武士の名が記されていることである。ここには、横山氏が頼義・義家や為義・義朝に仕えた時代に、実際に存在した東国武士のネットワークが反映されていると思われる。

そのなかでも特に目立つのは、義家の誕生儀礼の秩父権守武恒（武常）、頼朝の誕生儀礼の豊島介家広・河越重頼の秩父平氏一族である。表1を参照すると、頼義・義家に仕えた横山経兼の女子は「秩父権守《（重綱）》妻、秩父太郎《（重弘）》大夫母也」（a「小野系図」）、為義に仕えた隆兼の女子は「秩父重弘妻」（b「横山系図」c「武蔵七党系図」）と記されており、横山氏が、十一世紀後半から十二世紀前半にかけて、秩父氏嫡流と二重の姻戚関係を結んでいたことが知られる。このような女子を媒介とする武士団同士のネットワークが、「小野系図」の源氏将軍伝承の基盤になっていたのである。

なお、横山氏のネットワークは、鈴木国弘氏が詳しく分析されたように、十二世紀前半の隆兼の代に入ると、隆兼の女子は、秩父重弘のほか糟屋氏・梶原氏・波多野氏などの相模武士と婚姻し（表1参照）、姻戚関係は北武蔵から相模にまで拡大する。そしてこのような横山氏の動向に合わせて、十二世紀半ばには、児玉党・秩父氏・横山氏などの上野・武蔵武士と三浦氏などの相模武士が互いに婚姻関係や養子関係・乳母関係を通して深く結びつき、のちの「鎌倉街道上道」にほぼ沿うように、関東平野を南北に貫く東国武士のネットワークが形成されていく(75)。このネットワークの権力的編成をめぐる河内源氏内部の矛盾が、久寿二年（一一五五）八月に源義平が叔父義賢を討った大蔵合戦に展開し、さらに治承・寿永内乱期の源頼朝と木曾義仲の動向までを規定していくことになるのであるが、この問題については次章の検討に譲ることにしたい。

注

（1）横山党の概略については、八代国治・渡辺世祐『武蔵武士』（有峰書店新社、一九七一年、初出一九一三年）、『八王子市史　下巻』（八王子市役所、一九六七年）、『町田市史　上巻』（町田市、一九七四年）、安田元久『武蔵の武士団』（有隣堂、一九八四年）、『日野市史　通史編一　自然・原始・古代』（日野市史編さん委員会、一九八八年）、『日野市史　通史編二（上）中世編』（日野市史編さん委員会、一九九四年）、『多摩市史　通史編一　自然環境・植物・動物・原始および古代・中世・近世』（多摩市、一九九七年）、『新八王子市史　通史編2　中世』（八王子市、二〇一六年）などを参照。

（2）佐藤進一『増訂　鎌倉幕府守護制度の研究』（東京大学出版会、一九七一年）。

（3）高島緑雄「古代から中世へ」（前掲『日野市史　通史編一　自然・原始・古代』）、町田有弘「牧別当に関する一考察」（『河越氏の研究　関東武士研究叢書4』名著出版、二〇〇三年、初出一九九三年）、鎌倉佐保「周辺の荘郷の開発と武士団」（前掲『多摩市史　通史編一　自然環境・植物・動物・原始および古代・中世・近世』）、山口英男「小野牧の成立と変遷」（『パルテノン多摩博物館部門研究紀要』九号、二〇〇六年）、鎌倉佐保「小野姓横山党の成長」（同上）、同「多摩郡の武士と所領形成」（『多摩のあゆみ』一四三号、二〇一一年）、同「北武蔵の武士の本拠地の成立とその背景」（『シンポジウム「検証！　古代から中世へ―東国の視点から―」資料集』（埼玉県立嵐山史跡の博物館、二〇一六年）、松本司「一一一三年から一二一三年の横山氏一族の勢力扶植と横山荘」（『歴史民俗研究』一輯、板橋区教育委員会、二〇〇四年）など。

（4）入間田宣夫「鎌倉武士団における故実の伝承」（『中世武士団の自己認識』三弥井書店、一九九八年、初出一九九三年）。高橋典幸「武士にとっての天皇」（『岩波講座　天皇と王権を考える　第10巻　王を巡る視線』岩波書店、二〇〇二年）、鎌倉佐保前掲注（3）「小野姓横山党の成長」、古澤直人「和田合戦と横山時兼」（『法政大学多摩論集』二三巻、二〇〇七年）なども参照。

（5）鈴木国弘「中世前期の東国政変と狭山丘陵」（『武蔵村山市史　通史編　上巻』武蔵村山市、二〇〇二年）、同「鎌倉前期・中央政変の動向と地域社会の展開」（『日本中世の私戦世界と親族』吉川弘文館、二〇〇三年）。なお、「小野系図」と「横山系図」との相違点については、釈迦堂光浩「平安後期における武蔵国衙軍制と「党」」（『パルテノン多摩博物館部門研究紀要』八号、二〇〇四年）、横山党のネットワークについては、菊池紳一「承久の乱に京方についた武蔵武士」（『埼玉地方史』二〇号、一九八七年）、菱沼一憲「中世海老名氏について（一）」（『えびなの歴史』五号、一九九三年）なども参照。

（6）　ａｂの系図の『続群書類従』巻数の下の「系三二」「系三一九」は、『群書解題　第一　系譜部』に記された番号である。

（7）　鈴木国弘前掲注（5）「鎌倉前期・中央政変の動向と地域社会の展開」は、南北朝時代に作成された多くの中世系図が家伝記としての性格をもっていたことに注目し、「小野系図」にも同様の性格を読み取っている。

（8）　甲田利雄「系三二一　小野系図」（『群書解題　第一巻』続群書類従完成会、一九六二年）。『諸家系図纂』については、飯田瑞穂「諸家系図纂」（『国史大辞典　第七巻』吉川弘文館、一九八六年）を参照。

（9）　鈴木国弘前掲注（5）「鎌倉前期・中央政変の動向と地域社会の展開」。

（10）　甲田利雄「系三一九　小野氏系図横山」（前掲『群書解題　第一巻』）。なお『新編埼玉県史　別編4　年表・系図』（埼玉県、一九九一年）に収められた「党家系図（1）横山党」は、内閣文庫所蔵の『諸家系図纂』の写本を底本としており、『続群書類従』本と基本的に同系統であるが、若干の異同を見出すことができる。続群書類従完成会本で〔イ〕とする校異の記事は、この内閣文庫本の記載とほぼ一致する。

（11）　「例言」（『系図綜覧』国書刊行会、一九二五年、初出一九一五年）。なお一九二五年に刊行された『系図綜覧』は、一九一五年刊行の二冊本の合冊版であり、本書では合冊版を使用した。また現在、東京大学史料編纂所に所蔵される影写本の情報については、同所ホームページの「所蔵史料目録データベース」を参照した。

（12）　鈴木国弘前掲注（5）「鎌倉前期・中央政変の動向と地域社会の展開」。

（13）　『吾妻鏡』建暦三年五月四日条。

（14）　ｃ「武蔵七党系図」とｂ「横山系図」との違いは、ｃには古郡経忠が記されておらず、また古郡保忠・忠光に和田合戦の記事がない点である。

（15）　中央貴族の小野氏と横山党の小野姓横山氏が、本来は別系と考えられることについては、鎌倉佐保前掲注（3）「小野姓横山党の成長」を参照。

（16）　拙稿「奥州合戦ノート」（『鎌倉幕府成立史の研究』校倉書房、二〇〇四年、初出一九八九年）。

(17) 入間田宣夫前掲注(4)論文。
(18)「小野系図」の記事の引用に際しては、『続群書類従』本だけでなく、同系列の「岡部系図」(大阪府茨木市岡部和子氏蔵、前掲『新編埼玉県史　別編4　年表・系図』)も参照し、適宜文言の校訂を行った。「岡部系図」と「小野系図」の同質性については、鎌倉佐保前掲注(3)「小野姓横山党の成長」を参照。
(19)『陸奥話記』(『日本思想大系8　古代政治社会思想』岩波書店、一九七九年)。
(20)『吾妻鏡』文治五年九月六日条。
(21) 入間田宣夫前掲注(4)論文。
(22) 前掲注(11)史料。
(23)(年月日未詳)「小代伊重置文写」(『肥後古記集覧』、石井進「武士の置文と系図」『石井進著作集　第五巻　鎌倉武士の実像』岩波書店、二〇〇五年、初出一九八七年)。
(24) 町田有弘前掲注(3)論文。
(25) 湯山学「相模国愛甲郡の庄園」(『相模国の中世史　増補版　湯山学中世史論集6』岩田書院、二〇一三年、初出一九七六年)も、町田氏と同様に多胡高経の追討事件を史実と判断されている。
(26) 延慶本『平家物語』第三本「木曾義仲成長スル事」、『吾妻鏡』治承四年十二月二十四日条。
(27)『吾妻鏡』建久元年十月二十九日条。内記大夫行遠の一族については、米谷豊之祐「源為義　其の家人・郎従の結集・把持」(『院政期軍事・警察史拾遺』近代文芸社、一九九三年、初出一九七四年)を参照。
(28) 湯山学前掲注(25)論文。
(29) 野口実「院・平氏両政権下における相模国」(『坂東武士団の成立と発展』戎光祥出版、二〇一三年、初出一九七九年)。
(30) 関連史料として、野口実前掲注(29)論文が指摘した『殿暦』天永四年四月四・十二日条がある。
(31) 湯山学前掲注(25)論文、野口実前掲注(29)論文。
(32)『殿暦』天仁二年二月六日条。
(33) 源為義の年譜については、米谷豊之祐前掲注(27)論文参照。
(34) 野口実前掲注(29)論文。

(35) 中世武士社会の「誕生祝」については、二木謙一『中世武家の作法』(吉川弘文館、一九九九年)参照。
(36) ちなみに、「小野系図」が記す「宇都宮弥三郎」は朝綱ではなく、朝綱の孫頼綱の通称である(『吾妻鏡』建久五年二月二日条などを参照)。頼綱の生年は、「宇都宮系図」(『続群書類従 第六輯下 系図部』巻百五十二、系二四一)の没年から計算して承安二年(一一七二)と推定され、寿永元年の頼家の「誕生祝」に参加することはありえないことを確認しておきたい。
(37) 延慶本『平家物語』第三末「筑後守貞能都へ帰リ登ル事」、覚一本『平家物語』巻第七「聖主臨幸」。
(38) 野口実「平氏政権下における坂東武士団」(前掲『坂東武士団の成立と発展』、初出一九八二年)。
(39) 『吾妻鏡』元暦二年七月七日条は、平宗盛に対する平貞能の執り成しによって、宇都宮朝綱らの関東下向が許されたと記しており、姻戚関係にあったと推測される貞能と朝綱の親密な関係を考えても、それは史実であったと判断されるが、平氏都落ちでは、小松家の平資盛にしたがった貞能は、宗盛らの平氏一門主流派とは別行動をとっており、その時点で宇都宮朝綱らの関東下向が許された可能性は低い。内乱勃発後、比較的早い段階で、朝綱らの関東下向は許されたと考えるべきであろう。拙稿「中世武士の移動の諸相」(本書第Ⅰ部第一章、初出二〇〇七年)、同「治承・寿永の内乱と伊勢・伊賀平氏」(前掲『鎌倉幕府成立史の研究』)参照。
(40) 入間田宣夫前掲注(4)論文一四七頁。
(41) 安田元久『源義家』(吉川弘文館、一九六六年)。
(42) 平直方については、野口実「平忠常の乱の経過について」(前掲『坂東武士団の成立と発展』、初出一九七八年)、同前掲注(29)論文参照。
(43) 前掲注(19)史料。
(44) 『中外抄』下(五三)。なお本書では、『中外抄』からの引用は、後藤昭雄・池上洵一・山根對助校注『新日本古典文学大系 江談抄 中外抄 富家語』(岩波書店)による。
(45) 『詞林采葉抄』第五。なお本書では、『詞林采葉抄』からの引用は、片桐洋一監修・ひめまつの会編著『詞林采葉抄』(大学堂書店)による。
(46) 『範国記』長元九年十月十四日条。なお『範国記』については、京都大学附属図書館所蔵の重要文化財『範国記』を、京都大学図書館機構のホームページ上の京都大学電子図書館貴重資料画像で閲覧させていただいた。

(47)　『吾妻鏡』治承四年十月十二日条。
(48)　安田元久「古代末期における関東武士団」(『日本初期封建制の基礎研究』山川出版社、一九七六年、初出一九六〇年)は、『詞林采葉抄』における鎌倉の屋敷譲渡の記事について慎重な態度をとっているが、野口実前掲注(29)論文は、史実を伝えるものとしてこの記事を積極的に位置づけている。
(49)　野口実前掲注(29)(42)論文。
(50)　『小右記』治安三年四月十・十一日条。
(51)　『古今著聞集』巻第一「延暦園城両寺天台座主を争論の事」。なお、本書では『古今著聞集』は、永積安明・島田勇雄校注『日本古典文学大系　古今著聞集』(岩波書店)を使用する。
(52)　「宇治関白高野山御参詣記」(『続々群書類従　第五　記録部』)。
(53)　安田元久氏は、前掲注(41)著書の年表において、長暦三年の項に「源頼義の嫡男として南河内に生まる」と記されているが(二〇〇頁)、同時代史料でそれを示す根拠はなく、また十一世紀の都の武士社会の在り方から考えても、頼義の日常的活動の場が南河内にあったとは考えられない。
(54)　福田以久生「治承四年の反乱と柳下郷」(『駿河相模の武家社会』清文堂出版、一九七六年、初出一九七三年)。湯山学前掲注(25)論文も参照。
(55)　加地宏江「解説」(『源威集　東洋文庫』平凡社、一九九六年)参照。
(56)　『源威集』「六　義家武勇ノ事」。なお、本書では『源威集』からの引用は、加地宏江校注『源威集　東洋文庫』(前掲)による。
(57)　今野慶信「鎌倉御家人葛西氏について」(『葛西氏の研究　関東武士研究叢書3』名著出版、一九九八年、初出一九九七年)、同「豊島氏の成立」(『豊島氏とその時代』新人物往来社、一九九八年)。
(58)　須藤聡「奥羽周辺地域の武士団形成」(『群馬歴史民俗』二三号、二〇〇二年)。
(59)　『公卿補任』正治元年条(源頼朝項)、『百練抄』建久十年一月十三日条。
(60)　『公卿補任』文治元年条(源頼朝項)、『尊卑分脈』第三篇「清和源氏」。
(61)　角田文衞「源頼朝の母」(『王朝の明暗』東京堂出版、一九七七年、初出一九七四年)、藤本元啓「藤原姓熱田大宮司家の成立と平治の乱」(『中世熱田社の構造と展開』続群書類従完成会、二〇〇三年)。

(62) 頼朝の誕生地としては、「小野系図」の相模国鎌倉「御霊殿」説以外に、屋代本『平家物語』「平家剣巻下」や『系図纂要』第九冊「清和源氏二」に記されている尾張国熱田幡屋説があり、大森金五郎「家庭より見たる頼朝」(『武家時代之研究　第三巻』冨山房、一九三七年)はこの説を採用する。また、頼朝の京都誕生説を早くから提起した研究としては、遠藤元男『源頼朝』(白揚社、一九三八年)、永原慶二『源頼朝』(岩波書店、一九五八年)があげられる。なお、本書では屋代本『平家物語』は、麻原美子・春田宣・松尾葦江編『屋代本・高野本対照平家物語　一・二・三』(新典社)を使用する。

(63) 金刀比羅宮蔵本『平治物語』上「信西の子息尋ねらるる事　付けたり除目の事并びに悪源太上洛の事」。なお、本書では金刀比羅宮蔵本『平治物語』は、永積安明・島田勇雄校注『日本古典文学大系　保元物語　平治物語』(岩波書店)を使用する。

(64) 『吾妻鏡』治承四年十月十七日条。

(65) 今野慶信前掲注(57)「鎌倉御家人葛西氏について」。

(66) 八代国治・渡辺世祐前掲注(1)著書などを参照。

(67) 遠藤元男前掲注(62)著書。

(68) 入間田宣夫前掲注(4)論文。

(69) 拙稿前掲注(16)論文。

(70) 上横手雅敬「鎌倉幕府と公家政権」(『鎌倉時代政治史研究』吉川弘文館、一九九一年、初出一九七五年)。

(71) 拙稿「鎌倉幕府研究の現状と課題」(本書第Ⅲ部第二章、初出二〇〇六年)。

(72) 入間田宣夫前掲注(4)論文、今野慶信「東国武士団と源氏臣従譚」(『駒沢大学史学論集』二六号、一九九六年)。両氏も触れられているように、鎌倉時代末期の「小代伊重置文」(前掲注(23)史料)によれば、蓮華王院宝蔵の後三年合戦絵には、小代氏(児玉党)の祖児玉弘行が副将軍として大将軍義家の対座に描かれていたが、関東武士のある者が秘計をめぐらして弘行の銘を削り、別人の名に書き替えてしまったという。今野氏の指摘の通り、後三年合戦絵に副将軍として児玉弘行が描かれていたという情報自体も含めて、この置文の内容は、源義家のもとでの先祖武功が鎌倉時代後期の東国武士社会でいかに尊重され、作為をともなうものであったかをよく示している。なお、この後三年合戦絵については、近藤好和「小代宗妙伊重置文と静賢本後三年合戦絵巻の伝来」(『國學院雑誌』八六巻九号、一九八五年)も参照。

(73) 今野慶信前掲注(72)論文。

（74）　かつて拙稿「武家の天皇観」（前掲『鎌倉幕府成立史の研究』、初出一九八九年）では、室町幕府を創設した足利氏の源氏嫡流工作が、源義家直系を主張することによって行われた背景を、義家の子息義国から分流した足利氏独自の先祖観と、頼義直系を誇示した頼朝の家系の相対化という点に求めたが、このような鎌倉時代後期の東国武士社会における義家英雄観の浸透を踏まえたものであった可能性も考えるべきであろう。

（75）　鎌倉幕府成立後、「鎌倉街道上道」で鎌倉と結ばれた武蔵・上野両国の御家人は、鎌倉幕府直轄軍としての役割を担うことになるが、十二世紀半ばの上野・武蔵・相模の東国武士のネットワークは、その前史を考えるうえで重要である。拙稿「鎌倉街道上道と東国武士団」（本書第Ⅰ部第三章、初出二〇一〇年）参照。

〔補記〕原論文を本書に収録するにあたり、若干の加筆修正を行った。

第三章　鎌倉街道上道と東国武士団

――秩父氏のネットワークと鎌倉幕府――

はじめに

かやうに落ちぶれては候へども、今にてもあれ鎌倉におん大事出で来るならば、千切れたりともこの具足取つて投げ掛け、錆びたりとも薙刀を持ち、痩せたりともあの馬に乗り、一番に馳せ参じ着到に付き、(1)

これは謡曲「鉢木」において、上野国佐野に住む佐野源左衛門常世が、大雪の夜に秘蔵の鉢の木を焚いて旅の僧（実は北条時頼）をもてなし、熱っぽく語る内容である。作者は不明であるが、「いざ鎌倉」という諺（さあ一大事が起こった、の意）(2)の出典として、広く知られた一節である。

そして、このような「いざ鎌倉」の際に、御家人が鎌倉に馳せ参じる軍用道路として使用されたのが、東日本の各地に伝承がのこる「鎌倉街道」であると一般に理解されている。しかし、「鎌倉街道」という名称自体は近世以降に広まったと考えられ、「鎌倉街道」伝承地のなかには、鎌倉時代にさかのぼることのできない事例も数多く存在する。実際には、鎌倉時代の史料に見える「鎌倉大道」(3)が、鎌倉に通じる当時の主要道路を示す表現であったと思われる。

この「大道」（だいどう・おおみち）については、岡陽一郎氏が、中世の大道は、古代の官道のような直線を基本とする大規模道路ではないものの、都鄙間あるいは地方間を結んでいる、人や物資が盛んに往来する幹線道路であり、騎馬で通行できることが前提になっていたことを明らかにされている(4)。騎馬での通行は、急傾斜の山坂道や倒木などの障害物に弱いという馬の習性を踏まえれば(5)、「大道」は、道の「広狭」よりも「質」が重要であり、日常的なメンテナンスが不可欠となろう。奥州の藤原清衡が、白河関から外が浜まで「奥大道」の一町ごとに、金色の阿弥陀像を描いた笠塔婆を建立したという『吾妻鏡』の記事なども(6)、地域権力による大道の整備・管理体制を象徴的に示すものと理解される。

さて、鎌倉時代に関東で機能した主要な大道としては、『太平記』諸本に登場する「上道(7)」「下道(8)」、『梅松論』に登場する「武蔵路」「中道」「下道(9)」があげられる。いずれも新田義貞軍などによる鎌倉攻めに際し、双方の主力軍勢が激突して激しい攻防が繰り広げられたルートであり、まさに当時の基幹的な鎌倉大道であったと考えられる。この「上道」（武蔵路）・「中道」・「下道」は、後世に「鎌倉街道」と呼ばれる中心的なルートでもあり(10)、沿道の地域には源氏や鎌倉武士に関する様々な伝承がのこされている(11)。

本章では、鎌倉時代に存在が確認される「鎌倉街道」上道・中道・下道のうち、その道筋が最も明瞭に知られる上道をとりあげ、上道の成立・発展を、院政期における東国武士団のネットワークや、鎌倉幕府権力の特質から考察することを目的とする。

第一節　鎌倉街道上道の概観

まずは図3「鎌倉街道図」を見ながら、鎌倉街道上道・中道・下道のおおよそのルートを確認しておこう。武蔵路とも呼ばれた上道は、鎌倉から武蔵府中・入間・笛吹峠・大蔵・児玉を通って、上野国さらには信濃国に向かう道である。下道と中道については諸説が存在するが、通説では、下道は鎌倉から東京湾岸を北上して、浅草・松戸を通って常陸国に向かう道であり、また両道の中間を通る中道は、中野・王子・岩槻を経て、古河・小山・宇都宮にいたり、奥大道に接続して陸奥国に向かう道と理解されている。

なお、齋藤慎一氏の指摘によれば、武蔵国から上野国に向かう上道は、途中の武蔵国比企郡において下野国に向かう支線的な大道を分岐しており、そのルート（上道下野線）は上野国南東部と武蔵国の間で利根川を越え、新田・足利を経て東方に進み、小山において中道・奥大道に合流していたという。この上道下野線は、川幅の広がった大河川の中下流部を船で渡河しなければならない中道よりも、舟橋や瀬で渡河できるため軍勢の移動などにははるかに便利であり、南関東から下野、さらには奥州へ向かう大動脈として機能した。(12) 鎌倉街道三道を眺めてみると、上道の軍用道路としての意義は、他と比べて圧倒的に大きかったといえよう。(13)

また鎌倉街道上道は、源頼朝が手厚く保護した信濃善光寺への参詣道でもあり、鎌倉時代には善光寺阿弥陀三尊仏信仰の高揚のなかで、多くの人々が上道を通って善光寺に向かった。正安三年（一三〇一）成立の明空撰『宴曲抄』に収められた「善光寺修行」には、例えば「小山田の里にきにけらし、過こし方をへだつれば、霞の関と今ぞしる、おもひきや我につれなき人をこひ、かく程袖をぬらすべしとは、久米河の逢瀬をたどる苦しさ」(14)（傍点筆者、以下同じ）とあり、小山田・霞の関（関戸）・恋が窪・久米河というように、鎌倉から善光寺にいたる上道の地名が歌いこまれており、峰岸純夫氏によって図3のように当時のルートが詳細に復元されている。(15) このような道案内の役割をもつ宴曲が作られていることも、善光寺参詣の流行と鎌倉街道上道の賑わいぶりを想像させるものであろう。

ところで、上道の場合は、こうしてルートがある程度詳しく知られるとともに、「鎌倉街道」伝承が現地にのこさ

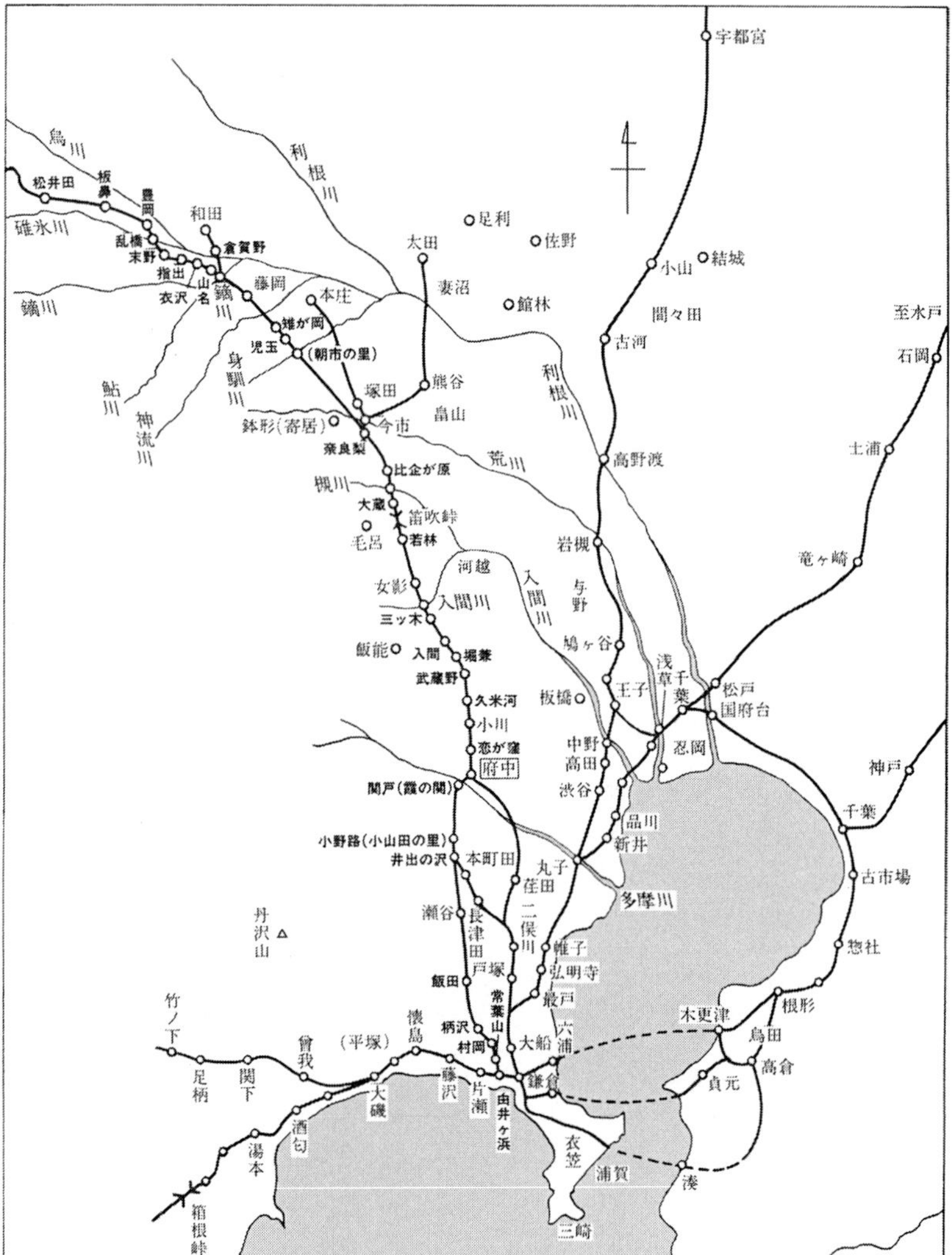

図3　鎌倉街道図

(出典：峰岸純夫『中世東国の荘園公領と宗教』吉川弘文館，2006年，283頁)

れていることにより、上道と推定される中世の道路遺構が各地で発掘調査され、その考古学的研究が大きく進んでいる。例えば、東京都府中市内においては、二〇〇九年時点で上道想定路線上や隣接する一五の地点で道路跡が確認されており、美好町二丁目の八五一次調査区では、両側に側溝をもつ幅九メートルの道路跡が検出された（側溝を設けていない地点もある）[16]。また、「鎌倉街道」の伝承をのこす埼玉県毛呂山町川角字市場では、側溝をもつ幅三～四メートルの道路遺構が発掘され、同町川角の堂山下遺跡からも、側溝を有する幅四メートルの道路遺構が検出されている。この堂山下遺跡では、道路遺構に規制されるかたちで、溝で区画された一四世紀前半～一六世紀初頭の集落跡も見つかっており、鎌倉街道上道の越辺川南岸の渡河点に位置した苦林宿跡に比定されている[17]。上道を対象とするこうした考古学的研究の進展は、中世の大道や宿の実態だけでなく、鎌倉幕府権力による地域編成などを検討するうえでも重要になってくると思われる。

なお、芳賀善次郎氏の労作『旧鎌倉街道　探索の旅　上道編』[18]を手に、実際に上道のルートを歩いてみると、まず最初に感じることは、そこで説明されている上道沿道の景観と、現在の状況があまりにも大きく異なっていることであろう。芳賀氏は、一九七八年に同書を刊行された時点で、すでに上道周辺にも開発の波が押し寄せ、歴史的景観が失われていることに危機感を表明されているが、そのような都市化の動きはさらに加速し、のどかな田園地帯の風景を激変させていることが実感されるのである。

ただ現在でも、毛呂山町の川角・大類境周辺や東京都国分寺市にある武蔵国分尼寺跡北側などでは、往時の鎌倉街道を偲ばせる景観がよくのこされており、また上道沿道では、毛呂山町の高さ二九五センチに及ぶ延慶三年（一三一〇）銘の大型板碑や、東京都東村山市の徳蔵寺に保管されている有名な元弘三年（一三三三）銘の板碑など、上道や宿・寺院に関連する金石文史料も数多く現地に保存されている。中世関東の大動脈として機能した鎌倉街道上道は、こうしていまも貴重な歴史的景観や文化財を伝えており、それらを保存し、「歩いて歴史を学べる場」として活用していくことが求められていると思う。

第二節　鎌倉街道上道の歴史的前提

では、右に見てきたような鎌倉街道上道は、どのように成立・発展してきたのであろうか。上道の成立の問題を検討するうえで、まず重要な論点となるのは、古代の東山道武蔵路と上道との関係である。

東山道武蔵路とは、宝亀二年（七七一）に武蔵国が東山道から東海道に所属替えになる以前に存在した駅路のことで、上野国新田駅から五つの駅家を経て武蔵国府にいたり、また同じ道を引き返して下野国足利駅に達していた。このルートは、東山道武蔵路が公式に廃止されたのちも重要な交通路として存在していたと考えられ、武蔵府中から所沢（武蔵野）付近までは、鎌倉街道上道もこの東山道武蔵路に沿った道筋を走っており、その機能を引き継いだものと推定されている(19)。

しかし、所沢以北になると、古代の東山道武蔵路がほぼまっすぐに北上して、河越・熊谷を通過して上野国新田に向かうのに対して、鎌倉街道上道は北西に進路を変えて、笛吹峠・大蔵・児玉を経て上野国藤岡に向かうことになる（図3参照）。したがって、上道の成立を解くためには、こうした東山道武蔵路とは異なるルートがあえて整備されたことの歴史的意味を検討しなければならないであろう。

そこで注目されるのは、武蔵国で最大勢力を誇った秩父氏の家督である河越重頼が、源義経の縁者であったために、鎌倉幕府は河越氏の本拠地を通る東山道武蔵路を踏襲せず、あえて東山道とは違うところに上道を整備したとされる落合義明氏の見解である[20]。この見解にしたがうならば、鎌倉街道上道は、都での源義経の挙兵が露顕し、娘を義経の妻としていた河越重頼が失脚することとなる文治元年（一一八五）十一月以降になって[21]、幕府によって政治的に設定されたことになる。

鎌倉幕府が幕府成立以前から存在する複数の大道のうち、どのルートを基幹大道として選択し、整備したのかという問題であれば、この見解は確かに正しいといえよう。しかし、上道がいつ大道として成立したのかという問題であれば、本書はすでに院政期において成立していたと考えている。後述するように、十二世紀半ばには、秩父氏の家督であった秩父重隆（河越重頼の祖父）が、武蔵国比企郡の大蔵に居館を構えていたことが確認されるとともに、当時の秩父氏が、武蔵国児玉郡や上野国多胡郡に勢力をもつ児玉党や、あるいは相模国の三浦氏と、婚姻関係などを通じて緊密なネットワークを結んでいたことが知られるからである。このネットワークを地図上に落としてみれば、上道のルートとほぼ重なることは一目瞭然であろう。院政期の秩父氏を中心とするこうした東国武士団のネットワークが、上道を中世関東の主要大道に成長させる歴史的前提になっていたと思われる。

ちなみに、大蔵館跡の北、都幾川を隔てた対岸には、同じ秩父平氏の一族で、のちに秩父氏の家督となった畠山重忠の居館菅谷館跡がのこされている。これらの遺構は、後世に拡張整備がなされていて、必ずしも当時の形態を伝えているわけではないが、院政期から鎌倉時代初期にかけての秩父氏の重要拠点が、上道沿道の比企郡大蔵・菅谷周辺（現在の埼玉県嵐山町南部）に置かれていたことは確実である。この大蔵・菅谷地域に、秩父郡秩父牧の別当であった秩父氏が進出したのは、十二世紀前半の秩父重綱の代にまでさかのぼる。菅谷館跡の北西に位置する平沢寺の長者塚からは、久安四年（一一四八）二月二十九日に「当国大主散位平朝臣茲縄」らが埋納した経筒が出土しており[22]、秩父重綱（茲縄）がこの地域を勢力下に収めていたことが判明するのである[23]。

『吾妻鏡』には、秩父重綱は「秩父出羽権守」「秩父権守」と呼ばれ、武蔵国留守所惣検校職に任じられていたと記されている(24)。この武蔵国留守所惣検校職とは、重綱以降、代々の秩父氏家督が相伝したとされる職で、武蔵国留守所を監督して、国内武士を動員・統率する権限を有した地位と理解されている(25)。そうだとすると、秩父重綱や子息重隆は、居館のある大蔵・菅谷地域から武蔵国衙の所在する武蔵府中まで、頻繁に上道を往来していたに相違ない。また、彼らが武蔵国衙を統轄する役割を担っていたと考えるならば、東山道武蔵路のルートとは異なる上道の整備事業が、武蔵国衙によってすでに十二世紀前半の段階から始められていたと考えることも可能であろう。

十二世紀における秩父氏一族の動向については、従来、荒川・入間川などに沿って展開し、河越氏・畠山氏・江戸氏・豊島氏・葛西氏などを成立させたことが注目されてきたが、陸路ではこの上道に沿って、大蔵・菅谷地域の北方に畠山（埼玉県深谷市）、南方に葛貫（埼玉県毛呂山町）・小山田（東京都町田市）などの拠点が築かれている。院政期の上道がどの程度整備されたものであったのかは不明であるが、いずれにせよ、のちの鎌倉幕府による上道の整備は、このような秩父氏が創出した交通体系を前提とするものだったのである(26)。

第三節　大蔵合戦と武士団ネットワーク

久寿二年（一一五五）八月十六日に起こった有名な大蔵合戦は、前節で述べたような秩父氏を中心とする東国武士団のネットワークが、院政期政治史の動向を大きく左右した事件であった。大蔵合戦とは、源義朝と三浦義明の娘との間に生まれ、相模国鎌倉に居住していた源義平（頼朝の異母兄、通称「鎌倉悪源太」）が、武蔵国大蔵館において叔父の前帯刀先生源義賢と秩父重隆を攻め滅ぼした事件である(27)。

この事件の性格を探るため、まず図4「秩父・児玉両氏関係系図」に基づいて、秩父氏と児玉党（有道氏）の関係について確認しておきたい。[28]図4を見ると、秩父武綱の娘は児玉経行の妻となり、経行の娘が秩父重綱の妻となって、二代続けて婚姻関係が結ばれるとともに、経行の子息行重・行高兄弟が重綱の養子となっており、[29]十二世紀前半に両氏が緊密に結びついていることが知られよう。なお、秩父氏と関係を深めた児玉経行について、本書第I部第二章で検討した「小野系図」には、源義家の命を受けて、経行が兄弘行の代官として上野国多胡四郎別当高経を討ち取ったと記している。[30]児玉弘行・経行兄弟は、鎌倉時代末期に作成された「小代伊重置文」でも源義家の家人として活躍したことが述べられており、[31]しかも、兄の弘行の系統が児玉党の嫡流として武蔵国北部を中心に勢力を張ったのに対して、弟の経行の系統は上野国南部の多胡郡を中心に盤踞していたことが指摘されていることを踏まえれば、[32]「小野系図」の記載は、ある程度史実を反映したものと理解することができよう。

一方、再び図4に注目すると、児玉経行の娘で、秩父重綱の妻となった女性が、永治元年（一一四一）に三浦義明の娘を母に生まれた源義平の乳母となって鎌倉に出仕し、「乳母御前」と呼ばれていたことがわかる。[33]この事実は、十二世紀前半に児玉党や秩父氏が相模国の三浦氏とも連繫していたことを示していよう。大蔵合戦において、源義平方に畠山重能や児玉党の武士が加っているのも、[34]こうした関係に基づいていたと考えられる。

さて、大蔵合戦の経緯を興味深く伝えるのは、延慶本『平家物語』の次の記事である。[35]

彼義賢、去仁平三年夏比ヨリ、上野国多胡郡ニ居住シタリケルガ、秩父次郎大夫重隆ガ養君ニナリテ、武蔵国比企郡へ通ケルホドニ、当国ニモ不⌋限、隣国マデモ随ケリ。カクテ年月ヲフルホドニ、久寿二年八月十六日、故左馬頭義朝ガ一男、悪源太義平ガ為ニ、大蔵ノ館ニテ、義賢・重隆共ニ被⌋討ニケリ。

すなわち、それまで都で活動を行っていた源義賢が、仁平三年（一一五三）夏に上野国多胡郡に下向し、そののちに秩父重隆の養子となって武蔵国比企郡に進出して北関東で勢力を拡大したため、義朝の長男で相模国鎌倉にあった悪源太義平が、大蔵館を襲撃して義賢・重隆を討ち滅ぼしたという。

この源義賢は、兄の源義朝が父為義に廃嫡されたあと、一時期、河内源氏の嫡流と目された人物で、保延五年（一一三九）には春宮帯刀先生に任官したが、翌年殺人犯に同心した罪で解官された(36)。やがて父為義の意向にしたがって弟頼賢に嫡男の座を譲り、下野守に任じられた義朝の勢力に対抗するために関東に下向した(37)。その義賢が最初に入部したのが上野国多胡郡であり、その後、秩父重隆の養子となって武蔵国比企郡大蔵に進出したとする延慶本『平家物

図4　秩父・児玉両氏関係系図（……は養子を示す）

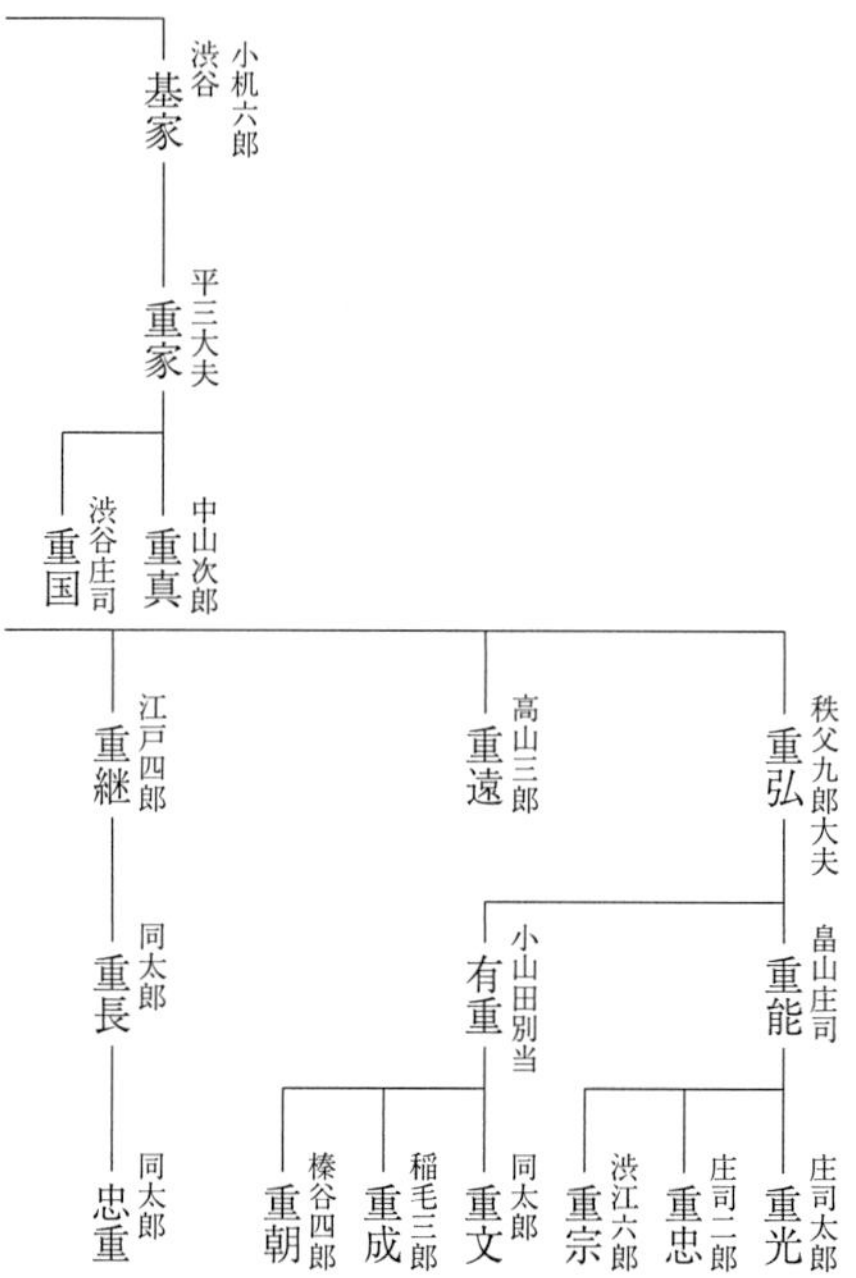

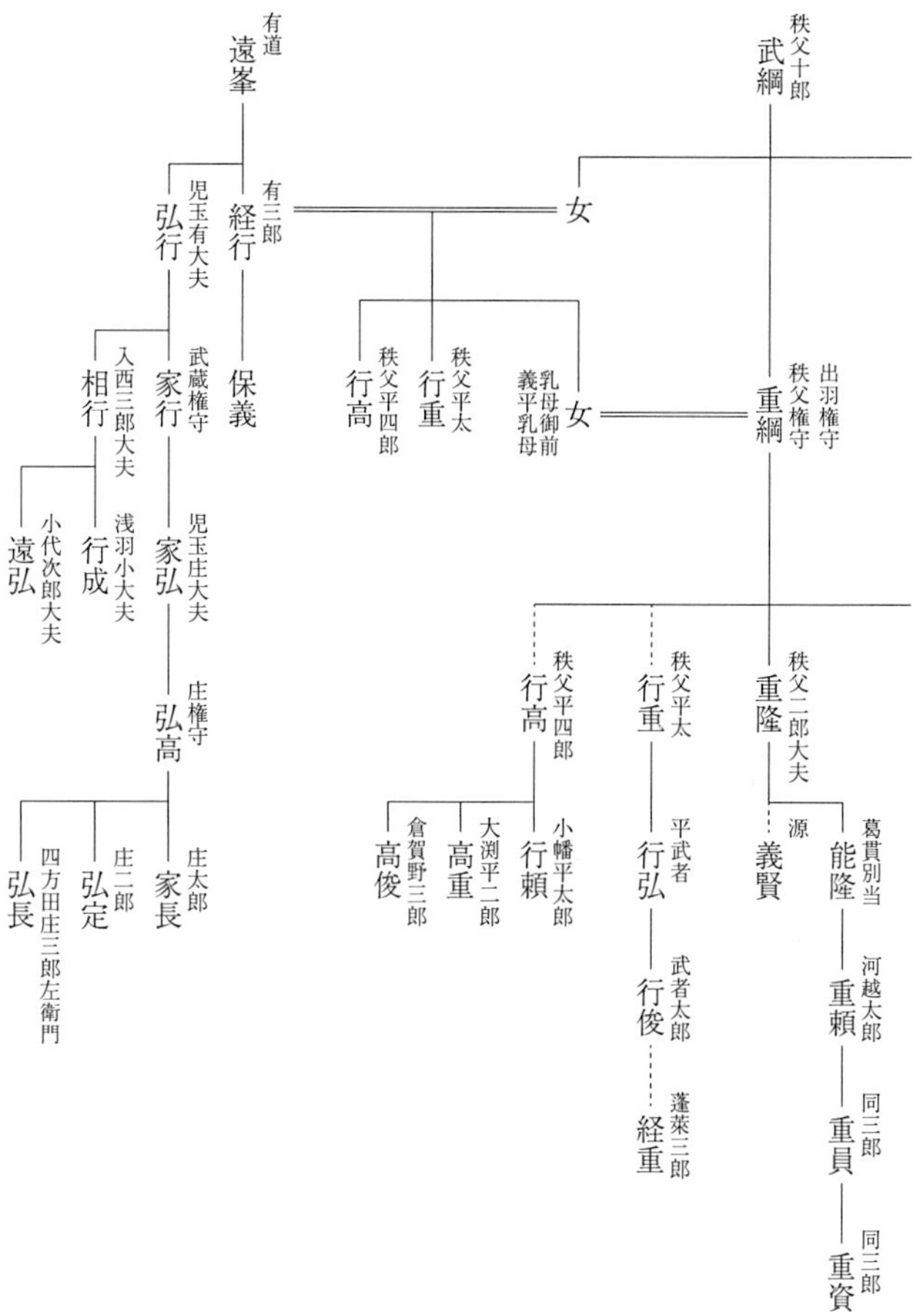

注　峰岸純夫「鎌倉悪源太と大蔵合戦」（『河越氏の研究　関東武士研究叢書4』名著出版、二〇〇三年）四七頁の図をもとに、清水亮「在地領主としての東国豪族的武士団」（『シリーズ・中世関東武士の研究　第7巻　畠山重忠』戎光祥出版、二〇一二年）一七六頁の図に基づいて、一部修正を加えた。

語』の記事は、注目に値しよう。なぜなら、義賢が上野国多胡郡に下ったのは、かつて義家家人として活動した児玉党の勢力を頼ったものと理解され、さらに児玉党と秩父氏の親密な関係に基づいて、自らも重隆の養子となって武蔵国大蔵に進出したと考えられるからである。従来の研究は、なぜ源義賢が上野国多胡郡に下向し、そこから武蔵国大蔵に進出したのかを、十分に説明してこなかったが、実は児玉党と秩父氏のネットワークに依存するかたちで、義賢は北関東で勢力を伸張したのである(38)。

一方、父の源義朝が上洛して以降も、相模国鎌倉にのこって活動していた十五歳の源義平は、大蔵館から東南約八キロの武蔵国入西郡の「小代ノ岡ノ屋敷」(埼玉県東松山市正代)に軍勢を結集させて、大蔵館を襲撃し義賢と秩父重隆を攻め滅ぼすことになる。この「小代ノ岡ノ屋敷」は、児玉弘行ゆかりの児玉党の拠点の一つであった(39)。また、先にも触れたように、『源平盛衰記』には義平の軍勢に三浦氏の婿となっていた畠山重能が参加していたことが記されており(40)、さらに、延慶本『平家物語』には、いつの合戦かは明記されていないものの、娘を義平の妻としていた上野国の新田義重が、下野国の足利忠綱(藤姓足利氏)とともに利根川を渡って秩父氏を攻めたという記載が見られ(41)、これも大蔵合戦のことを指していると思われる(42)。とすれば、義平の側も、三浦氏・秩父氏・児玉党・新田氏らのネットワークに依拠しながら、相模・武蔵・上野・下野など広範囲にわたる武士団を結集させたことになる。

大蔵合戦は、このように河内源氏内部の対立が、東国武士団のネットワークと結びついて起こった軍事衝突であり、関東の一地域で起こった河内源氏内部の小競り合いという性質のものでなかったことは明らかである。対立する義賢(為義)と義平(義朝)の双方が依拠した秩父氏・児玉党を核とする東国武士団のネットワークが、各武士団の枠を超えて横断的に分裂し、大蔵合戦にいたったと理解できよう。

結果は、大蔵館を襲撃した源義平の勝利に終わり、上野国多胡荘において誕生したと推測される当時二歳の義賢の遺児は、乳母夫中原兼遠によって助け逃され、兼遠の本拠である信濃国木曾谷で養育された[43]。この幼児こそのちの木曾義仲であるが[44]、兼遠の子息樋口兼光が児玉党の婿になるなど、児玉党と中原氏が親密な関係にあったことを想起すれば[45]、幼い義仲もまた父義賢が頼みとした児玉党・中原氏のネットワークのなかで保護されたのである。

大蔵合戦の結果、秩父氏・児玉党を中心とするネットワークは、三浦氏のもとで鎌倉を拠点に活動する義平の勢力が押さえることになった。翌保元元年（一一五六）七月の保元の乱において、義平の父義朝は後白河天皇方として勝利に貢献し、「京武者」として平清盛に次ぐ地位を獲得する一方、崇徳上皇・藤原頼長方についた河内源氏嫡流の源為義・頼賢父子は処刑された。しかし、わずか三年後の平治元年（一一五九）十二月の平治の乱では、その義朝も二条親政派と結んだ平清盛の軍勢に敗れて滅亡し、子息義平も処刑された。大蔵合戦で勢力を争った河内源氏の両陣営は、こうしてともに消滅する結果となったのである。

しかし、十二世紀半ばの関東における河内源氏の動向と東国武士団のネットワークは、二十余年後に伊豆国で挙兵した源頼朝が、その軍事権力の本拠地を自分にとって未知の土地である相模国鎌倉にすえる歴史的前提として、きわめて重要な意味をもつことになるのである。

第四節　平治の乱後の秩父氏のネットワーク

さて、平治の乱後は、かつての義朝配下の武士団も積極的に平氏権力と結ぶようになり、平氏による東国武士団の組織化が進んだ[46]。特に武蔵国においては、平治の乱直後の永暦元年（一一六〇）に平知盛（清盛子息）が武蔵守に補任されて以降、知盛・知重（平頼盛子息）・知度（清盛子息）と平氏一門による知行が長期にわたって続いたことが知られる[47]。もちろん、平氏知行国だからといって、国内武士の大半が平氏家人に編成されたかのように理解することは大きな誤りであり、むしろ逆の方向性もありえたことが指摘されているが[48]、在京する知行国主のもとに、任国から上京した「国兵士」が勤仕していたことは確かであり[49]、『吾妻鏡』に記されている熊谷直実のように、在京して平知盛に仕えた武蔵武士も実際に存在したと思われる[50]。

そのように在京して平氏一門に仕えた武蔵武士のなかで、同時代の人々にも注目されていたのが、慈円の『愚管抄』に「平家世ヲ知テ久クナリケレバ、東国ニモ郎等多カリケル中ニ、畠山荘司、小山田別当ト云者兄弟ニテアリケリ。コレラハソノ時京ニアリケレバ」と記されている秩父氏一族の畠山重能・小山田有重の兄弟である[51]。彼らは、覚一本『平家物語』に「去治承四年七月、大番のために上洛したりける畠山庄司重能・小山田別当有重・宇津宮左衛門朝綱、寿永までめしこめられたりしが」とあることから[52]、治承四年（一一八〇）七月に大番役のために上洛し、たまたま留守中の同年八月に関東で頼朝が挙兵したと理解されることが多かったが、先の『愚管抄』を見れば、おそらく二人は長期にわたって在京し、東国出身の平氏家人として都で知られる存在になっていたと考えられよう。延慶本『平家物語』が、彼らの平氏軍離脱の場面において「廿余年ノ好ミナレバ」と述べていることも[53]、右の推定を裏づけていると思われる。ちなみに、『平家物語』で畠山重能・小山田有重と並んで名前があがっている下野国の宇都宮朝綱も、鳥羽院武者所・後白河院北面に祗候して[54]、治承四年一月には左衛門権少尉に任じられており[55]、大番役を務める以前から在京していたことは明らかである。むしろ平氏が整備した内裏大番役そのものが、在京武士を中心に編成したものであった可能性が高いのである[56]。

ところで、前節において述べた通り、久寿二年（一一五五）八月に勃発した大蔵合戦では、畠山重能は相模国三浦氏との婚姻関係に基づいて源義平の軍勢に参加していたと考えられ、源義朝・義平が滅んだ平治の乱後になって積極的に平氏に接近したものと思われる。それでは、平治の乱後、秩父平氏と三浦氏のネットワークはどのように変化していたのであろうか。

その問題を考えるうえで参考となるのは、畠山重能の子息重忠の出生に関する清水亮氏の新見解である。[57] 従来、畠山重忠の母については三浦義明の娘あるいは孫娘と考えられており、[58] 重忠の誕生年が長寛二年（一一六四）であることから、秩父氏一族と三浦氏の親密な関係は、平治の乱後においても維持されていたと理解されてきた。しかし、熊本県立図書館蔵『肥後古記集覧』に収められた「小代系図」には、秩父系児玉氏（平児玉氏）の行重の系統の蓬莱三郎経重（図4参照）について、「母江戸四郎平重継女也、経重者畠山庄司次郎重忠一腹舎兄也」と記されており、[59] 畠山重忠の母が実は江戸重継の娘であり、児玉経重と同母兄弟であったことが判明するのである。

この記事にはじめて注目された清水亮氏は、畠山重能は三浦義明の娘（もしくは孫娘）と結婚したものの、その間に子ができなかったため、平治の乱後に秩父氏一族の江戸重継の娘を妻に迎え、その間に生まれた重忠を畠山氏の嫡子とし、経重を秩父系児玉氏の養子に出したと理解された。そして、重能は河内源氏義朝流と縁が深い三浦義明との連合を希釈化させ、畠山氏・江戸氏・秩父系児玉氏の連合関係を構築して、「平氏政権下で復活した」秩父氏家督の河越氏に対抗していったと評価されたのである。[60] 清水氏の見解は、「平氏政権」の武蔵国への影響力を過大に評価してきた従来の研究史を前提としており、平治の乱後二十年を経た治承三年（一一七九）十一月のクーデタの時点で「平氏政権」の成立を見る平氏権力研究の到達点を踏まえていないが、[61] 平治の乱後において畠山重能が三浦氏と距離を置き、同じ秩父氏一族の江戸氏や秩父系児玉氏との関係を強化したとする点は、平治の乱後の関東を考えるうえで重要な指摘であろう。

そして、このような秩父氏と三浦氏の関係の変化が、やがて治承四年（一一八〇）八月の源頼朝挙兵時における東国武士団の動向に大きな影響を与えることになるのである。

第五節　源頼朝の挙兵と秩父氏の動向

治承四年（一一八〇）八月十七日、源頼朝は伊豆国において挙兵したが、同二十三・二十四日の石橋山合戦において大庭景親・伊東祐親の軍勢に大敗した。頼朝の挙兵に呼応した相模国の三浦氏は、三浦を出て丸子河（酒匂川）東岸までいたったものの、二十四日に頼朝軍大敗の報を聞いて急ぎ三浦に引き返したが、その途中の鎌倉由比ヶ浜において畠山重忠の軍勢と戦闘になり、これを退けている(62)。そして二日後の二十六日には、秩父氏家督の河越重頼をはじめ江戸重長・畠山重忠などの秩父氏一族や、金子氏・村山氏などの武蔵武士団が、一斉に三浦氏の本拠である衣笠城を攻撃した。『吾妻鏡』は、畠山重忠が秩父氏家督の河越重頼に、国内軍勢を動員するよう要請したと伝えており(63)、秩父氏家督が相伝する武蔵国留守所惣検校職の軍事的機能がうかがえる。この衣笠城合戦で八十九歳になる三浦義明が討死し、三浦義澄らは城を出て海路安房国に逃走した(64)。前節で検討したように、畠山重忠は、重能と江戸重継の娘との間に生まれた子として、三浦氏とは縁をもっておらず、この段階において秩父氏と三浦氏との関係が基本的に断たれていたからこそ、両者の激しい軍事衝突が展開したと理解できよう。

石橋山合戦で敗走した頼朝は安房国に渡り、九月三日には、下野国の小山朝政、下総国の下河辺行平、武蔵国の豊島清元、下総国の葛西清重らに頼朝軍への参加を呼びかけている。そのことを伝える『吾妻鏡』治承四年九月三日条は、葛西清重について特に「就レ中、清重《（葛西）》於二源家一抽二忠節一者也、而其居所在二江戸河越等中間一、進退定難治歟、早経二海路一、可二参会一之旨、有二慇懃之仰一云々」と記している。葛西清重を源家に忠節を尽くす者ととらえ、平氏方

（官兵方）として敵対している河越氏と江戸氏の勢力圏に挟まれている清重に対し、海路を用いて早く頼朝のもとに参会するよう命じている。この記事を見ると、秩父氏庶流の葛西清重がいかに頼朝から厚い信頼を寄せられ、一族のなかで特異な存在であったのかがよくわかるであろう。挙兵前の頼朝と清重との接点は現在のところ不明であるが、谷口榮氏が推測されたように、三浦義澄や千葉胤頼らと同様に、[65]清重が京と下総の本拠を往来する途中で、伊豆の頼朝の配所に立ち寄るなどして、[66]挙兵に参加するという事前の密約が頼朝と清重の間で結ばれていたものと思われる。

その後、頼朝の反乱軍は、下総国の千葉常胤や上総国の上総広常などを味方につけ、軍事的に成長していくことになるが、『吾妻鏡』治承四年九月九日条によれば、当時安房国にあった頼朝に対して、千葉常胤が「当時御居所非二指要害地一、又非二御曩跡一、速可下令レ出二相模国鎌倉一給上」と相模国鎌倉への入部を勧めたという。この千葉常胤の提案は、鎌倉が要害の地であるとともに河内源氏ゆかりの地であるという理由から、頼朝の権力の本拠地として鎌倉という土地を推薦しただけでなく、これ以後の頼朝軍の軍事行動や頼朝の権力の質を左右する特別な意味をもっていたことに注意すべきであろう。

というのも、第二節で述べたように、相模国鎌倉は、院政期において武蔵国の秩父氏一族の所領や児玉党の拠点と大道（のちの「鎌倉街道上道」）によって結ばれており、頼朝が鎌倉に入り、その地で権力を維持するためには、すでに三浦氏を攻撃して敵対関係にあった秩父氏一族をはじめとする武蔵武士団と和平して、彼らを自己の権力のもとに組織化することがどうしても必要であったからである。頼朝の鎌倉入りは、秩父氏らとの協調関係を不可欠とするものであり、それを進言した下総国の千葉常胤が、秩父重弘の娘（畠山重能の姉妹）を妻としていたことも、決して偶然ではないと思われる。[67]

それでは、頼朝は敵対していた秩父氏をどのように取り込んだのであろうか。『吾妻鏡』によると、房総を制圧して武蔵国に入る準備を始めた頼朝は、九月二十八日に江戸重長に使者を送り、石橋山合戦で敵対したことを不問に付すとともに、「重能・有重、折節在京、於二武蔵国一、当時汝已為二棟梁一」とまで述べて、参向を促している(68)。畠山重能・小山田有重が在京しているいまは、江戸重長こそ武蔵国における「棟梁」であるとして、臣従を求めているのである。この武蔵国の「棟梁」とは、武蔵国内の武士の統率権や留守所惣検校職をもつ秩父氏家督にほかならない。頼朝は、この段階の秩父氏家督であった河越重頼を無視し、あえて江戸重長を秩父氏家督と認めることによって、秩父氏内部の競合関係を煽り、切り崩しをはかろうとしたのである(69)。

それでも江戸重長が頼朝のもとに馳せ参じる意思を示さなかったため、頼朝は翌二十九日に秩父氏一族のなかで唯一気脈を通じていた葛西清重に、大井川の要害に重長を呼び出して誅殺することを命じた(70)。しかし、葛西清重はこの命にしたがおうとはせず、江戸重長や秩父氏の面々に、頼朝軍と和平するように説得を行ったと推測される。『沙石集』には、頼朝が江戸重長の所領を没収して葛西清重に与えるといったところ、清重が親しい者の所領を受け取るわけにはいかないと、断固としてそれを断ったというエピソードが記されており(71)、おそらくこの時の清重の行動について伝えたものと思われる。

結局、清重の説得が功を奏し、十月二日には、清重の説得を受け入れた江戸重長が隅田川東岸の頼朝のもとに参向し、隅田川に浮橋を組んで無事に頼朝軍を武蔵国に迎え入れたと伝えられている(72)。武蔵国に入国すると、在京する畠山重能・小山田有重らを除いて、河越重頼や畠山重忠などのほかの秩父氏一族も頼朝のもとに馳せ参じ、中小の武蔵武士団もこれにしたがった。十月五日、頼朝は武蔵国府において、約束通り江戸重長を秩父氏家督と認め、在庁官人・郡司を指揮して「武蔵国諸雑事等」を沙汰する権限を与えている(73)。

なお、このような頼朝軍と秩父氏との和平をめぐって、最も複雑な立場に立たされたのは、直接彼らと戦闘を交え、三浦義明を殺された三浦氏である。『吾妻鏡』治承四年十月四日条には、「重長等者、雖レ奉レ射二源家一、不レ被レ抽二賞有勢之輩一者、縡難レ成歟、存二忠直一者更不レ可レ貽レ憤之旨、兼以被レ仰二含于三浦一党一」とあり、頼朝が江戸重長ら「有勢之輩」である秩父氏と和平するにあたり、恨みをのこさぬように三浦氏一族を説得し、三浦氏が承諾する場面が描かれている。ここに三浦氏と秩父氏との対立は、頼朝によって抑え込まれることとなり、両氏の関係修復を前提に、頼朝軍は武蔵国を経て十月七日に相模国鎌倉に入った。もちろん三浦氏の秩父氏に対する敵対感情は完全に消えたわけではなく、やがて頼朝死後の元久二年（一二〇五）に起こった畠山重忠追討事件などで露呈することになるが[74]、両氏の関係が一時的にでも修復された意義は大きい。この和平があったからこそ、彼らの協調関係に依拠するかたちで相模・武蔵・上野武士団に権力基盤をもつ「鎌倉」幕府権力が形成されたからである。

頼朝が鎌倉に入ってから六日後の治承四年十月十三日、興味深いことに、信濃国で挙兵した木曾義仲が父源義賢の遺跡である上野国多胡荘に入部している[75]。まさに、義平と義賢の大蔵合戦の再現となる形勢となったが、頼朝の関東武士団の組織化が先行していたために、義仲は十二月二十四日に信濃国に撤退した[76]。頼朝が葛西清重を通じて秩父氏一族を素早く御家人に取り込み、上道沿道の軍事的ネットワークを再構築した効果が早速あらわれたのである。

第六節　源頼朝による鎌倉街道上道の整備

文治五年（一一八九）の奥州合戦によって、治承・寿永の内乱がようやく終息すると、頼朝は、二度にわたる上洛のほか、走湯山・箱根山・三島社を巡拝する二所詣や狩猟などをたびたび実施し、御家人を引き連れて近隣諸国をめぐった。そのなかで本章が注目したいのは、建久四年（一一九三）に行われた武蔵国入間野・信濃国三原・下野国那須野における狩猟である。『吾妻鏡』によると、頼朝は多くの御家人をしたがえて三月二十一日に鎌倉を出発し、二十五日に武蔵国入間野で追鳥狩を行い、四月二日には下野国那須野に到着、二十三日まで滞在して狩猟などを実施したのち、上野国の新田義重の新田館から「直に」鎌倉への帰途につき、[77]四月二十八日に帰着している。『吾妻鏡』は、信濃国三原への行程を記していないが、入間野・三原・那須野の順で狩猟を行ったと考えて誤りはないであろう。とすれば、頼朝の行列は、鎌倉街道上道を通って信濃国三原まで赴き、鎌倉街道上道下野線を通って下野国那須野から帰ったことになる。

鎌倉時代末期に東国において成立した真名本『曾我物語』は、頼朝が鎌倉街道上道を北上していく状況を次のように記している。[78]

①鎌倉殿は諸国の侍共を召し具して、辰の初になりければ、建久四年癸丑四月《(ママ)》下旬に鎌倉中を出でさせ給ひて、（中略）武蔵の国関戸の宿に着かせ給ふ。（中略）その夜は本間・渋谷・三浦・横山・松田・河村・渋美・早河・稲毛・榛谷・江戸・洲崎の人々用心禁しくして君を守護し奉れば、少しの隙こそなかりけれ。

②その夜は入間河の宿にて竟夜〓へども、仙波・河越・金子・村山の人々用心禁しくして君を守護し奉れば、少しの隙こそなかりけれ。

③次の日は大倉が宿に着かせ給ひて、ここにて〓へども、畠山仰せを承りて夜廻りして間もなかりける上に、平山・猪俣・本田・吉見・足立・柄子・野本の人々用心禁しくして君を守護し奉れば、少しの隙こそなかりけれ。

④次の日は、児玉の宿に着かせ給ふ。伴沢を始めとして、丹・児玉・久下・村岡・熊谷・中条・豊島・笠井《(葛西)》の人々用心禁しくして君を守護し奉れば、少しの隙こそなかりけれ。

⑤上野の国へ入らせ給へば、山名・板鼻・松井田の宿にて〓へども、その夜は竟夜山名・里見・高山・小林・多

胡・小幡・丹生・高田・瀬下・黒河の人々用心禁しくして君を守護し奉れば、少しの隙こそなかりけれ。
⑥信濃と上野との境なる碓井山を打越えて沓懸の宿にも着き給へば、その夜は竟夜躵へども、大井・伴野・志賀・平賀・置田・内村の人々用心禁しくして君を守護し奉れば、少しの隙こそなかりけれ。

ここには、鎌倉街道上道の宿々で泊まりながら、武蔵・上野・信濃へと進んでいく頼朝を、現地で動員された近隣の在地武士団が順に警固を担っている様子が、興味深く描かれているのである。

もちろん、唱導文芸の『曾我物語』の内容を、そのまま史実と受けとめるわけにはいかないが、すでに山本隆志氏が注目されたように(79)、先に触れた「小代伊重置文」にも、

右大将ノ御料、信濃国三原ノ狩ヲ御覧ノ為メニ御下向〔于時建久四年也〕、武蔵国大蔵ノ宿ニ付給ヒテ、「小代八郎行平ハ参リタルカ」ト御尋ネ有処ニ、梶原平三景時御前ニ候ケルガ、「行平ハ御堂〔興仏寺是也〕造立、明日供養ニテ候間、彼ノ営アルニ依リテ、遅参仕マツリテ候」由ヲ申上ゲタルニ、「其儀ナラバ近隣ノ者ノハ皆ナ、行平ガ御堂供養ニ逢ヒテ後チ参ル可キ」由ヲ、梶原ニ仰セ下ダ被ル、上へ、梶原ノ三郎兵衛尉宗家ヲ御使ニテ、黒キ御馬ヲ給ハル。(中略)御定ノ旨ニ任セテ、御堂供養過ギテ後チ、行平幷ニ御堂供養ニ逢タル人々、上野国山名ノ宿ニ馳セ参ル。

とあり(80)、建久四年に頼朝が信濃国三原に向かう途中、児玉党の小代行平が近隣の御家人とともに大蔵宿に召集され、その着到の確認がなされていたこと、そして行平の御堂供養に参列した御家人たちは、行平とともに上野国山名宿に遅れて参上したことなどが知られるのである。小代氏は、先の真名本『曾我物語』には描かれていないが、実際に頼朝の移動に合わせて、近隣の武士団が現地で召集されていたことが確認されよう。

建久四年の頼朝の狩猟は、こうして各宿を経ながら鎌倉街道上道を通行するものであった以上、上道の主要大道としての整備・開発事業(例えば、すべての地点ではないものの側溝を構築する土木工事や、諸宿の整備など)をともなって、実施

されたに違いない。当時、武蔵国は関東知行国であり（武蔵守は平賀義信）、しかも、菅谷に本拠を構える畠山重忠が秩父氏の家督として武蔵国留守所惣検校職を帯していたことを踏まえると、重忠の監督のもとで、武蔵国衙が中心となって国内上道の整備を進めたと推測されるのではないだろうか。

ただし、建久四年の頼朝の狩猟は、単に鎌倉街道上道の物理的整備を促しただけでなく、上道近隣の御家人が警固のために宿々に動員され、着到が確認されていたことを想起すれば、主従関係を再確認する場としての意義をもっていたことに注意しなければならない。院政期から存在した上道沿道の軍事的ネットワークを、この段階であらためて幕府権力のもとに再編・強化し、上道を軍用道路として整えることが、建久四年に大規模に実施された頼朝の狩猟の政治的意図であったと思われる。[81]

四年後の建久八年（一一九七）三月二十三日、頼朝は念願であった信濃善光寺に参詣した。[82]『吾妻鏡』がこの年次を欠いているため、参詣の詳細を知ることはできないが、例えば、上野国碓氷郡の松井田不動寺縁起には、建久八年の善光寺参詣の途中、頼朝が松井田八幡宮に遊覧したことが記されており、[83]頼朝が鎌倉街道上道を再び往復したことは明らかであると思われる。建久年間のこのような頼朝自身の二度にわたる上道通行によって、沿道の武士団はより強固に幕府に結びつけられていったのである。

おわりに——鎌倉幕府権力と武蔵国——

承久三年（一二二一）五月十九日、北条政子は後鳥羽院による北条義時追討宣旨の発給を知って、執権義時に「不㆓上洛㆒者、更難㆑敗㆓官軍㆒歟、相㆓待安保刑部丞実光以下武蔵国勢㆒、速可㆓参洛㆒」と述べたという。[84]ここで名前があげられている安保実光は、武蔵七党の一つ丹党に属し、治承・寿永内乱期から活躍した武士であり、その居館は、上野国境の神流川右岸の賀美郡安保郷に所在し、鎌倉街道上道の武蔵国内の最北端に位置していた。[85] 北条政子は、この安保実光以下の「武蔵国勢」が、上道を南下して鎌倉に到着するのを待って、幕府軍をただちに京に差し向けるべきだと主張したのである。

その二日後、今度は大江広元が評議の場で、「上洛定後、依レ隔レ日、已又異議出来、令レ待二武蔵国軍勢一之条、猶僻案也、於レ累二日時一者、雖二武蔵国衆一、漸廻レ案、定可レ有二変心一也、只今夜中、武州(北条泰時)雖二一身一、被レ揚レ鞭者、東士悉可レ如二雲之従一レ竜」と語り[86]、日時が過ぎれば、たとえ「武蔵国衆」といえども変心が生じる危険性があるとし、北条泰時一人でも鞭をあげて京に馳せ上るべきだと主張した。

この二人の主張を見れば、いかに武蔵国の御家人が鎌倉幕府軍制のなかで特殊な位置を占めていたのかは明瞭であろう。「武蔵国衆」とは、恒常的に軍事力がプールされていない鎌倉に[87]、いざという時に真っ先に馳せ参じるべき鎌倉幕府直轄軍だったのであり、その軍用道路こそ鎌倉街道上道だったのである。

このような武蔵国御家人の幕府直轄軍としての性格は、すでに頼朝の段階から見出すことが可能であるが[88]、承久の乱の段階と頼朝の段階で決定的に異なっているのは、「武蔵国衆」に対する秩父氏家督の影響力の低下であり、武蔵守を相伝するようになる北条氏の権力の伸張である。そして、その転換をもたらしたものが、元久二年(一二〇五)六月のいわゆる「畠山重忠の乱」であったことはいうまでもない。

建仁三年(一二〇三)十月九日、源実朝の将軍家政所吉書始において大江広元とともに政所別当となった北条時政は、京都守護として上洛した娘婿の武蔵守平賀朝雅に代わって、武蔵国務にも関与し始め、十月二十七日には「武蔵国諸家之輩、対二遠州(北条時政)一不レ可レ存二弐之旨、殊被レ仰二含之一、左衛門尉義盛為二奉行一云々」と見えるように[89]、武蔵国御家人に対して、時政に二心を抱かないように特に命じる実朝の通達が、侍所別当和田義盛を奉行として出されている。武蔵国務を直接に掌握しようとするこうした北条時政の姿勢が、秩父氏家督として武蔵国留守所惣検校職に任じられていた畠山重忠との間に軋轢を生み、ついには武蔵国二俣川で畠山重忠を滅亡させることになったのである。(90)

畠山重忠が討たれたのち、秩父氏の家督には河越重頼の子息重員がつき、嘉禄二年（一二二六）四月にいたって重員も武蔵国留守所惣検校職に補任された。(91)しかし、その地位はすでに形骸化しており、武蔵国務の実質は、承久元年（一二一九）十一月の北条泰時の武蔵守任官以降、(92)武蔵守を独占した北条氏によって握られ、やがて武蔵国務は北条氏家督（得宗）の地位と不可分のものとなっていく。(93)

そしてもう一つ重要な点は、畠山重忠の滅亡以降、菅谷・大蔵地域に秩父氏の居館が構えられた形跡はなく、秩父氏家督の本拠地が鎌倉街道上道からはずれた河越に移ったことである。(94)鎌倉街道上道を成立させ、主要大道として発展させるのに中心的役割を果たした秩父氏は、ここにその役割を終え、幕府権力を主導する北条氏が直接に上道を管理・統制する体制に移ったといえよう。中小の党的武士団が多数を占めた上道沿道の武蔵国の御家人は、こうした過程のなかで幕府直轄軍としての性格を強めていったのである。

注

（1）「鉢木」（『日本古典文学大系　謡曲集　下』岩波書店）。
（2）『日本国語大辞典　第二版　第一巻』（小学館、二〇〇〇年）。
（3）元亨元年八月□日「暁尊寄進状案」（金沢文庫文書、『鎌倉遺文』三六—二七八五一）。
（4）岡陽一郎「中世の大道とその周辺」（『中世のみちと物流』山川出版社、一九九九年）。
（5）例えば、亀井千歩子『塩の道・千国街道』（東京新聞出版局、一九八〇年）、市川健夫「日本における馬と牛の文化」（『日本民俗文化大系6　漂泊と定着』小学館、一九八四年）などを参照。

（6）『吾妻鏡』文治五年九月十七日条。
（7）神宮徴古館本『太平記』巻十「小手刺原并久米川合戦　付分倍河原合戦事」。なお、本書では古態本である神宮徴古館本『太平記』からの引用は、長谷川端・加美宏・大森北義・長坂成行編『神宮徴古館本　太平記』（和泉書院）による。
（8）神宮徴古館本『太平記』巻十「鎌倉合戦之事」。
（9）京大本『梅松論』上。なお、本書では古写本である京大本『梅松論』からの引用は、「翻刻・京大本　梅松論」（『国語国文』三三巻八・九号、一九六四年）によるが、適宜、京都大学附属図書館のウェブサイト「貴重資料デジタルアーカイブ」で公開された同書の画像を参照した。
（10）阿部正道「鎌倉街道について」（『人文地理学の諸問題』大明堂、一九六八年）は、『梅松論』に見える「武蔵路」を、『太平記』に見える「上道」と同一と判断し、主要な鎌倉街道として上・中・下の三道が存在したことを指摘している。
（11）拙稿『「鎌倉街道」の政治史的研究』（平成一五～一六年度科学研究費補助金（基盤研究（C）（2））研究成果報告書、二〇〇五年）。
（12）齋藤慎一「鎌倉街道上道と北関東」（『中世東国の道と城館』東京大学出版会、二〇一〇年、初出二〇〇三年）、同「南関東の都市と街道」（前掲『中世東国の道と城館』、初出二〇〇四年）、同『中世を道から読む』（講談社、二〇一〇年）。
（13）鎌倉街道上道をめぐる研究史については、『府中市郷土の森博物館ブックレット12　武蔵府中と鎌倉街道』（府中市郷土の森博物館、二〇〇九年）の「文献一覧」が、自治体の調査報告書や博物館展示図録までも含めて網羅的に整理を行っている。
（14）『宴曲抄』上（『続群書類従　第十九輯下　遊戯部・飲食部』巻五百五十五）。
（15）峰岸純夫「信濃善光寺への道」（『中世東国の荘園公領と宗教』吉川弘文館、二〇〇六年、初出一九九八年）。
（16）府中市郷土の森博物館前掲注（13）著書参照。
（17）宮瀧交二「中世「鎌倉街道」の村と職人」（『中世の風景を読む2　都市鎌倉と坂東の海に暮らす』新人物往来社、一九九四年）、同「北武蔵地域における中世道路研究の現状と課題」（『中世のみちと物流』山川出版社、一九九九年）。
（18）芳賀善次郎『旧鎌倉街道　探索の旅　上道編』（さきたま出版会、一九七八年）。
（19）古代の東山道武蔵路と鎌倉街道上道の関係については、木下良「上野・下野両国と武蔵国における古代東山道駅伝路の再検討」（『栃木史学』四号、一九九〇年）、木本雅康「宝亀二年以前の東山道武蔵路」（『古代官道の歴史地理』同成社、二〇一一年、初出一九九二年）、同「武蔵国中・北部における古代官道と鎌倉街道」（同書、初出二〇〇五年）などを参照。

(20) 落合義明「中世武蔵国における宿の形成」（『中世都市研究14　開発と災害』新人物往来社、二〇〇八年）。

(21) 『吾妻鏡』文治元年十一月十二日条。

(22) 久安四年二月二十九日「埼玉県平沢寺経筒銘」（『平安遺文』金石文編三一三）。なお、『嵐山町博物誌　第五巻　中世編　戦い・祈り・人々の暮らし』（嵐山町、一九九七年）九一頁には、本経筒の実物大写真が掲載されている。

(23) 大蔵・菅谷周辺の秩父氏の勢力圏と平沢寺の関連については、村上伸二「嵐山町平沢寺と周辺遺跡」（『東国武士と中世寺院』高志書院、二〇〇八年）を参照。

(24) 『吾妻鏡』嘉禄二年四月十日・寛喜三年四月二十日条。

(25) 岡田清一「武蔵国留守所惣検校職について」（『鎌倉幕府と東国』続群書類従完成会、二〇〇六年、初出一九七四年）、峰岸純夫「鎌倉悪源太と大蔵合戦」（『河越氏の研究　関東武士研究叢書4』名著出版、二〇〇三年、初出一九八八年）。なお、近年では平安時代末期・鎌倉時代初期における武蔵国留守所惣検校職の実在を疑う見解も出されているが（菊池紳一「武蔵国留守所惣検校職の再検討」『鎌倉遺文研究』二五号、二〇一〇年）、かりに留守所惣検校職なる職名が存在しなかったとしても、秩父重綱を「当国大主」と記す平沢寺経筒銘や、「武蔵国の惣追捕使祖（秩カ）父権守平重綱」と記す『法然上人伝記』巻第三上（九巻伝）（『浄土宗全書第十七巻』山喜房佛書林、一九七一年）の記事を参考にすれば、秩父重綱が武蔵国衙の何らかの所職を帯び、国衙機構と密接な関係を有していたことは誤りないであろう。

(26) 本書は鎌倉街道上道の政治的意義を強調する立場をとるが、秩父氏が創出した交通体系の意義を重視する点で、落合義明前掲注(20)論文や、齋藤慎一「落合報告へのコメント」（前掲『中世都市研究14　開発と災害』）とは意見を異にしている。

(27) 『台記』久寿二年八月二十七日条、『百練抄』久寿二年八月二十九日条、『吾妻鏡』治承四年九月七日条。

(28) 秩父氏と児玉党（有道氏）との関係については、峰岸純夫前掲注(25)論文を参照。

(29) 「党家系図（6）児玉党」（内閣文庫所蔵「諸家系図纂写」、『新編埼玉県史　別編4　年表・系図』埼玉県、一九九一年）、「小代系図」（熊本県立図書館蔵「肥後古記集覧」、前掲『新編埼玉県史　別編4　年表・系図』）。

(30) 「小野系図」（『続群書類従　第七輯上　系図部』巻百六十六、系三一一）。

(31) （年月日未詳）「小代伊重置文写」（「肥後古記集覧」、石井進「武士の置文と系図」『石井進著作集　第五巻　鎌倉武士の実像』岩波書店、二〇〇五年、初出一九八七年)。
(32) 町田有弘「牧別当に関する一考察」(前掲『河越氏の研究　関東武士研究叢書4』、初出一九九三年)。
(33) 峰岸純夫前掲注(25)論文参照。前掲注(29)史料。
(34)『源平盛衰記』巻第二十六「木曾謀叛」、前掲注(31)史料。
(35) 延慶本『平家物語』第三本「木曾義仲成長スル事」。
(36) 上横手雅敬「院政期の源氏」(『御家人制の研究』吉川弘文館、一九八一年)。
(37) この間の政治的経緯については、上横手雅敬前掲注(36)論文、木村茂光「大蔵合戦と秩父一族」(『初期鎌倉政権の政治史』同成社、二〇一一年、初出一九九三年)、元木泰雄「源義朝論」(『古代文化』五四号、二〇〇二年)などを参照。
(38) 峰岸純夫前掲注(25)論文は、秩父重綱の跡職をめぐって、秩父重隆の勢力と重綱の養子となった秩父系児玉氏との間に対立関係が生じ、それが大蔵合戦の要因になったと推定している。しかし、児玉党の一部は秩父重隆・源義賢の支持勢力にもなっていたことに注意したい。
(39) 前掲注(31)史料。
(40) 前掲注(34)史料。
(41) 延慶本『平家物語』第二中「宮南都へ落給事付宇治ニテ合戦事」。
(42) 峰岸純夫前掲注(25)論文。
(43)『吾妻鏡』治承四年九月七日条。
(44) 埼玉県嵐山町の大蔵館跡近隣の鎌形八幡宮には木曾義仲産湯の清水なども伝えられ、大蔵周辺は義仲の生誕地として知られているが、義賢が「多古先生」(『源平盛衰記』巻第二十三「畠山推参」)と呼ばれ、のちに義仲が「亡父遺跡」として上野国多胡荘に入部した事実を踏まえると、義賢の本拠は上野国多胡荘に置かれており、義仲は多胡で誕生した可能性が高いと思われる。
(45)『吾妻鏡』寿永三年二月二日条、延慶本『平家物語』第五本「樋口次郎成降人事」。
(46) 平治の乱後の平氏による東国武士団の編成については、野口実「平氏政権下における坂東武士団」(『坂東武士団の成立と発展』戎光祥出版、二〇一三年、初出一九八二年)参照。
(47)「国司一覧」(『日本史総覧Ⅱ　古代二中世一』新人物往来社、一九八四年)、野口実前掲注(46)論文。

(48)　五味文彦「平氏軍制の諸段階」(『史学雑誌』八八編八号、一九七九年)。
(49)　例えば、『玉葉』安元三年五月二十三日条には、伊豆国知行国主源頼政のもとに伊豆国の「国兵士」が勤仕していたことが記されている。
(50)　『吾妻鏡』建久三年十一月二十五日条。
(51)　『愚管抄』巻五「安徳」。
(52)　覚一本『平家物語』巻第七「聖主臨幸」。
(53)　延慶本『平家物語』第三末「筑後守貞能都へ帰リ登ル事」。
(54)　宇都宮朝綱の在京活動については、野口実「東国武士と中央権力」(『中世東国武士団の研究』高科書店、一九九四年、初出一九八二年)参照。
(55)　『玉葉』治承四年一月二十八日条。
(56)　拙稿「中世武士の移動の諸相」(本書第Ⅰ部第一章、初出二〇〇七年)、拙著『源平の内乱と公武政権』(吉川弘文館、二〇〇九年)。
(57)　清水亮「在地領主としての東国豪族的武士団」(『シリーズ・中世関東武士の研究　第7巻　畠山重忠』戎光祥出版、二〇一二年、初出二〇一〇年)。
(58)　例えば、貫達人『畠山重忠』(吉川弘文館、一九六二年)、野口実「鎌倉武士の心性」(『中世都市鎌倉の実像と境界』高志書院、二〇〇四年)など。
(59)　前掲注(29)史料。
(60)　清水亮前掲注(57)論文。
(61)　石母田正「平氏「政権」について」(『石母田正著作集　第七巻　古代末期政治史論』岩波書店、一九八九年、初出一九五六年)、上横手雅敬「平氏政権の諸段階」(『中世日本の諸相　上巻』吉川弘文館、一九八九年)、田中文英「高倉親政・院政と平氏政権」(『平氏政権の研究』思文閣出版、一九九四年)など。
(62)　『吾妻鏡』治承四年八月二十四日条。
(63)　『吾妻鏡』治承四年八月二十六日条。

(64)『吾妻鏡』治承四年八月二十六・二十七日条。
(65)三浦義澄と千葉胤頼が、京から本国への下向途中に源頼朝の配所に立ち寄ったことは、『吾妻鏡』治承四年六月二十七日条参照。
(66)谷口榮「鎌倉御家人葛西清重の軌跡」(『加藤晋平先生喜寿記念論文集　物質文化史学論聚』北海道出版企画センター、二〇〇九年)。
(67)福田豊彦『千葉常胤』(吉川弘文館、一九七三年)。
(68)『吾妻鏡』治承四年九月二十八日条。
(69)拙稿「武士と戦―葛西清重を中心に―」(『鎌倉幕府と葛西氏』名著出版、二〇〇四年)参照。
(70)『吾妻鏡』治承四年九月二十九日条。
(71)『沙石集』巻第九「芳心アル人ノ事」。なお、本書では『沙石集』は、お茶の水図書館蔵梵舜本を底本とした渡邊綱也校注『日本古典文学大系　沙石集』(岩波書店)を使用する。
(72)延慶本『平家物語』第二末「上総介弘経佐殿ノ許へ参事」。頼朝軍の武蔵入国過程については、今野慶信「治承四年源頼朝の武蔵入国の経過について」(『北区史研究』五号、一九九六年)、谷口榮前掲注(66)論文を参照。
(73)『吾妻鏡』治承四年十月五日条。
(74)野口実「鎌倉武士と報復」(前掲『シリーズ・中世関東武士の研究　第7巻　畠山重忠』、初出二〇〇二年)。
(75)『吾妻鏡』治承四年十月十三日・十二月二十四日条。
(76)『吾妻鏡』治承四年十二月二十四日条。
(77)『吾妻鏡』建久四年四月二十八日条。
(78)真名本『曾我物語』巻第五。なお、本書では真名本『曾我物語』からの引用は、青木晃・池田敬子・北川忠彦他編『東洋文庫　真名本曾我物語1』(平凡社)による。
(79)山本隆志「頼朝権力の遺産」(『西垣晴次先生退官記念　宗教史・地方史論纂』刀水書房、一九九四年)。
(80)前掲注(31)史料。
(81)挙兵当初は臣従しなかった上野国の新田義重の館に、頼朝がわざわざ立ち寄って面会していることも、同様の意義が認められる。山本隆志前掲注(79)論文参照。

(82)　建久八年三月二十三日「源頼朝善光寺参詣随兵日記」（『大日本古文書　相良家文書之一』一）。頼朝が建久八年三月に実際に善光寺参詣を行ったと推定されることについては牛山佳幸「中世武士社会と善光寺信仰」（『鎌倉遺文研究Ⅱ　鎌倉時代の社会と文化』東京堂出版、一九九九年）、高橋慎一朗「鎌倉時代の東国武士と善光寺信仰」（『善光寺の中世』高志書院、二〇一〇年）などを参照。

(83)　山本隆志前掲注（79）論文、拙稿「鎌倉幕府の成立と「鎌倉街道」」（前掲『「鎌倉街道」の政治史的研究』）を参照。

(84)　『吾妻鏡』承久三年五月十九日条。

(85)　安保氏ならびに安保氏館については、伊藤一美『武蔵武士団の一様態』（文献出版、一九八一年）、「安保郷・安保氏館」（『日本歴史地名大系　第一一巻　埼玉県の地名』平凡社、一九九三年）などを参照。

(86)　『吾妻鏡』承久三年五月二十一日条。

(87)　秋山哲雄「都市鎌倉の東国御家人」（『北条氏権力と都市鎌倉』吉川弘文館、二〇〇六年、初出二〇〇五年）、拙稿「鎌倉幕府研究の現状と課題」（本書第Ⅲ部第二章、初出二〇〇六年）。

(88)　拙稿前掲注（87）論文参照。

(89)　『吾妻鏡』建仁三年十月二十七日条。

(90)　貫達人前掲注（58）著書。

(91)　『吾妻鏡』嘉禄二年四月十日・寛喜三年四月二・二十日条。

(92)　『武家年代記』。なお、本書では『武家年代記』は『増補　続史料大成　鎌倉年代記　武家年代記　鎌倉大日記』（臨川書店）を使用する。鎌倉時代前期の武蔵守については、七海雅人「鎌倉幕府の武蔵国掌握過程」（『三田中世史研究』一〇号、二〇〇三年）、佐藤雄基「公卿昇進を所望した武蔵守について」（『中世政治史の研究』日本史史料研究会、二〇一〇年）などを参照。

(93)　岡田清一前掲注（25）論文。

(94)　落合義明「武蔵武士河越氏の成立と発展」（『河越館跡調査報告書第一集　河越館跡史跡整備（第1期整備）に伴う発掘調査』川越市教育委員会、二〇〇七年）。

〔補記〕本章は、拙稿『「鎌倉街道」の政治史的研究』（平成一五〜一六年度科学研究費補助金（基盤研究（C）（2））研究成果報告書、

二〇〇五年）に収録した「鎌倉幕府の成立と「鎌倉街道」」の一部を踏まえて執筆した「鎌倉街道上道と東国武士団」（『府中市郷土の森博物館紀要』二三号、二〇一〇年）をベースにして、「秩父平氏と葛西氏」（『秩父平氏の盛衰』勉誠出版、二〇一二年）の一部を組み込み、まとめ直したものである。特に、『府中市郷土の森博物館紀要』に発表した原論文では、通説にしたがって畠山重忠の母を三浦義明の娘と想定して論を展開したが、重忠の母は江戸重継の娘であるとする二〇一〇年の清水亮氏の新見解を踏まえて書きあらためた。

第Ⅱ部　内乱期の地域社会と武士

第一章　和泉国久米田寺と治承・寿永の内乱

はじめに

「源平内乱」と呼ばれる治承・寿永の内乱は、治承四年（一一八〇）五月の以仁王・源頼政の挙兵に始まり、元暦二年（一一八五）三月の壇ノ浦合戦を経て、文治五年（一一八九）の源頼朝による奥州合戦の強行まで、十年にわたって続いた。この内乱は、単に源平の軍事貴族が覇を争ったことにとどまらず、全国各地の武士や寺社、地域社会を巻き込んで展開し、それぞれの階層が公然と自らの利害に基づいて行動した。本章は、このような内乱期の様相を、和泉国の在地寺院である久米田寺（隆池院）の動向を素材に検討することとしたい。久米田寺領の免田は、平安時代末期から鎌倉時代初期にかけて確立するが、これまで正面から論じられたことはなく、地方の一寺院が国衙や武士、中央の貴族社会とどのように関わりながら成長したのかを具体的に知ることのできる貴重な事例である。

第一節　平安時代末期の和泉守

和泉国における内乱状況を探るため、まず院政期の和泉国について概観しておきたい。十一世紀末以降の院政期には、摂関家の家政職員である家司・職事が和泉守に数多く補任されていた。永長二年（一〇九七）一月に和泉守に補任された藤原有信は、関白藤原師通の家司であったし、嘉承二年（一一〇七）四月に和泉守見任であった高階仲兼は関白藤原忠実の職事、天永二年（一一一一）一月に和泉守に補任された藤原有成は摂政藤原忠実の家司、大治三年（一一二八）一月に和泉守に補任された源盛季は摂政藤原忠通の家司、康治元年（一一四二）一月に和泉守に補任された藤原光盛も摂政忠通の家司であったことが確認される(1)。全国的には、天永元年（一一一〇）頃を境に院司受領が急激に増加して毎年二十名前後を数えるようになる一方、摂関家の家司受領は減少して毎年五、六名で推移することが指摘されているが(2)、そうしたなかで和泉国は家司受領が比較的多く補任され続けた国であるといえよう。

このように和泉国で家司受領が維持された理由は、和泉国が摂関家に大番舎人を貢進する国の一つであったからと考えられる(3)。大番舎人とは、在地の有力名主層が摂関家と人身的関係を結び、給田・雑免田などの経済的特権を認められるかわりに、宿直・警固・供奉などの番役を摂関家に奉仕するというもので(4)、和泉・近江・摂津の三ヵ国に存在し、和泉国内では大鳥郷・草部郷・和田郷・蜂田郷でその存在が確認されている(5)。こうした大番舎人や大番領の支配を円滑に行うため、摂関家は家司受領を介して国衙機構の掌握に努めていたのである。

和泉国における家司受領の補任は、十二世紀後半においても継続している。表2「平安時代末期の和泉守一覧」は、十二世紀中葉から治承・寿永内乱期にいたる時期の和泉守をまとめたものである。表2に見える人名のうち、藤原光盛・藤原邦綱・源季長・高階仲基はいずれも摂関家の家司を務めた人物であり(6)、この時期においても基本的に和泉国務が摂関家の強い影響下にあったことが知られる。

ただ、ここで注目したいのは、歴代の和泉守のなかで異色の存在として、貞季流伊勢平氏の軍事貴族である平盛兼・信兼父子の名が見えることである。平盛兼は、久安五年（一一四九）十二月に佐渡守から和泉守に遷任され(7)、仁

表2　平安時代末期の和泉守一覧

人　名	所見年月日			種別	出　典
藤原光盛	永治2年	(1142)	1月23日	補任	『台記』『本朝世紀』
	久安3年	(1147)	6月28日	復任	『本朝世紀』
平　盛兼	久安5年	(1149)	12月30日	補任	『本朝世紀』
	仁平3年	(1153)	閏12月29日	重任	『本朝世紀』
	保元元年	(1156)	7月 5日	見任	『兵範記』
藤原邦綱	保元元年	(1156)	9月17日	補任	『兵範記』『公卿補任』
	永暦元年	(1160)	2月28日	遷任	『公卿補任』
藤原隆行	長寛2年	(1164)		見任	『玉葉』承安4年7月4日条
源　季長	仁安元年	(1166)	9月11日	見任	『兵範記』
	仁安2年	(1167)	4月12日	重任	『兵範記』
	承安2年	(1172)	1月 1日	見任	『玉葉』
	同		12月20日	前任	『玉葉』
平　信兼	承安4年	(1174)	7月 4日	見任	『玉葉』
	治承4年	(1180)	1月28日	秩満	『玉葉』『山槐記』除目部類
高階仲基	治承4年	(1180)	1月28日	補任	『玉葉』『山槐記』除目部類
	元暦元年	(1184)	9月 1日	見任	『山槐記』

注　「国司一覧」(『日本史総覧Ⅱ　古代二中世一』新人物往来社，1984年)に加筆．
藤原隆行見任中の春木荘立荘が長寛2年であったことについては，正平23年7月日「春木荘内本荘氏人等申状」(「松尾寺文書」『岸和田市史　第6巻　史料編Ⅰ』中世編332)を参照．

平三年（一一五三）閏十二月の重任除目を経て、(8)保元元年（一一五六）九月まで在任した。(9)子息信兼は、承安二年（一一七二）に河内守から和泉守に遷任されたと推定され、(10)治承四年（一一八〇）一月に秩満によって出羽守に転じているが、(11)この時に和泉守に補任された高階仲基は信兼の甥にあたり、(12)高階仲基との交替は名目的で、以後も信兼が実質的な和泉守の地位にあったと指摘されている。(13)

では、承安年中から治承・寿永内乱期にかけて和泉守に在任した平信兼とは、どのような武士であり、和泉国でいかなる活動を行っていたのであろうか。平盛兼・信兼は、かつて拙稿において詳しく検討したように、(14)維衡を祖とする伊勢平氏諸流のうち、伊勢国中部の一志郡に拠点を置いた貞季の系統に属し（図5「貞季流伊勢平氏系図」参照）、三渡川河口の松崎浦を荘内にかかえる醍醐寺領曾禰荘を本領として、十二世紀後半に伊勢国内で最大の勢力を誇っていた有力武士である。京においても、久安三年（一一四七）七月に、盛兼は白河御所で鳥羽院による閲兵を受けて延暦寺大衆の入洛に対する防御に向かうなど(15)、正衡流伊勢平氏の忠盛・清盛一門から自立して、朝廷や院の命を直接に受けて活動する「京武者」であった(16)。

信兼は、久寿二年（一一五五）二月一日に京において左大臣藤原頼長・右大将兼長父子の行列と闘乱事件を起こし(17)、左衛門尉を解官されたが(18)、この事件はかえって信兼の武名を高めたようで、保元の乱直前の保元元年（一一五六）五月には還任され(19)、同年七月の保元の乱には父とともに後白河天皇方に動員された(20)。保元の乱では、宇治から入京する藤原頼長を櫃河（山科川）において迎え撃つことを命じられ(21)、さらに合戦当日の十一日には、第一陣の平清盛（正衡流伊勢平氏）や源義朝（義家流河内源氏）・源義康（同）に続き、源頼政（仲政流摂津源氏）・源重成（重宗流美濃源氏）とともに第二陣に選ばれ、崇徳上皇方の白河御所攻撃に派遣されている(22)。古態本の半井本『保元物語』には、信兼が乱に際して独自に七十五騎を動員したと記されており(23)、その勢力の一端をここにうかがうことができよう。翌保元二年（一一五七）一月には検非違使に任じられ(24)、永暦元年（一一六〇）九月には大夫尉(25)、さらに仁安二年（一一六七）十二月には河内守に補任されている(26)。

ところで、平治元年（一一五九）十一月、信兼は本拠の伊勢国一志郡において一つの事件を引き起こしている。それは、信兼の本領である一志郡曾禰荘に北接する摂関家領須可荘に武力をもって乱入し、須可荘下司職を相伝する為兼法師と妻・次男を捕縛して、嫡子以下三人の子息を殺害して首を切ったというもので、難を逃

図5　貞季流伊勢平氏系図

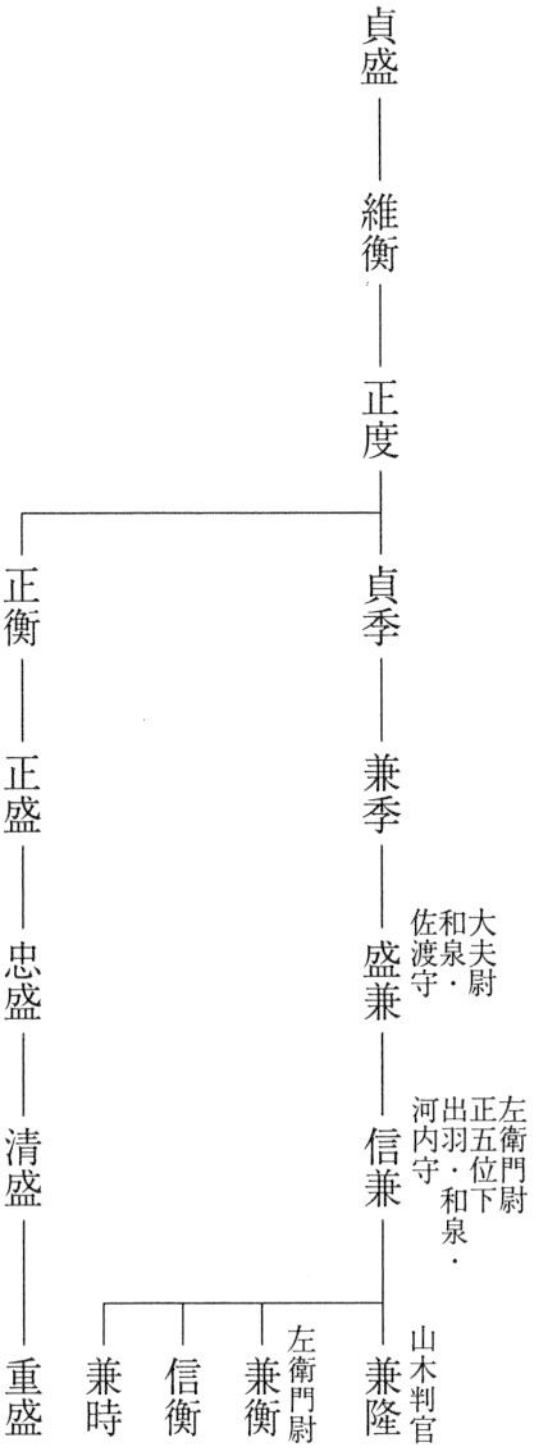

注『尊卑分脈』をもとに作成

れた子息兼真が、禁固された者の放免と信兼の処罰を摂関家政所に訴えている。(27)

従来、この須可荘での軍事行動については、信兼の同荘預所職としての立場からなされたものと解釈されてきた。(28)しかし、別稿でも述べたように、(29)兼真解状には信兼が預所であったという記述はなく、また信兼が摂関家の「御威」をはばからず、「武威」を施すために乱入したと記していることを踏まえると、この事件は隣接する在地領主間の私戦であった可能性が高い。むしろここからは、伊勢国一志郡における信兼の積極的な勢力圏拡大志向と、その過程における近隣領主との軋轢を読み取るべきであろう。そして、のち須可荘下司職が「故出羽守平信兼党類領」として鎌倉幕府によって没官された事実に注目するならば、(30)事件後、信兼は処罰されるどころか、為兼一族にかわって信兼党類が同荘下司職に任用されたことが知られる。つまり、信兼は武力によって所領拡大に成功したわけであり、摂関家の側も自らの荘園支配のために、同地域における信兼の勢力を積極的に利用したのである。

伊勢国内における信兼の所領としては、この曾禰荘・須可荘のほかにも、一志郡波出御厨(31)や飯高郡松山御厨(32)が一次史料から確認され、また飯高郡滝野城は、信兼が源義経軍に攻撃されて討死した場所と伝えられており、(33)伊勢湾に面した曾禰荘から勢力圏を西方・南方に拡大していることが判明する。(34)治承元年（一一七七）九月、公卿勅使に対して、朝廷の命を受けた信兼が伊勢国司にかわって一志駅で儲を勤仕していることも、(35)このような伊勢中部における彼の実力を物語るものであろう。

以上、平信兼の京および伊勢国における活動を見てきたが、すでに述べたように、信兼は承安二年（一一七二）に河内守から和泉守に転じたと推測され、それ以降、治承・寿永内乱期にいたるまで和泉守の地位にあった。では、信兼は和泉守在任中、和泉国内でどのような活動を行っていたのであろうか。

信兼の父盛兼も、十二世紀半ばに約七年間にわたって和泉守の地位にあったことは前述した通りであるが、その動向は全く伝わらない。しかし、信兼については、いくつか興味深い史料がのこされており、断片的ながら和泉国内における彼の活動の一端を知ることができる。その一つが、九条兼実の日記『玉葉』承安四年（一一七四）七月四日条に見える次の春木荘に関する記事である。

少納言信季（平）参二門外一、申二春木庄之間事一、依二悪僧濫行一、申二給長者宣一、書二副御教書一、可レ遣二預信遠（平）許一事也、件庄隆行（藤原）入道和泉任之間、下官以二文書一建立、寄二進春日社一、四季備二進御供一也、而当任国司信兼給二預所下文一、致二沙汰一之間、玄禅五師相二語悪徒一、行二濫吹一、依二件事一申二長者宣一也、

春木荘は、和泉郡の松尾川上流および東松尾川流域の松尾谷一帯に成立した荘園で、(36) 管見の限り承安四年が春木荘の史料上の初見である。右の記事によれば、春木荘は藤原隆行が和泉守であった時に九条兼実が立荘したとあるが、正平二十三年（一三六八）七月日「春木荘内本荘氏人等申状」には、「凡於二当庄一、始而被レ立二庄号一事者、長寛二年甲申歳也」とあることから、(37) その成立年代は長寛二年（一一六四）であったことが判明する。長寛二年は兼実の父藤原忠通が没した年であり、おそらくは忠通の供養として春日社に四季供料を備進するため立荘されたと考えられる。(38)

ところで、『玉葉』承安四年七月四日条に記されている内容は、「当任国司信兼」が同荘の預所職に補任されて荘務を沙汰していたところ、玄禅五師が悪僧を相語らい「濫吹」を行ったため、これを停止する摂関家氏長者藤原基房（兼実の兄）の長者宣と兼実の御教書を発給するというものであった。もちろん、ここに登場する「当任国司信兼」とは承安二年に和泉守になったと推測される平信兼のことであり、その信兼が和泉守在任中に摂関家によって同国春木荘の預所職に補任されていたことが知られるのである。そして信兼の沙汰に対して、興福寺の玄禅五師が春木荘の在地住民と共同して集団的抵抗を引き起こしている事実を見れば、預所としての信兼が、武力を背景とした厳しい現地支配を展開したことがうかがえよう。摂関家が伊勢国須可荘において信兼の勢力を自己の荘園支配に利用したことは

すでに述べた通りであるが、ここ和泉国春木荘でも同様の武力的支柱として、信兼は摂関家の支配機構に組み込まれていたのである。

第二節　久米田寺と平信兼

その和泉守信兼と摂関家の関係を示すものとして、もう一つ、久米田寺をめぐる相博の問題がある。久米田寺（隆池院）は、奈良時代に行基が建立した四十九院の一つで、安元元年（一一七五）九月に泉高父によって著され、建保二年（一二一四）七月に書写された『行基年譜』によれば[39]、行基が「泉南郡丹比郡里」に築造した「久米多池」に関連する道場として、天平六年（七三四）十一月に「泉南郡下池田村」に草創されたと伝えられる。現在、久米田寺に所蔵されている天平勝宝元年（七四九）十一月十三日「久米多寺領流記坪付帳」には、「隆池院　字久米多寺」は天平十年（七三八）二月に草創されたと記されており[40]、『行基年譜』と異なる草創年を伝えている。また、久米田寺には天平十年二月十八日の日付をもつ「隆池院縁起」も所蔵されているが[41]、これらはいずれも内容から鎌倉時代以降の成立と考えられ[42]、久米田寺の草創を明確に論ずることは難しい。鎌倉時代初期からは原文書が寺内にのこされているが、草創以降、鎌倉時代初期にいたる間は、久米田寺の歴史は空白になっているのである[43]。

そうしたなか、久米田寺が平安時代末期の段階で平信兼と関係を有していたとする所伝がある。一九七〇年に納富常天氏によってはじめて学界に紹介された久米田寺華厳院所蔵の記録「泉州久米多寺隆池院由緒覚」[44]は、江戸時代に寺内で編纂されたものと推定されるが、そこには久米田寺および同寺免田の継承関係を示す次のような「手継系図」が収められている。

譲リ手継系図

手継

○信兼朝臣—（建久年中売之）—源季長朝臣—（建久年中売之）—慶幸阿闍梨—（同年中）—三善仲政—（譲与）—仲尚—（貞永五年売之）—祐円—（建長三年譲与）—実祐—（弘長三年譲与）—実玄—（建治三年売之）—蓮聖（安東平右衛門入道 当知行百十七年）

これを見ると、「手継系図」の最初に「信兼朝臣—（建久年中売之）—源季長朝臣」とあり、信兼が初代の久米田寺・同寺免田の知行者に位置づけられているのである。「隆池院由緒覚」において「手継系図」の直前に収められているのは、建治三年（一二七七）十月十五日に、久米田寺別当であった東大寺実玄が久米田寺と同寺免田を安東蓮聖に譲った譲状であり、「手継系図」もそれに関連して作成されたと理解することが可能であるが、いずれにしても後世の筆であり、その記載をそのまま信用するわけにはいかない。実際に、平信兼は元暦元年（一一八四）八月に伊勢国飯高郡で源義経軍の攻撃を受けて討死しているから(45)、建久年中（一一九〇～九九）に信兼が久米田寺と同寺免田を源季長に売却したという記載は明らかに誤りである。それにもかかわらず、この所伝にこだわりたいのは、「久米田寺文書」のなかに信兼と久米田寺との関係を裏づける一節があるからである。次の文治四年（一一八八）十二月日「摂政九条兼実家政所下文」に注目したい(46)。

摂政家政所下　和泉国在庁官人幷久米多寺

可下早任二国司庁宣幷伊予守源季長朝臣寄文状一、以二彼久米多寺一為二九条御堂末寺一、免二除他役一、毎年備中進修二月壇供餅佰弐拾枚上事

右、□（彼寄）進状偁、件寺者□□□之時、所レ相二博伊勢所知松山御厨一也、其後代代国司敢無二其妨一、次第庁宣已以炳焉、是則寺領田租本自為二不輸地一之故也、而今依レ有二事便一、限二永代一、所レ寄二進九条御堂末寺一也、以二修二月

壇供餅佰弐拾枚一、可レ為二毎年年貢一、於二預所□（職）一者、季長□（子孫代々）相次、不レ可レ有二相違一、又依レ為二寺領一、不レ可レ及二臨時雑事一、仍寄進如レ件者、早任二件等状一、以二彼寺一為二九条御堂末寺一、免二除他役一、宜下毎年備中進壇供餅上之状、所レ仰如レ件、在庁官人幷久米多寺承知、□（依件用之）、不レ可二違失一、故下、

文治四年十二月　日　　案主中原

別当弾正大弼高階朝臣（資泰）　　大従安倍

大蔵卿兼備中権守藤原朝臣（宗頼）（花押）

造興福寺長官右中弁藤原朝臣（親雅）（花押）

権右中弁藤原朝臣（親経）

右衛門権佐兼和泉守藤原朝臣（長房）（花押）

この文書は、摂政九条兼実の家司であった伊予守源季長が[47]、預所職を留保しつつ、久米田寺を九条御堂（九条兼実の姉皇嘉門院の持仏堂）の末寺として寄進したことを受けて、それを摂政九条兼実家政所が認めたものである。この下文には源季長の寄進状が引用されているが、「久米田寺文書」の原本においては、右の引用に見られるように、「件寺者□之時、所レ相二博伊勢所知松山御厨一也」と文字が欠損しており、季長がいかなる経緯により久米田寺およびその免田を領有することになったのかは、残念ながら判明しない。ところが、大阪府貝塚市に所在する妙順寺には「久米田寺文書」の写が所蔵されており、その写には欠損箇所がなく、「件寺者国司信兼之時、所レ相二博伊勢所知松山御厨一也」という文章であったことが知られるのである[48]。

「件の寺は、国司信兼の時、伊勢所知松山御厨と相博するところなり」であれば、本来、久米田寺とその免田の領有者は和泉守平信兼であったことになる。そして信兼は和泉守在任中に、九条兼実の家司で和泉守の前任者でもあっ

た源季長と相談して、季長の所領であった伊勢国松山御厨と、自らが領有する久米田寺を相博したことが明らかとなるのである。つまり、建久年中に信兼が季長に売却したとする記載は誤りであるものの、信兼を初代の久米田寺・同寺免田の知行者と伝える「隆池院由緒覚」の「手継系図」には、一定の真実が隠されていたのである。

なお、鎌倉時代を通じて維持される久米田寺の免田二十六町四段百二十歩が、「久米田寺文書」中ではじめて確認されるのは、鎌倉時代初期の文治三年（一一八七）八月日「和泉国司庁宣」であり[49]、また宝治二年（一二四八）の相論に際して久米田寺側が提出した寺領証文においても、元暦二年（一一八五）のものが最も古く、鎌倉時代初期をさかのぼるものは一通もない[50]。こうした事実を踏まえるならば、久米田寺の敷地を含む本免田一町四段百歩を除く免田は[51]、信兼が和泉守であった時期に、自身の権利を留保しつつ、はじめて設定したものだったのではないだろうか。「隆池院由緒覚」において信兼が初代の久米田寺免田の知行者に位置づけられていることも、実は中世久米田寺領の歴史そのものがここに始まっていたからと考えられるのである。

ともあれ、信兼は久米田寺とその免田を領有する権利（のちに別当職と表現される[52]）を、季長の所領伊勢国松山御厨と相博した。松山御厨は、伊勢中部の飯高郡山室に所在し[53]、信兼の本領一志郡曾禰荘から南方約九キロのところにある。伊勢本国において勢力圏を拡大しようとする信兼にとっては、この相博は願ってもないチャンスだったといえよう。そしてまた、和泉国における摂関家の影響力を背景に、同国で所領を得ようとする季長にとっても、利害は一致したはずである。後述するように、信兼から季長に譲られた久米田寺免田は、鎌倉時代初期における摂関家の和泉国支配のなかで確立していくことになるのである。

第三節　内乱期における和泉国と久米田寺

和泉守平信兼が、治承四年（一一八〇）一月に秩満となって出羽守に転じたのちも、実質的に和泉を任国としていたことは前述した通りである。しかし、治承・寿永の内乱が勃発すると、朝廷・平氏権力は伊勢国への反乱勢力の侵入を防ぐために、信兼の伊勢国内における勢力を積極的に活用しようとし、元暦元年（一一八四）八月に源義経軍に討たれるまで、信兼の活動の場は基本的に伊勢国内に限定されることとなった(54)。それでは、内乱期の和泉国はどのような状況にあったのだろうか。

和泉国が内乱の激動の波を直接にこうむることになるのは、平氏一門が都落ちし、木曾義仲・源行家らが京を制圧した寿永二年（一一八三）からである。同年十一月、木曾義仲と政治路線をめぐって対立した源行家は、河内国石川郡・錦部郡に勢力基盤をもつ石川義兼と同盟して平氏追討に出陣し、同二十九日に播磨国室山において平氏軍に大敗した(55)。覚一本『平家物語』や屋代本『平家物語』によれば、敗走する行家は播磨国から船で和泉国に渡り、河内国「長野城」に入ったという(56)。石川義兼の父義基が河内国錦部郡長野荘の近隣に居館を構えていたことは、『警固中節会部類記』所収の『山槐記』治承五年（一一八一）一月六日条に明らかであり(57)、源行家の「長野城」逃走が、石川義兼の勢力圏を頼ったものであったことは疑いない。これ以降、行家と石川義兼は南河内の長野に拠点を置いたまま、京の木曾義仲に対抗していくことになるのである。

この長野を拠点にしていた段階の行家の活動を物語る興味深い史料が、「久米田寺文書」のなかにのこされている。宝治二年（一二四八）十二月五日「関東下知状」は、和泉国和泉郡山直郷に散在する久米田寺免田をめぐって、久米田別当祐円と同国山直郷四箇里地頭代西生が争った相論に対する鎌倉幕府の裁許状である。[58] そこには、地頭代西生が提出した次のような寿永二年（一一八三）十二月日「八木・山直・加守三箇郷百姓等解」が引用されている。

自㆓行基菩薩建立㆒以降、寺領田壱町肆段百歩也、其外無㆓寺領田㆒、而今聖鑑法師構㆓謀書㆒付㆓強縁㆒、以㆓神社仏寺権門勢家百姓等私領㆒、俄号㆓隆池院庄領㆒、或九十人、或五十人六十人、度々付㆓苛法使㆒、令㆓責勘㆒之条、言語道断事也云云、

八木・山直・加守郷の百姓たちは、久米田寺の聖鑑法師が「謀書」を構えて「強縁」に付し、神社・仏寺・権門勢家・百姓等の私領を内部に取り込んで、「隆池院庄領」として強引に立荘をはかろうとしているとして、和泉国司に訴えたのである。そして、この百姓等解に対して、「国司備前守」は訴えを認め、「不㆑可㆑有㆓庄号㆒之由、同守成㆓外題㆒畢」と外題を行っている。

ここに見える「国司備前守」とは、本文書中にも「備前守行家外題」と明確に記されているように、十一月二十九日の播磨国室山合戦に敗れて長野に逃れてきた源行家である。[59] 河内国錦部郡の長野は、東西高野街道や大和大沢越とともに、和泉国府から国分峠を越えて河内国に入るルート（のちの巡礼街道）の合流点にあたっている。[60] 長野を拠点にした行家が、和泉国府に進出し国務を掌握したことは、地理的条件から見ても十分にありうることと考えられよう。石川義兼と結んだ行家は、京の木曾義仲に対抗しつつ、河内長野—和泉国府を結ぶルートを押さえて、南河内・和泉地域に軍政を展開したと理解されるのである。

この地域的軍政が、京の木曾義仲にとっていかに脅威であったかは、源範頼・義経に率いられた鎌倉軍が京に迫りつつあった翌寿永三年（一一八四）一月十九日の時点で、わざわざ軍勢を割いて南河内に追討軍を差し向けたことで明らかである。[61] 義仲の有力武将樋口兼光の軍隊が「長野城」に到着した時には、すでに行家・義兼は紀見峠を越えて

紀伊国に逃れており[62]、同二十一日に帰京した樋口兼光は、前日に近江国粟津において義仲を討った義経の軍勢によって捕らえられている[63]。二月三日、行家は七、八十騎の軍勢を率いて上洛し[64]、ここにようやく和泉国は内乱の渦から抜け出すことになったのである。

なお、文治元年（一一八五）十月に源義経とともに頼朝に叛旗を翻し、鎌倉方から追われる身となった行家は、「備州日来横ニ行和泉河内辺一之由、風聞」とされたように[65]、再び和泉・河内辺りを横行していたという。そして文治二年五月十二日、「和泉国一在庁日向権守清実」の「小木郷宅」に潜んでいたところを、御家人の北条時定・常陸房昌明らによって発見され、殺害された[66]。行家にとって、頼るべき地域は最期まで和泉・南河内だったのであり、行家をかくまった和泉国の有力在庁日向権守清実とのつながりも、行家が和泉国務を掌握して軍政を行っていた段階に由来するものであったと理解できよう。

以上、寿永二年末から翌三年にかけて、和泉国務を源行家が掌握したことについて述べてきたが、ここでもう一つ注目しておきたいのは、内乱期における久米田寺の動向である。

その歴史的意味を探るために、まずは久米田寺免田の性格について確認しておきたい。

前節で述べたように、鎌倉時代を通じて維持される久米田寺の免田二十六町四段百二十歩の田地は、寺の敷地を含む本免田を除いては、平信兼が正式に和泉守の地位にあった承安二年（一一七四）から治承四年（一一八〇）までの時期に、はじめて設定されたものであったと推測される。これまでの研究のなかには、天平勝宝元年（七四九）十一月十三日「久米多寺領流記坪付帳」に基づいて[67]、そこに記された「寺領田伍拾陸町参佰歩」を平安時代の久米田寺領の実態としてとらえる見解もあるが[68]、同文書は久米田寺の所在を「泉南郡」と記しており、和泉郡南部を「南郡」と記す確実な一次史料が貞応二年（一二二三）初見であることを考えれば[69]、この文書も鎌倉時代に入ってからの作成と理解するのが妥当であろう。久米田寺に保管された寺領証文などを見ても、ほかに五十六町三百歩をうかがわせるものはなく、実態を反映した面積とは考えがたいように思われる。

一方、鎌倉時代初期にはじめて史料上にあらわれる久米田寺免田二十六町四段百二十歩は、平安時代末期に和泉守であった平信兼が、国司の裁量により自らの領有権も保持しつつ、国衙領からの収益の一部を久米田寺に寄進することによって成立したと考えられる。文暦二年（一二三五）に作成された「田所注文」によれば、久米田寺免田二十町六段四十歩（本数二十六町四段百二十歩）は、和泉郡のうち六ヵ郷に散在し、軽部郷一町五段百二十歩、坂本郷六段、山直郷十一町七段百二十歩、八木郷五町百歩、加守郷七段、木嶋郷内埴生村一町六十歩で構成されていた(70)。このうち、八木郷に所在する久米田寺敷地を含む本免田一町四段百歩を除き、免田の大部分は「浮免」と呼ばれるもので、田地が固定されて国衙から官物等を免除されている本免田とは異なり、田地が固定されずに、一定の地域に一定の面積だけ指定されて免除措置がとられ、年によって浮動する免田であった。

和泉守平信兼の寄進によって、このような免田を獲得した久米田寺は、先に触れたように、治承・寿永内乱期に入ると新たな寺領拡大の動きを示している。宝治二年（一二四八）十二月五日「関東下知状」に引用されている寿永二年（一一八三）十二月日「八木・山直・加守三箇郷百姓等解」には(71)、この時期、久米田寺の聖鑑法師が「謀書」を構えて「強縁」に付し、神社・仏寺・権門勢家・百姓等の私領を取り込んで、にわかに「隆池院庄領」と号したことが記されているのである。

ここに登場する久米田寺の聖鑑法師については全く不明であり、また聖鑑が持ち出したという「謀書」と、先に述べた天平勝宝元年の日付をもつ「久米多寺領流記坪付帳」との関連も気になるところであるが、詳しいことはわからない。ただ、八木・山直・加守三ヵ郷の農民たちが、「自二行基菩薩建立一以降、寺領田壱町肆段百歩也、其外無二寺領田㆓」と訴え、源行家がそれを認めて「庄号」を禁じたことからすると、ここで聖鑑法師ら久米田寺が目指した寺領拡大が、本免田の拡大をはかり、寺辺領域の領域型荘園の設立を志向したものであったことは間違いないであろう。訴訟に及んだのが、ちょうど久米田寺を取り囲む八木・山直・加守三ヵ郷の農民たちであったことも、そのことを裏づけている。

このような在地寺院の動向は、例えば河泉国境に近い河内国錦部郡天野谷の金剛寺にも見られる。金剛寺は内乱期を通じて寺辺免田の拡大につとめ、内乱終息後には八条院女房などとの人脈を活かして寺辺領域の一円不輸化に成功し、「金剛寺御庄天野谷」を成立させている。(72) 治承・寿永の内乱による政治的変動は、在地武士団のみならず、久米田寺や金剛寺のような在地寺院にとっても、領域型の寺領荘園を成立させる好機となったのである。

しかし久米田寺の場合、この試みは、結局、周辺農民の抵抗と源行家の裁定によって挫折することとなった。そして内乱終息後、久米田寺は、信兼から免田の領有権を譲られた源季長と協力して、六ヵ郷に散在する免田の維持・確保に向かうことになるのである。

第四節　久米田寺免田の確立と九条家

文治三年（一一八七）八月、久米田寺は次のような和泉国司庁宣を獲得している。(73)

（花押）

庁宣　　留守所

可㆘早任㆓先例㆒、免㆗除久米多寺免田弐拾陸町肆段佰弐拾歩官物段米幷勅院事大少国役等㆖事

右件寺、雑事奉免之子細、見二于代々庁宣一、
院熊野詣舎屋伝馬雑事及恒例臨時勅院事大少国役等、宜レ令二奉免一□(之)状如レ件、以宣、

文治三年八月　日

（民部輔兼大介藤原朝臣）（長房）（花押）

この和泉国司庁宣は、久米田寺免田二十六町四段百二十歩における官物・段米、国役等の免除について、文治三年の時点であらためて確認を行ったものである。「右件寺、雑事奉免之子細、見二于代々庁宣一」とあるから、おそらく平信兼の和泉守在任中から、これらの免田の雑事を免除する国司庁宣が発給されていたと思われるが、現在、「久米田寺文書」中にのこされている国司庁宣としてはこれが最も古いものである。

この国司庁宣の内容で注目されるのは、「院熊野詣舎屋伝馬雑事」の免除が特筆されている点である。というのも、院が熊野詣を実施する場合は、沿道の諸荘園から舎屋造営費や伝馬・人夫・粮米・雑事などを徴発する体制がとられており(74)、久米田寺は、ちょうど北の境界が「熊野詣大道」に接していたからである(75)。しかも、後白河院は譲位してから、三十二年間に三十三回もの熊野詣を行っており(76)、この文治三年十二月にも三十回目の熊野詣を実施している。和泉・紀伊両国の熊野街道沿道の諸荘園にとっては、院の熊野詣雑事・伝馬供給の義務は、荘園年貢に優先する絶対的な負担として重くのしかかってきており(77)、久米田寺がここで「恒例臨時勅院事大少国役」とともに「院熊野詣舎屋伝馬雑事」の免除を獲得した意義は、きわめて大きかったといえよう。

ところで、この和泉国司庁宣の形式で注意されるのは、文書の袖と奥上に二人の花押がすえられている点である。両者のうち上位者は袖判の人物になるが、原文書には「摂政　九条兼実公」の押紙があり、竹内理三編『鎌倉遺文』もこの花押を九条兼実のものと見なしている(78)。しかしこれは誤りで、この花押は、『岸和田市史　第六巻　史料編

Ｉ』の指摘のように、当時和泉国の知行国主であった参議藤原光長の花押である。[79]そして奥上の花押は、光長の子息民部少輔長房のもので、長房は和泉守であった。[80]つまり、この和泉国司庁宣には、和泉国知行国主と和泉守の花押がそろって加えられているのである。院政期に知行国制が拡大し、鎌倉時代に知行国主による国務掌握が進むと、知行国主の命は、国守を経由せず、家司による奉書で留守所・目代に伝達される「国宣」が多く用いられるようになるが、[81]この場合は、国司庁宣に双方の花押がすえられ、少なくとも形式的には共同統治の理念が表明されている段階のものといえよう。

　和泉国における知行国主の確実な初見は、元暦元年（一一八四）九月以降に賜国され、翌二年六月まで国主の地位にあった院近臣の前権大納言源資賢からであり、[82]和泉守には孫の有通が補任されていた。[83]この時期は、前節で述べたような源行家による地域的軍政は解除されたものの、畿内近国では鎌倉軍による兵士・兵粮米の徴収や敵方所領の没官が強力に推し進められており、[84]国務は半ば放棄されていたようである。元暦二年六月十日、源資賢にかわって和泉国を賜った右大臣九条兼実は、「資賢卿辞退、棄置国也、然而不レ能レ申二左右一」と記している。[85]和泉国の新たな知行国主となった九条兼実は、七日前に亡くなった家司藤原基輔の子行輔を「父之遺徳」を思い和泉守に推挙したが、[86]兼実の和泉国知行はわずか半年で終わっている。文治元年（一一八五）十月、源義経・行家による頼朝に対する反乱が勃発し、義経らに頼朝追討宣旨を発給した後白河院政の責任を追及して、同年十二月に源頼朝による朝廷干渉（廟堂粛清）が断行された結果、親幕派公卿の九条兼実は、議奏公卿の筆頭に指名されるとともに、上国伊予国の知行権が与えられることになったからである。[87]

　そして、同じく頼朝の人事介入によって蔵人頭に推任され、兼実のあとの和泉国知行国主の地位についたのは、先の国司庁宣に袖判を加えた藤原光長であった。[88]光長はこれ以降、文治六年（一一九〇）一月にいたるまで、[89]子息の和泉守長房とともに和泉の国務を掌握することになるが、光長・長房父子はともに九条兼実の家司であり、特に光長は、文治二年（一一八六）三月十六日に九条兼実が摂政に就任すると、氏院別当・執事別当を兼ねるなど[90]、摂政家の家司の中心的存在として活躍した人物であった。光長は、一方で後白河院の院司にも名を連ねていたが[91]、後白河院自身が「光長朝臣者、有二学問之聞一、又頗得二人望一歟、而摂政之辺近習之間、朕事頗以蔑爾、就レ中太上天皇不レ可レ知二食天下一之由、為二摂政沙汰一示二遣関東一、其事光長奉行云々」と語ったように[92]、後白河院政の停止を関東の頼朝に働きかけたとして、院の怒りの矛先となったほどの、兼実の側近中の側近であった[93]。

その光長が和泉国の知行国主であった時期に、前述したような、久米田寺免田二十六町四段百二十歩における「院熊野詣舎屋伝馬雑事」をはじめとする官物・国役等の免除を行ったのであるが、平信兼との相博で久米田寺・同寺免田の領有権を譲られ、免田の確立を求めていた源季長もまた、名前の知られた兼実の近習であったことを想起すれば[94]、この免除措置の背景に九条家内部の人脈が作用したことは疑う余地がないであろう。

久米田寺免田の確立が、このように九条家内部の人脈を利用しながら進められたことは、光長・長房父子による和泉国司庁宣が発給された翌年の文治四年（一一八八）になると、より明確なかたちであらわれる。当時伊予守であった源季長は、今度は久米田寺を兼実の異母姉皇嘉門院聖子の持仏堂であった九条御堂（証真如院）[95]の末寺として寄進し、毎年修二月壇供餅百二十枚を九条御堂に備進するかわりに、久米田寺領における他役の免除、ならびに自らの預所職相伝の保障を、九条家に求めているのである[96]。季長は、皇嘉門院にも長年にわたって仕え、女院御所で宿直を務めるなど、懈怠なく奉公を行ってきた功により、治承五年（一一八一）一月には皇嘉門院御給により正四位下に叙されている[97]。皇嘉門院が養和元年（一一八一）十二月四日に亡くなったため、女院ゆかりの九条御堂の仏事用途を毎年備進する目的で、季長が久米田寺をその末寺として寄進したことは、彼の経歴からも自然に理解することができよう[98]。

そして、九条兼実も幼い時に姉皇嘉門院の猶子となり、子息良通も女院に養育されるなど、きわめて親密な関係にあり[99]、しかも、皇嘉門院が父藤原忠通の忌日仏事を修していた九条御堂を兼実が継承したことを思えば[100]、文治四年の季長による九条御堂への久米田寺寄進が、兼実の意向でもあったことは明白である。

第二節において全文を引用した文治四年十二月「摂政九条兼実家政所下文」は、こうした季長寄進状に任せて、久米田寺を九条御堂末寺と認め、毎年の修二月壇供餅の備進を条件に、他役免除の確認を行うとともに、季長子孫の預所職相伝を保障するものであった。ここに、九条御堂（九条家）―預所職（のち別当職に名称変更）源季長―久米田寺僧―久米田寺免田という荘園制的関係が成立したのである。

しかし、これは九条家の政所下文だけで実現されたものではない。九条家が久米田寺を九条御堂の末寺と認定することは当然としても、久米田寺免田における他役免除を保障するためには国衙機構の承認を要し、いかに摂関家といえども家政文書である政所下文だけで処理できる問題ではなかったからである。そうした関心から注目できるのは、文治四年十二月の摂政家政所下文が、翌文治五年一月の和泉守藤原長房の国司庁宣とともに久米田寺に下されていることである[101]。長房の国司庁宣は、和泉国衙に宛てて摂政家政所下文に任せて久米田寺を九条御堂末寺とし、他役免除を確認するというもので、摂政家政所下文の内容を現地で実現させる機能を有しているが、他方で摂政家政所下文にも、ほかならぬ和泉守藤原長房が別当の一人として署判を行っており、二通の文書がはじめからワンセットで発給されたことがわかるのである。井原今朝男氏は、国司が家司を兼任する体制を利用して、摂関家が立券や官物免除などを実現していったことを指摘されたが[102]、久米田寺は、まさに摂政九条兼実と家司源季長（久米田寺預所）、家司藤原光長（和泉国知行国主）・藤原長房（和泉守）という人脈のなかで免田を確立させ、国司の交替による免田収公の危険性から脱却することができたのである。

おわりに

以上、本章では鎌倉時代初期における久米田寺免田の確立過程について検討してきたが、その後の久米田寺の動向について最後に少し触れておきたい。承久の乱以前においては、和泉国内では荘郷地頭の存在は一例も確認されておらず、これが史料の残存状況によるものか、あるいは没官領の朝廷への返付など、鎌倉幕府の何らかの政治的措置によるものかは不明である。また惣追捕使（守護）は、建永二年（一二〇七）六月に院熊野詣駅家雑事の費用を調達するために停廃され、和泉・紀伊両国は後鳥羽院が国内検断権を掌握する「仙洞御計」の国とされた(103)。そのこともあって、承久の乱後は、和泉国の国衙領に地頭制が一斉に展開することとなり、久米田寺免田が散在する和泉郡六ヵ郷すべてに新補率法地頭が設置された(104)。

寛元二年（一二四四）頃から宝治二年（一二四八）にかけて、久米田寺別当祐円は、山直郷四箇里免田四町三段余における地頭役賦課をめぐって四箇里地頭代西生と激しい相論を展開した(105)。西谷地晴美氏の研究によれば、新補地頭設置後、久米田寺免田には本来地頭役が賦課されていたが、寛喜三年（一二三一）に始まった寛喜の大飢饉の影響により、文暦二年（一二三五）二月十五日「和泉国在庁官人等勘文」に基づいて(106)、久米田寺免田からの地頭役徴収が免除されたという(107)。寛元・宝治年間の相論は、いったん停止されていた地頭役が再び賦課される事態になったため、久米田寺は、幸珍法師が下人十余人を率いて地頭所従の宿所に押し入り、私財を奪取するなど、実力行使に及ぶ一方、六波羅探題だけではなく関東にまで訴え、鎌倉幕府法廷で地頭役免除の再確認を勝ち取っているのである。

こうして免田維持に力を注いできた久米田寺が、和泉国の一大有力寺院に飛躍する次の画期となるのは、建治三年

（一二七七）十月の得宗家の有力被官安東蓮聖による久米田寺別当職の買得である。(108) そして、その庇護のもとで久米田寺「復興」事業が強力に推し進められた。詳しくは別稿に譲ることにしたいが、(109) 蓮聖は「故前司入道殿・中守殿幷最明寺入道之御菩提」のため、(110) すなわち弘長三年（一二六三）に没した最明寺入道北条時頼と自らの父祖を弔う目的で買得し、「復興」後の初代住持として、西大寺叡尊の高弟であった行円房顕尊を招き、(111) 弘安三年（一二八〇）四月には「行基菩薩建立之精舎」である久米田寺の「堂舎」修復の勧進状が作成された。(112) 久米田寺には、この「復興」事業に関わる興味深い縁起がのこされている。それは「隆池院鐘縁起」と呼ばれるもので、久米田寺の「復興」に際して、新たに安置されることとなった高麗鐘の来歴を伝えるものである。(113)

「鐘縁起」によると、弘安四年（一二八一）秋九月二十一日、久米田寺では「寺僧隣人、談話而採㆑材、贔屓而引㆑柱」と造営工事の真っ最中であった。その頃、久米田寺に接する熊野街道を通って、熊野詣から帰ってきたある人が寺僧に伝えるには、藤代王子において「金剛霊」が「咲」という童形の巫に託して、昔高麗から渡ってきた三つの梵鐘のうち、「三郎」と呼ばれる鐘がこの一、二年のうちに「泉州久米多」にもたらされるであろう、と神託があったという。この鐘は、「肥（筑）前国鐘崎」の海底から平清盛が漁民を使って引き上げた高麗渡来の鐘で、一度は洛南鳥羽の居所に運ばれたが、修明門院の時代に淡路国津名郡机荘の領家であった「岡崎入道三品」（源有雅）によって、机荘内岡堂に運ばれ安置されていたものである。承久の乱に際して、悪徒がこの鐘を盗もうとして、砕こうとしても砕けず、溶かそうとしても溶けず、動かそうとしても動かなかったという逸話をもつ、「天下之重宝、古今之異物」の名鐘であった。

これを聞いた久米田寺の大檀那安東蓮聖は、早速「堀河亜相」（源基具）を介して机荘領家に執拗に懇願し、ついに久米田寺寺僧二人と蓮聖の使者左近将監藤原友範が淡路国机荘に赴き、鐘を持ち帰ることが許された。久米田寺の新築伽藍にその高麗鐘が届いたのは、落慶供養を十一日後にひかえた弘安五年（一二八二）十月九日のことであったという。

以上が「鐘縁起」の概略であるが、いま注意しておきたいのは、この「鐘縁起」がのちの時代になって創作されたものではなく、久米田寺が「復興」された時点で、すでに縁起の原型は存在していたという事実である。弘安五年十月二十日、西大寺叡尊を招いて挙行された久米田寺新築伽藍の落慶供養において、初代住持顕尊は堂供養願文を読み上げているが(114)、そのなかに「此鐘者、伝レ自二異域一留二于斯寺一、依二藤代之託宣一、和二蒲牢之逸音一矣」という文言があり、高麗渡来の名鐘が久米田寺にもたらされているのは事実なのである。淡路国机荘は淡路島北部、現在の淡路市富島に所在し、机浦は兵庫関から瀬戸内の播磨灘を航行する際の寄港地である(115)。瀬戸内海ルートを通じて西日本各地で活躍した安東蓮聖が、久米田寺「復興」に際してその地の名鐘を手に入れたということは、いかにもありうる話であろう。

落慶供養に際して顕尊が読み上げた供養願文によると、この時造営された伽藍は、釈迦如来像・普賢菩薩像・十一面観音像・不動明王像・毘沙門天王像等を安置する三間四面の堂舎一宇と、多宝塔一基、経蔵一宇、僧堂一宇、温室一宇、鐘一口であったといい(116)、当時の久米田寺の規模をうかがうことができる。

しかし、ここで注意しておきたい問題がある。それは、新伽藍の造営によって久米田寺が飛躍を遂げたことは事実であるにしても、これを「復興」と位置づけてよいのかという問題である。従来の研究が依拠してきた、顕尊作成の弘安三年（一二八〇）四月日「隆池院堂舎修復勧進状」は、この時期の久米田寺は、釈迦三尊像・塔婆一基・本願の真影をわずかにのこすのみで、伽藍はことごとく荒廃し、鐘楼・経蔵および二十余宇の僧坊・禅室等は空しく礎石だけがのこり、僧侶も居住しがたい状況にあったと述べている(117)。これまでの研究はこの記事に基づいて、鎌倉時代中期の久米田寺は奈良時代に行基が建立した頃の隆盛は見られず、衰微の極にあったかのように理解してきたのである。しかし、この理解は正しいのだろうか。

ここでまず気をつけなければならないことは、これらの史料は「復興」のスローガンを掲げて勧進活動を展開する久米田寺側によって書かれたもので、必ずしも当時の客観的状況を示しているとは限らないことである。そしてまた、天平勝宝元年（七四九）十一月十三日付の「久米多寺領流記坪付帳」には、(118)奈良時代の久米田寺領を五十六町三百歩と記しているが、前述の通り後世の筆によるものであり、信用できないと思われる。

本章第二節で論じたように、久米田寺の基本寺領である免田二十六町四段百二十歩は、寺中敷地である本免田一町四段百歩を除いては、平信兼が和泉守であった平安時代末期にはじめて設定されたものであったと考えられる。とすれば、小規模な道場の存在までも否定するものではないが、そもそも奈良時代に行基建立の大伽藍が久米田寺にあったと理解することに大きな問題があるのではないだろうか。久米田寺境内から出土している各種の古瓦も、奈良時代のものが見つからず、平安時代後期以後のものとされていることも、(119)奈良時代の大伽藍の存在を疑わせるのである。

奈良・平安時代における大伽藍を想定しなければ、少なくとも平安時代末期以降の久米田寺は、和泉守平信兼や和泉国で知行国支配を展開した九条家の庇護のもとに、中世在地寺院として順調に発展してきたといえる。本章において、久米田寺の「復興」を括弧付きで使ってきたのもそのためであって、むしろ実態からすれば久米田寺の拡充事業と呼ぶべきであろう。

注

（1）　和泉守については、「国司一覧」（『日本史総覧Ⅱ　古代二中世一』新人物往来社、一九八四年）、正木喜三郎「古代末期における平信兼の動向について」（『荘園制と中世社会』東京堂出版、一九八四年）、摂関家の家司・職事については、寺内浩「院政期における家司受領と院司受領」（『愛媛大学法文学部論集　人文学科編』五号、一九九八年）を参照した。
（2）玉井力「受領巡任について」（『平安時代の貴族と天皇』岩波書店、二〇〇〇年、初出一九八一年）、寺内浩前掲注（1）論文。
（3）正木喜三郎前掲注（1）論文。なお、同じ大番国の一つ近江国をあつかった研究であるが、泉谷康夫「摂関家家司受領の一考察」（『日本中世社会成立史の研究』高科書店、一九九二年、初出一九八一年）も参照。
（4）大番舎人については、渡辺澄夫「摂関家大番領の研究」（『増訂畿内庄園の基礎構造　下』吉川弘文館、一九七〇年、初出一九五六年）などを参照。
（5）堀内和明「権門支配と大番舎人」（『高石市史　第一巻　本文編』高石市、一九八九年）。
（6）正木喜三郎前掲注（1）論文、堀内和明「治承・寿永内乱と大鳥郷」（前掲『高石市史　第一巻　本文編』）、寺内浩前掲注（1）論文。
（7）『本朝世紀』久安三年七月二十四日・久安五年十二月三十日条。
（8）『本朝世紀』仁平三年閏十二月二十九日条。
（9）『兵範記』保元元年七月五日・九月十七日条。
（10）堀内和明「治承・寿永内乱期における大鳥郷の位置」（『高石市史紀要』一号、一九八四年）。
（11）『山槐記』（除目部類）治承四年一月二十八日条、『玉葉』治承四年一月二十八日条。
（12）『兵範記』仁安三年六月十二日条。正木喜三郎「平信兼の系譜」（『森貞次郎博士古稀記念　古文化論集　下巻』森貞次郎博士古稀記念論文集刊行会、一九八二年）参照。
（13）堀内和明前掲注（10）論文。
（14）拙稿「治承・寿永の内乱と伊勢・伊賀平氏」（『鎌倉幕府成立史の研究』校倉書房、二〇〇四年）。
（15）『本朝世紀』久安三年七月二十四日条。拙稿「治承・寿永の内乱と鎌倉幕府の成立」（『岩波講座日本歴史　第6巻　中世1』岩波書店、二〇一三年）参照。
（16）「京武者」概念については、元木泰雄「摂津源氏一門」（『史林』六七巻六号、一九八四年）、同「院政期政治構造の展開」（『院政期政治史研究』思文閣出版、一九九六年、初出一九八六年）を参照。
（17）『兵範記』久寿二年二月一日条、『山槐記』久寿二年二月一日条。

(18)『兵範記』久寿二年四月十四日条。
(19)『兵範記』保元元年五月十九日条。
(20)『兵範記』保元元年七月五・十日条。
(21)『愚管抄』巻第四「後白河」。なお、この迎撃は間に合わず、失敗に終わっているが、この軍勢配置は、前年の闘乱事件に対する信兼の報復の意味合いをもつものと理解でき、私戦の論理が公戦のなかで活用されていたことを示している。
(22)『兵範記』保元元年七月十一日条。
(23)半井本『保元物語』上「主上三条殿ニ行幸ノ事　付ケタリ官軍勢汰ヘノ事」。
(24)『兵範記』保元二年一月二十四日条。
(25)『山槐記』永暦元年九月二日条。
(26)『兵範記』仁安二年十二月三十日条。なお、平信兼の官歴については、正木喜三郎前掲注(1)論文を参照。
(27)平治元年十一月十七日「伊勢国須可荘下司為兼息兼真解」(陽明文庫所蔵兵範記裏文書、『平安遺文』六―三〇三七)。
(28)田中文英「平氏政権と摂関家」(『平氏政権の研究』思文閣出版、一九九四年、初出一九六八年)。
(29)拙稿前掲注(14)論文。
(30)元暦二年六月十五日「源頼朝下文」(『大日本古文書　島津家文書之一』二)。
(31)元暦二年六月十五日「源頼朝下文」(『大日本古文書　島津家文書之一』一)。
(32)文治四年十二月日「摂政九条兼実家政所下文」(久米田寺文書、『岸和田市史　第六巻　史料編Ⅰ』中世編八、岸和田市、一九七六年)。本書では、「久米田寺文書」は基本的に『岸和田市史　第六巻　史料編Ⅰ』を使用するが、本章の原論文にあたる岸和田市史執筆の際に、岸和田市史編さん室よりご提供いただいた「久米田寺文書」「妙順寺文書」の写真によって校訂を行った。なお、「久米田寺文書」を収録した史料集として、『和泉久米田寺文書　大阪府文化財調査報告第9輯』(大阪府教育委員会、一九五九年)、戸田芳実編『岸和田市史史料　第一輯　泉州久米田寺文書』(岸和田市、一九七三年)、『久米田寺の歴史と美術』(岸和田市立郷土資料館、一九九九年)などがあり、『和泉久米田寺文書　大阪府文化財調査報告第9輯』と『久米田寺の歴史と美術』には、多くの文書写真を掲載している。
(33)『源平盛衰記』巻第四十一「伊勢滝野軍」。

(34) 拙稿前掲注(14)論文所載図2「伊勢における平信兼所領分布図」参照。
(35) 「治承元年公卿勅使記」(『群書類従 第一輯 神祇部』巻八)。
(36) 春木荘については、『和泉市の歴史2 松尾谷の歴史と松尾寺』(和泉市、二〇〇八年)などを参照。
(37) 正平二十三年七月日「春木荘内本荘氏人等申状」(松尾寺文書、『岸和田市史 第六巻 史料編Ⅰ』中世編三三二)。
(38) 「春木庄」(『大阪府の地名Ⅱ 日本歴史地名大系28』平凡社、一九八六年)参照。
(39) 『行基年譜』(東京大学史料編纂所影写本、『岸和田市史 第六巻 史料編Ⅰ』古代編二二一)。なお、『行基年譜』については、井上光貞「行基年譜、特に天平十三年記の研究」(『井上光貞著作集 第二巻 日本古代思想史の研究』岩波書店、一九八六年、初出一九六九年)を参照。
(40) 天平勝宝元年十一月十三日「久米多寺領流記坪付帳」(久米田寺文書、『岸和田市史 第六巻 史料編Ⅰ』古代編二三四)。
(41) 天平十年二月十八日「隆池院縁起」(久米田寺文書、『岸和田市史 第六巻 史料編Ⅰ』古代編二三五)。
(42) 山中吾朗「中世の久米田寺(概説)」(前掲『久米田寺の歴史と美術』)。
(43) 久米田寺をあつかった研究としては、魚澄惣五郎「和泉久米田寺の隆替」(『古社寺の研究』国書刊行会、一九七二年、初出一九二九年)、納富常天「泉州久米多寺について」(『金沢文庫資料の研究 稀覯資料篇』法蔵館、一九九五年、初出一九七〇年)、戸田芳実「解説」(前掲『岸和田市史史料 第一輯 泉州久米田寺文書』)、同「播磨国福泊と安東蓮聖」(『中世の神仏と古道』吉川弘文館、一九九五年、初出一九七五年)、山中吾朗前掲注(42)論文などがあげられるが、いずれも奈良・平安時代における久米田寺の動向については論じていない。
(44) 「泉州久米多寺隆池院由緒覚」(久米田寺文書、『岸和田市史 第六巻 史料編Ⅰ』中世編四五二)。納富常天前掲注(43)論文。
(45) 『山槐記』元暦元年八月十二日条、前掲注(33)史料。拙稿前掲注(14)論文参照。
(46) 文治四年十二月日「摂政九条兼実家政所下文」(久米田寺文書、『岸和田市史 第六巻 史料編Ⅰ』中世編八)。
(47) 『玉葉』文治四年一月一・二十七日条など。『兵範記』仁平二年十二月三十日条によれば、源季長は関白藤原忠通の職事でもあった。
(48) 本章の原論文にあたる「治承・寿永の内乱と和泉国」(『岸和田市史 第二巻 古代・中世編』岸和田市、一九九六年)三三六頁には、「写真1 摂政九条兼実家政所下文」として妙順寺所蔵の「久米田寺文書」写を掲載している。なお、妙順寺に「久米田寺文書」の写が存在することについては、本章の原論文である岸和田市史執筆の際に、大阪歴史博物館大澤研一氏からご教示をいただいた。記して謝意を表したい。
(49) 文治三年八月日「和泉国司庁宣」（久米田寺文書、『岸和田市史　第六巻　史料編Ⅰ』中世編七）。
(50) 宝治二年十二月五日「関東下知状」（久米田寺文書、『岸和田市史　第六巻　史料編Ⅰ』中世編四六）。
(51) 前掲注（50）史料。宝治二年の「関東下知状」は、鎌倉時代の和泉国の免田や地頭の存在形態を詳細に知ることのできる重要史料であり、その全文を、西谷地晴美「地頭役をめぐる相論」（前掲『岸和田市史　第二巻　古代・中世編』）が訳出している。
(52) 前掲注（50）史料は、「手継系図」に見える祐円を「久米多寺別当僧祐円」と記し、また前掲注（44）史料は、久米田寺・同寺免田を安東蓮聖に譲った東大寺実玄を「東大寺ヨリ兼帯ノ僧久米多寺別当実玄」と記している。
(53) 「山室村」（『三重県の地名　日本歴史地名大系24』平凡社、一九八三年）。
(54) 治承・寿永内乱期の平信兼の活動については、拙稿前掲注（14）論文を参照。
(55) 源行家と石川義兼の内乱期の動向については、拙稿「河内国金剛寺の寺辺領形成とその政治的諸関係」（前掲『鎌倉幕府成立史の研究』、初出一九九〇年）。
(56) 覚一本『平家物語』巻第八「室山」、屋代本『平家物語』巻第八「播磨国室山合戦事」。なお、延慶本・長門本・四部合戦状本などの読み本系諸本は、「長野城」ではなく「石河城」とするが、「長野城」が史実であったと判断されることについては、拙稿「河内石川源氏の「蜂起」と『平家物語』」（前掲『鎌倉幕府成立史の研究』、初出二〇〇〇年）を参照。
(57) 国立歴史民俗博物館所蔵『警固中節会部類記』（広橋家旧蔵記録文書典籍類）。『警固中節会部類記』については、小川剛生「『警固中節会部類記』研究、附、翻刻」（『明月記研究』五号、二〇〇〇年）を参照。
(58) 前掲注（50）史料。
(59) 『百練抄』寿永二年八月十六日条によれば、源行家は同日に備後守から備前守に遷任されている。
(60) 拙稿前掲注（55）論文参照。
(61) 『玉葉』寿永三年一月十六・十九日条。
(62) 覚一本『平家物語』巻第九「樋口被討罰」、『吾妻鏡』寿永三年一月二十一日条、『高野春秋編年輯録』巻第七。なお、本書では『高野春秋編年輯録』は、日野西真定編集・校訂『新校高野春秋編年輯録　増補版』（名著出版）を使用する。

(63)『吾妻鏡』寿永三年一月二十一日条。
(64)『玉葉』寿永三年二月三日条。
(65)『吾妻鏡』文治二年五月二十五日条。
(66)前掲注(65)史料、『玉葉』文治二年五月十五日条。なお、延慶本『平家物語』は、行家の潜伏先を日根郡近木郷ではなく、より国府に近い「和泉国八木郷住人、八木ノ郷司」と記している(第六末「十郎蔵人行家被搦事　付人々被解官事」)。
(67)前掲注(40)史料。
(68)吉田靖雄氏は『行基と律令国家』(吉川弘文館、一九八七年)において、「平安初期の隆池院が、五六町に近い寺領を所有していたことは矛盾なく理解される」(二二一頁)と述べられている。
(69)三浦圭一「中世社会」(『和泉市史　第一巻』和泉市役所、一九六五年)。
(70)前掲注(50)史料。
(71)前掲注(50)史料。
(72)拙稿前掲注(55)論文。
(73)前掲注(49)史料。
(74)戸田芳実「院政期熊野詣と公家領荘園」(『歴史と古道』人文書院、一九九二年、初出一九七八年)。
(75)前掲注(41)史料。
(76)熊野路編さん委員会『古道と王子社』(熊野中辺路刊行会、一九七三年)。
(77)戸田芳実前掲注(74)論文。
(78)竹内理三編『鎌倉遺文　古文書編　第一巻』(東京堂出版、一九七一年)一六〇頁。
(79)『玉葉』文治元年十二月二十七日条、『吉記』文治四年十二月十九日条。『花押かがみ』二―一四九三。
(80)『吉記』文治元年十二月二十九日条、文治五年十二月日「摂政九条兼実家政所下文」(鹿島大禰宜家文書、『鎌倉遺文』一―四一九)。『花押かがみ』二―一九九九。
(81)富田正弘「国務文書の展開」(『中世公家政治文書論』吉川弘文館、二〇一二年、初出一九七九年)。
(82)『玉葉』元暦二年六月十日条。

(83)『尊卑分脈』第三篇「宇多源氏」。
(84)拙稿「治承・寿永の「戦争」と鎌倉幕府」（前掲『鎌倉幕府成立史の研究』、初出一九九一年）参照。
(85)前掲注（82）史料。
(86)前掲注（82）史料。
(87)『玉葉』文治元年十二月二十七日条。頼朝の朝廷干渉については、拙稿「後白河院と朝廷」（前掲『鎌倉幕府成立史の研究』、初出一九九三年）を参照。
(88)前掲注（87）史料。
(89)『公卿補任』承久元年条（高階経時項）。
(90)『玉葉』文治二年三月十六日条。
(91)文治二年五月日「後白河院庁下文」（高野山文書、『鎌倉遺文』一―一〇一）など。
(92)『玉葉』文治二年閏七月二日条。
(93)この藤原光長に対する後白河院の発言の背景については、拙稿前掲注（87）論文を参照。
(94)西山恵子氏は、「九条兼実の家司をめぐって」（『公家と武家』思文閣出版、一九九五年）において、兼実の家司のうち源季長を譜代型家司の代表とされ、主家の九条家と季長家が長年にわたってきわめて緊密な関係を有していたことを指摘されている。
(95)元久元年四月二十三日「九条兼実置文」（九条家文書、『鎌倉遺文』三―一四四八）。
(96)前掲注（46）史料。
(97)『玉葉』治承五年一月六日条。
(98)源季長一族と皇嘉門院との関係については、宮崎康充「右大臣兼実の家礼・家司・職事」（『書陵部紀要』六一号、二〇一〇年）。
(99)多賀宗隼「解説」（『玉葉索引』吉川弘文館、一九七四年）。
(100)山田彩起子「皇嘉門院藤原聖子の摂関家における地位」（『中世前期女性院宮の研究』思文閣出版、二〇一〇年、初出二〇〇六年）。
(101)文治五年一月十一日「和泉国司庁宣」（久米田寺文書、『岸和田市史　第六巻　史料編Ⅰ』中世編九）。
(102)井原今朝男「摂関家政所下文の研究」（『日本中世の国政と家政』校倉書房、一九九五年、初出一九八一年）。

(103)『吾妻鏡』建永二年六月二十四日条。吉井敏幸「和泉国における新補地頭について」(『古代研究』二二号、一九八〇年)。
(104)和泉国における新補地頭の展開については、吉井敏幸前掲注(103)論文を参照。
(105)前掲注(50)史料。
(106)文暦二年二月十五日「和泉国在庁官人等勘文」(久米田寺文書、『岸和田市史 第六巻 史料編Ⅰ』中世編四一)。
(107)西谷地晴美前掲注(51)論文。
(108)建治三年十月十五日「阿闍梨実玄譲状写」(泉州久米多寺隆池院由緒覚、『岸和田市史 第六巻 史料編Ⅰ』中世編六七)。安東蓮聖については、石井進「九州諸国における北条氏所領の研究」『石井進著作集 第四巻 鎌倉幕府と北条氏』(岩波書店、二〇〇四年、初出一九六九年)、納冨常天前掲注(43)論文、網野善彦『網野善彦著作集 第五巻 蒙古襲来』(岩波書店、二〇〇八年、初出一九七四年)、戸田芳実前掲注(43)「播磨国福泊と安東蓮聖」などを参照。
(109)拙稿「久米田寺の「復興」と安東蓮聖」(前掲『岸和田市史 第二巻 古代・中世編』)。
(110)前掲注(108)史料。
(111)前掲注(44)史料。なお、納冨常天氏は前掲注(43)論文において、顕尊が叡尊の弟子ではなく、唐招提寺覚盛の門流、橘寺慶運の弟子であった可能性も指摘されている。
(112)弘安三年四月日「隆池院堂舎修復勧進状」(久米田寺文書、『岸和田市史 第六巻 史料編Ⅰ』中世編六九)。
(113)年月日未詳「隆池院鐘縁起」(久米田寺文書、『岸和田市史 第六巻 史料編Ⅰ』中世編七四)。
(114)弘安五年十月二十日「顕尊堂供養願文写」(泉州久米多寺隆池院由緒覚、『岸和田市史 第六巻 史料編Ⅰ』中世編七三)。
(115)「机・机庄」(『兵庫県の地名Ⅰ 日本歴史地名大系29』平凡社、一九九九年)。
(116)前掲注(114)史料。
(117)前掲注(112)史料。
(118)前掲注(40)史料。
(119)『岸和田市史紀要第2号 市内出土遺物図録 玉谷哲所蔵資料』(岸和田市、一九七六年)、『春季特別展 岸和田の文化財』(岸和田市立郷土博物館、一九九三年)。

〔補記〕本章の原論文は、『岸和田市史　第二巻　古代・中世編』中世編第一章において私が担当した節のうち、第一節「治承・寿永の内乱と和泉国」、第二節「久米田寺免田の確立と九条家」を中心に、第七節「久米田寺の「復興」と安東蓮聖」の一部を組み込み、まとめ直したものである。内容を再構成するとともに、注を付けるなど、大幅な改稿を行った。

第二章　生田の森・一の谷合戦と地域社会

はじめに

寿永三年（一一八四）二月七日、源義経が平氏の陣営を奇襲した一の谷合戦は、源平合戦のなかでも最もよく知られた合戦の一つでしょう。特に、急峻な崖を騎馬のまま駆け下りたとされる鵯越の「坂落し」は、義経の英雄伝説と結びついてあまりにも有名です。二〇〇五年に放映されたＮＨＫ大河ドラマ「義経」でも、第一回放送の冒頭で鵯越の「坂落し」のシーンが印象的に描かれていましたので、多くの方の記憶にのこっていると思います。

本章は、この有名な一の谷合戦をとりあげて、源平合戦の実態を地域社会との関わりから検討することが目的です。従来、神戸市などの地元では、源義経が進軍した鵯越のルートや「坂落し」の場所をめぐって様々な説が出されていますが、一の谷合戦に地元の人々がどのように関わったのか、という問題を論じたものはほとんどありません。そこで、右のような視点から、あらためて合戦の全体像をとらえていきたいと思います。

なお、この合戦は通常「一の谷合戦」と呼ばれていますが、播磨国境に近い摂津国一の谷（神戸市須磨区）だけでなく、東方の同国生田の森（神戸市中央区）でも同時に大規模な戦闘が繰り広げられていますので、本書では「生田の森・一の谷合戦」と呼ぶことにします。

第一節　内乱の諸段階と生田の森・一の谷合戦

最初に、生田の森・一の谷合戦が、治承・寿永の内乱（いわゆる源平内乱）のなかでどのような時期にあたっていたのかについて、確認しておくことにします。治承・寿永の内乱は、次の四つの段階に大きく分けることができると思います。

第一段階は、内乱が勃発し、全国に展開した時期です。治承四年（一一八〇）五月の以仁王・源頼政の挙兵事件に始まった内乱は、八月から九月にかけての伊豆の源頼朝、甲斐の武田信義、信濃の木曾義仲の挙兵などを経て、全国に一斉に広がります。京周辺においても、延暦寺・園城寺・興福寺などの寺社勢力の蜂起が相次ぎました。官軍である平氏軍は、畿内近国は平定するものの、東国の諸反乱を有効に鎮圧できないまま、養和元年（一一八一）に始まった「養和の大飢饉」のなかで、戦線は二年間にわたって膠着します。

第二段階は、「養和の大飢饉」が終わり、軍事情勢が激しく流動化した時期です。寿永二年（一一八三）五月、大軍を擁して北陸道に遠征した平氏軍は、越中・加賀国境の礪波山（倶利伽羅峠）合戦で思わぬ大敗を喫し、七月には都から西走します。入れかわりに木曾義仲が京を制圧しますが、同時に入京した諸国の有力武士を統制することができず、翌寿永三年一月二十日には、源範頼・義経率いる鎌倉軍によって滅ぼされます。そしてわずか半月後の二月七日、鎌倉軍は、摂津国福原を拠点に京をうかがっていた平氏軍を攻撃し、敗走させました。これが生田の森・一の谷合戦です。互いに対峙する軍事勢力のなかで、鎌倉軍の優位がここに確定しました。

以後、義経は京に留まって畿内近国に軍政を敷き、範頼はいったん鎌倉に戻ったあと、同年八月から西国遠征に向かいます。しかし、平氏の基盤である安芸・周防・長門などを進む範頼軍は、兵粮も欠乏して苦戦を強いられることになります。

第三段階は、こうした軍事情勢のもと、京にあった源義経が、元暦二年（一一八五）一月に平氏追討のために西国に下り、二月に讃岐国屋島の平氏軍を追い落とし、三月にはついに長門国壇ノ浦で平氏一門を滅ぼした時期にあたります。最近の研究では、この義経の出陣は後白河院の許可のみで行われたものであり、範頼軍による包囲作戦で平氏軍を降伏させ、三種の神器や安徳天皇を安全に確保しようとする頼朝の構想とは、大きく異なるものであったことが指摘されています。(1) 義経が頼朝から追放された理由の一つは、実はこれまで義経の最大の功績として評価されてきた平氏追討の在り方自体にあったのです。

平氏滅亡から半年後の文治元年（一一八五）十月、今度は義経らの反乱が起こります。しかし軍勢が集まらず、義経らは都から逃走しました。翌年以降も義経らに対する捜索は続けられますが、戦乱がおさまったとする「天下落居」認識が社会に広がっていきます。

第四段階は、文治四年（一一八八）二月に義経の奥州潜伏が発覚し、翌文治五年七月から三ヵ月間、頼朝によって大規模な奥州合戦が行われた時期にあたります。この奥州合戦は、奥州藤原氏を滅ぼすとともに、別の機会に詳しく論じたように、全国の武士との主従関係をあらためて確認し、武家の棟梁としての頼朝の権威を確立させる戦争でもありました。(2)

奥州合戦の終了によって、基本的に治承・寿永の内乱は終息し、翌建久元年（一一九〇）十一月、頼朝は挙兵後はじめての上洛を果たします。京における頼朝と後白河院との対面は、まさに「復旧」のセレモニーでした。(3)

以上、四段階に分けて、十年に及ぶ治承・寿永の内乱の流れを説明してきました。生田の森・一の谷合戦は、右に述べたように、内乱の前半から後半への過渡期にあたる第二段階の、どちらにころぶかわからない流動的な軍事情勢のなかで、鎌倉軍の優位を決定づけた合戦として理解することができると思います。

第二節　生田の森・一の谷の「城郭」戦

次に、生田の森・一の谷合戦の形態について考えてみたいと思います。源平合戦の形態は、騎馬武者同士の一騎打ちであったかのようによく説明されますが、決してそうではありません。この時代の戦争の大きな特徴は、敵の騎馬隊の進路を遮断するバリケードが交通の要衝に築かれ、そこで敵を迎え撃つ組織的な戦闘法がとられていたことです(4)。当時は、このバリケードのことを「城郭」と呼びました。例えば、覚一本『平家物語』の南都焼打ちの場面では、「城郭」が次のように出てきます(5)。

大衆も老少きらはず、七千余人、甲の緒をしめ、奈良坂・般若寺二ヶ所、路をほりきて堀ほり、かいだて《(垣楯)》かき、さかもぎ《(逆茂木)》ひいて待かけたり。平家は四万余騎を二手にわかて、奈良坂・般若寺二ヶ所の城郭におしよせて、時をどとつくる。

興福寺の衆徒たちは、平氏軍の来襲にそなえて、南山城から奈良への進入路である奈良坂・般若寺の二ヵ所に、堀・垣楯（楯を横に並べ立てて垣根のようにしたもの）・逆茂木（刺のある木の枝などを束ねて結った木柵）でバリケードを築いて待ち構えており、平氏軍とその「城郭」で激しい戦闘を交えたことが描かれています。

このような街道を封鎖する「城郭」は、戦闘に際して臨時に構築されるもので、戦国時代の城館のように居住・政庁機能をそなえた恒常的な軍事施設ではありません。そのためか、源平時代の「城郭」は一般にはほとんど知られていませんが、現在まで遺構を伝える貴重な事例も存在します。福島県国見町にのこされている「阿津賀志山二重堀」（国史跡「阿津賀志山防塁」）です。

「阿津賀志山二重堀」は、文治五年（一一八九）の頼朝による奥州出兵に際して、藤原泰衡が鎌倉軍を迎撃するために、福島盆地の北の出入口にあたる陸奥国伊達郡阿津賀志山の山麓に築いたもので、鎌倉幕府が編纂した歴史書『吾妻鏡』にも、泰衡が「口五丈」（幅約十五メートル）の堀を構えたことが記されています(6)。現地では発掘調査も継続的に実施されており、①厚樫山（阿津賀志山）中腹から阿武隈川旧河道にいたる約三・二キロメートルにわたり、二重の空堀と三重の土塁が帯状に築かれていたこと（一部地域で一重堀）、②中央土塁から見て、堀底まで約三～四メートルの深さがあったこと、③堀の全体幅は約十五メートルあり、『吾妻鏡』の「口五丈」の記載とほぼ合致すること、などの点が確認されています(7)。最近では、防塁に設けられた木戸口の遺構と東山道跡も発掘されており、鎌倉軍を誘導して各個撃破を狙ったという具体的な戦闘形態までが考察されるようになっています(8)。このように「阿津賀志山二重堀」は、鎌倉軍が北上してくる奥大道を完全に遮断しており、この地で三日間にわたって奥州合戦最大の激戦が展開しました。

実は、本章でとりあげる生田の森・一の谷合戦も、こうした源平時代の「城郭」戦の一つでした。『平家物語』諸本のなかで最も古態を示すとされる延慶本『平家物語』は、生田の森と一の谷の様子について次のように描いています(9)。

思ノ如ニ播磨路ノ渚ニ打出テ、七日ノ卯刻計ニ、一谷ノ西ノ木戸口ヘ寄テミレバ、城郭ノ構様、誠ニオビタヽシ。陸ニハ山ノ麓マデ大木ヲ切伏テ、其影ニ数万騎ノ勢並居タリ。渚ニハ山ノ麓ヨリ海ノ遠浅マデ大石ヲタヽミテ、乱杭ヲ打。大船数ヲ不知立置タリ。其影ニ数万疋ノ馬共十重廿重ニ引立タリ。（中略）平家ハ摂津国生田森ヲ一ノ

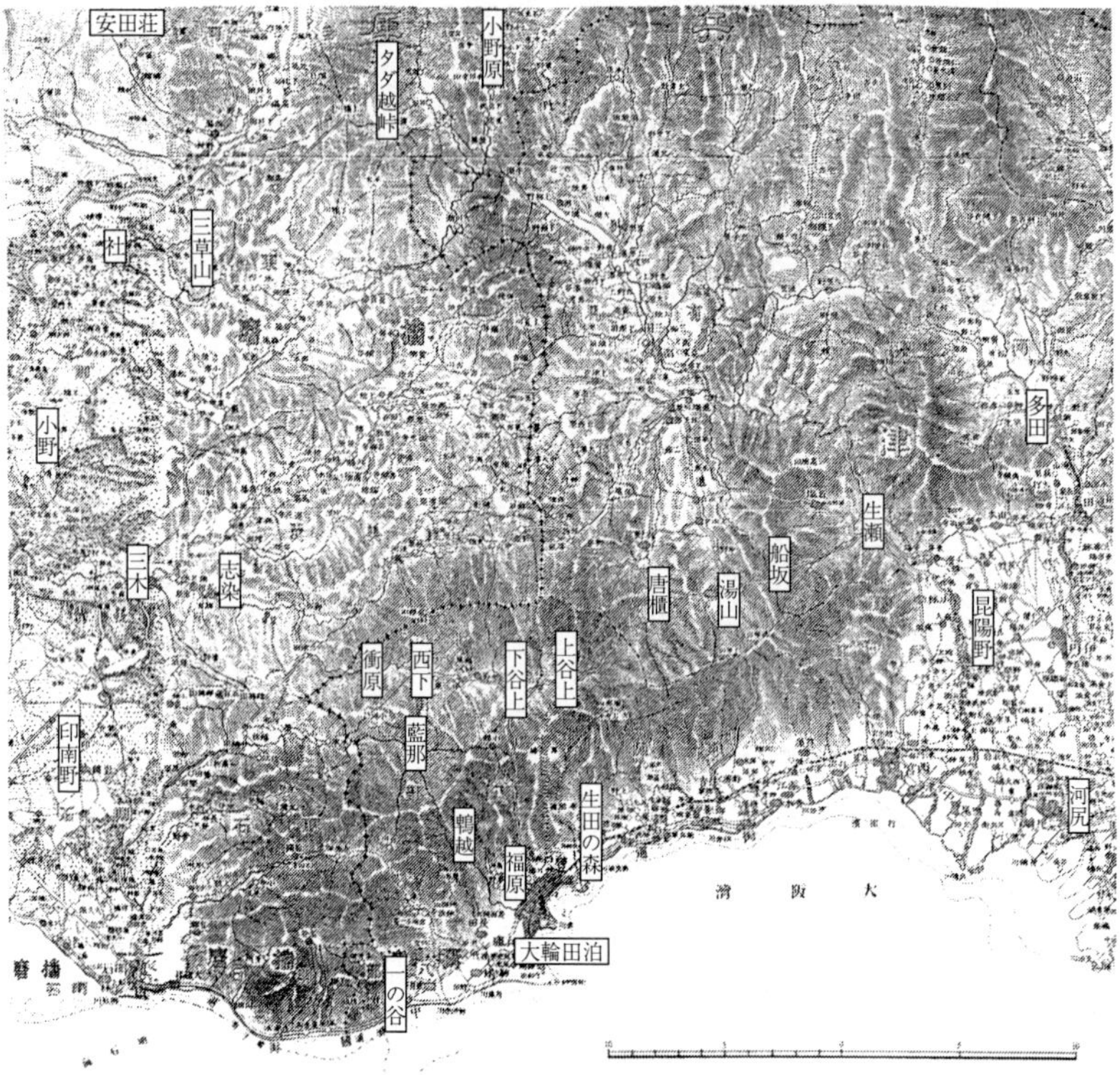

図6　生田の森・一の谷合戦関係図

(「平凡社『日本歴史地名大系』特別付録輯製二十万分一復刻版　兵庫県全図」を原図に，加筆して作成)

木戸口トシテ、堀ヲホリ、逆木ヲ引、東ニハ堀ニ橋ヲ引渡シテ、口一ツアケタリ。北ノ山ヨリ際マデハ垣楯ヲカイテ、矢間ヲアケテ待係タリ。浜手ヨリハ、蒲冠者範頼大将軍トシテ三千余騎ニテ押寄タリ。

この描写を見れば、平氏軍が築いた一の谷と生田の森の「城郭」が、「阿津賀志山二重堀」と同様に、街道を遮断するバリケードであったことがよく理解できます。まず一の谷の「西ノ木戸口」周辺では、陸は山の麓まで大木を切り伏せ、渚は海の遠浅まで大石を積み上げて、乱杭を打ち、海上には多くの大船を停泊させて、西の播磨路（山陽道）からの進入路を海陸ともに塞いでいる様子が描かれています。六甲山地が海に迫り出している、この地域の地形を生かした「城郭」です。

一方、生田の森の「一ノ木戸口」周辺では、堀を掘って逆茂木を構え、東側の堀に橋を渡して出入口を一つだけ開き、さらに北の山までは垣楯を立て並べて矢間をあけ、迎撃態勢をとっていた状況が描かれています。生田の森の東方には旧生田川が流れ、この地も天然の要害でした。源範頼を総大将とする大手軍は、東の浜手(山陽道)からここに押し寄せています。

以上のことを踏まえると、摂津国福原・大輪田泊(神戸市兵庫区)に本営を置く平氏軍は、東の生田の森と西の一の谷に「城郭」を構えて防衛ラインを築き、福原に向かって山陽道を東西双方から進んでくる敵の攻撃にそなえていたことがわかります(図6「生田の森・一の谷合戦関係図」参照)。そして実際に、京から直接に山陽道を西に進んだ源範頼の大手軍とは生田の森で、京から丹波路を経て播磨国印南野(兵庫県加古川市から明石市に広がる台地)に迂回し、山陽道を東に進んだ源義経の搦手軍とは一の谷で激突しました。この合戦は当時の「城郭」戦の様相をよく示しており、まさに「生田の森・一の谷合戦」と呼ぶのがふさわしいと思います。

第三節　民衆の戦場への動員

ところで、このような堀や逆茂木による「城郭」は、急な山坂道や臥木などの障害物を越えることが苦手な馬の習性を利用して、敵の騎馬隊の進軍を止めようとするものでした(10)。ここで想起されるのは、源義経による鵯越の「坂落し」の伝承ですが、これが史実だったのかどうか、いまは問いません。いずれにせよ、急峻な崖を騎馬で駆け下りることなど、現実にはありえないと認識されていたからこそ、人々を魅了する英雄伝説として広まったことに注意しておきたいと思います。

さて、この時代の戦争では、こうした「城郭」をつくる人夫として、多くの民衆が「食料」（雇用料）を給付されて戦場に動員されました。先の「阿津賀志山二重堀」の事例では、発掘調査の人員をもとに計算して、のべ二十数万人もの人夫が必要であったと推定されています[11]。おそらく生田の森や一の谷の「城郭」の場合も、「阿津賀志山二重堀」ほどではないにしても、近隣の摂津国八部郡の民衆が堀や逆茂木の構築に駆り出されたものと思います。

また当時の戦争では、「城郭」を攻撃する軍隊の側にも、民衆が動員されていました。阿津賀志山の戦闘では、鎌倉軍が攻撃を始める前夜に、「重忠《（畠山）》召㆘所㆓相具㆒疋夫八十人㆖、以㆓用意鋤鍬㆒、令㆑運㆓土石㆒、塞㆓件堀㆒、敢不㆑可㆑有㆓人馬之煩㆒」という工作が行われています[12]。頼朝は、畠山重忠が鎌倉から率いてきた「疋夫」八十人に、用意した鋤・鍬で土石を運ばせ、二重堀の一部を埋めさせているのです。この史料は、遠征軍に動員された民衆が、軍隊の工兵隊に編成されていたことを伝えています。騎馬隊を主力とする当時の軍隊が、敵の「城郭」を突破するには、こうした工兵隊の活動が不可欠であり、敵の攻撃を防ぎながら「城郭」を崩す作業が進められたと考えられます。

『平家物語』の異本の一つである『源平盛衰記』には、生田の森の逆茂木を除去する「足軽」が登場します[13]。

梶原是ヲ聞、口惜人共也、ツヽク者カナケレハコソ、兄弟二人ハ討レタレトテ、五百余騎ニテ推寄ツヽ、足軽四五十人ニ腹巻キセ、手楯ツカセテ、曳声出シテ逆木ヲ引除。（中略）櫓ヨリハ逆木ヲ引セシト、矢衾ヲ造テ是ヲ射。寄手ハ是ヲ引セント、指詰々々矢倉ヲ射。是ヤ此天帝須弥ヨリ刃ヲ雨シ、修羅大海ヨリ箭ヲ飛スラン戦ナルラント夥シ。両方ノ箭ノ行違事ハ、群鳥ノ飛集レルカ如シ。懸ケレ共、足軽トモ一ツ二ツト引程ニ、逆木ヲハ遂ニ皆引除ニケリ。梶原ハ、今ハ軍庭平也、ヨセヨ者トモトテ、子息ノ源太相具シテ、五百余騎ヲメキテ中ヘソ入ニケル。

生田の森の「城郭」に押し寄せた大手軍に属する梶原景時は、「足軽」四、五十人に歩兵用の鎧である腹巻を着せ、手楯をもたせて、逆茂木を一つずつ引き抜いて除去させようとし、そうはさせまいとする平氏軍と「足軽」を守ろうとする梶原軍との間で、激しい矢戦さが展開したことが描かれています。ここに登場する「足軽」たちは、阿津賀志山の「疋夫」と同様に、工兵隊としての活動を行っており、「足軽」本来の任務が示されています[14]。生田の森の「城郭」が破られたのは、こうした「足軽」の活動があったからであり、この段階の戦争では、非戦闘員も軍事的にきわめて重要な役割を果たしていました。

それでは、このような非戦闘員はどこで徴集されたのでしょうか。生田の森・一の谷合戦があった寿永三年（一一八四）二月、摂津国垂水東・西牧では次のような事件が起こっています[15]。

而依レ為二路次一、追討使下向之時、雑人乱二入御牧一、取二穢御供米一、冤二陵住人等一、已如レ無二神威一、随又可レ被レ宛二催兵士・兵粮米一云々、御牧住人者皆神人也、争脱二黄衣一、著二甲冑一哉、甚非二其器量一、

垂水東・西牧は、摂津国豊島郡・島下郡、現在の大阪府茨木市・吹田市・箕面市・豊中市に広がっていた広大な春日社領の牧で、山陽道（西国街道）の沿道にあたっていました。その垂水東・西牧に、寿永三年二月の時点で、追討使下向に合わせて雑人が牧内に乱入したと訴えていますから、これは京から山陽道を下って生田の森に向かった大手軍の動向であったことが知られます。

ここで注目したいのは、大手軍は垂水東・西牧に対して兵粮米を宛て課すだけでなく、「争脱二黄衣一、著二甲冑一哉」（黄衣とは、春日社に奉仕する神人身分を象徴する衣）とあるように、牧の住人を戦場にまで動員する兵士役を賦課していた事実です。牧の住人は、馬のあつかいに慣れているだけでなく、「野馬除」（馬が牧外に逃げないようにする施設）としての堀・土塁・逆茂木のメンテナンスにも日常的にたずさわっていたはずですから[16]、大手軍としては好都合であったに

違いありません。

戦場近隣の民衆ばかりでなく、軍勢が戦場に向かう街道筋の民衆にとっても、戦争は決して他人事ではなかったのです。

第四節　摂津武士の動員と摂津国惣追捕使多田行綱

本節以下では、生田の森・一の谷合戦の経過に即して、鎌倉軍の動向を検討していきたいと思います。まず鎌倉軍の構成について見ると、源平合戦を東西合戦として印象づける『平家物語』では、あまり積極的に描いていない点ですが、鎌倉軍は決して東国武士だけで構成されていたわけではありません。生田の森・一の谷合戦の半月ほど前の寿永三年（一一八四）一月二十日、鎌倉軍は木曾義仲軍を破って京を制圧しますが、前年閏十月から伊勢国内に滞在していた源義経・中原親能の搦手軍には、貞季流伊勢平氏の平信兼をはじめ、多くの伊勢の在地武士団が加わっていました。(17)

京を制圧した鎌倉軍は、そのまま摂津国生田の森・一の谷に出陣する準備を始めますが、その際に、鎌倉軍が摂津武士を動員したことが判明する興味深い文書が、『儒林拾要』という鎌倉時代をあまり下らない頃に成立したと推定される文例集に掲載されています。(18)

廻　次第不同

摂津国御家人等

豊嶋太郎源留奉　　遠藤七郎為信余准之

牧権追捕使中原宗景奉　垂水武者所橘正盛
孫太郎藤原友盛奉　行嶋二郎源為重

右、来何日一谷発向也、当国御家人等、随二惣追捕使之催一、一人不レ漏令二参洛一、於二七条口一而可レ入二見参一、若有二不参之輩一者、即処二于謀叛与力衆一、不日可レ寄二罰一之者也、仍所レ廻如レ件、

年月日

追討使源朝臣判

『儒林拾要』は、文書事務の手引書として文書の様式ごとに分類した文例集で、そこに収められた文書は、年号や日付・人名・固有名詞がわざと削られて、仮作の例文の体裁になっていますが、実在の文書をもとに編纂されており、史料的価値の高いものです[19]。

右の文書は、その『儒林拾要』に「廻文」という回覧文書の例として掲げられたもので、ここには六人の摂津武士の実名や、「一谷」「七条口」という地名がそのままのこされており、寿永三年一月末に鎌倉軍が生田の森・一の谷に出陣する際に、摂津武士を京の「七条口」に召集するために発給した廻文であったことがわかります[20]。召集に応じなかった場合は、「謀叛与力衆」として追討すると述べており、摂津武士はこの時点で、鎌倉方について御家人となるか、あるいは平氏方につくか、厳しい選択を迫られました。

廻文は、現代の回覧板のように名前が記された武士たちに順に回覧され、内容を了解した場合には自分の名前の下に「奉」と記入します。この文書では一部省略がありますが、「豊嶋太郎源留」以下三人の名前の下に「奉」の文字が記されていますから、実際に回覧された原本を書写したものであったこともうかがえます。

従来、『大阪府史』などにおいても、この廻文は紹介されてきましたが[21]、これを発給した「追討使源朝臣」が、大

手軍総大将の源範頼にあたるのか、それとも搦手軍総大将の源義経にあたるのか、明確には論じられてきませんでした。しかし、廻文を詳しく検討すると、さらに多くの情報を引き出すことが可能です。

というのも、本文書では戦場を「一谷」と明記するとともに、摂津武士が追討使の見参に入る場所を京の「七条口」と指定しており、七条口が丹波口とも呼ばれ、桂川を渡り大枝山（大江山）の老ノ坂を越えて、丹波国に入る丹波路の起点であったことを踏まえると、(22)この軍勢が、丹波路を通って一の谷に向かった搦手軍であることは間違いないからです。とすれば、ここに見える「追討使源朝臣」とは源義経であり、義経が摂津武士に動員をかけていたことになります。

この廻文に実名が記されている摂津武士のうち、豊嶋太郎源留は、淀川河口の渡辺を拠点とする源姓渡辺党の一員で、摂津国豊島郡に拠点を有して「豊嶋太郎」を名乗った武士であり、遠藤七郎為信は、同じく摂津渡辺に拠点をもった遠藤氏の一人です。(23)また牧権追捕使中原宗景と垂水武者所橘正盛は、垂水東・西牧の荘官を務めていた在地武士と推測され、(24)彼らはいずれも、摂津国の山陽道（西国街道）近隣に拠点をもつ者たちでした。鎌倉軍がこうした武士を、山陽道を進む大手軍に現地で合流させるのではなく、いったん京の七条口に集合させて、搦手軍として丹波路を進ませたのは、彼らがどちらに味方するかわからない情勢のなかで、大手軍が安全に山陽道を下るための方策であったと考えられます。

そしてもう一つ、この廻文で見逃せない重要な点は、「当国御家人等、随二物追捕使之催一、一人不レ漏令二参洛一」とあるように、追討使源義経のもとで実際に摂津武士の軍勢催促にあたったのが、摂津国の物追捕使であったという事実です。

頼朝が国単位に設置した物追捕使は、のちに守護として制度化されますが、内乱期には各国の国衙機構を掌握して、総力的な軍事動員を展開しました。伊賀・伊勢・紀伊などの畿内近国においても、生田の森・一の谷合戦直後から惣追捕使が設置され始めますが[25]、本文書は、摂津国では生田の森・一の谷合戦以前の時点で、すでに惣追捕使が置かれていたことを示しています。これまで摂津国の惣追捕使（守護）の初見は、建保年間（一二一三〜一九）頃に活動が確認される大内惟義とされてきましたが[26]、実は畿内・西国では最も早く、鎌倉軍が京を制圧した直後に摂津国には惣追捕使が設置され、生田の森・一の谷合戦に向けて国内武士の動員にあたっていたのです。

それでは、この摂津国惣追捕使に補任されたのは、一体誰だったのでしょうか。その答えは、この廻文を収める『儒林拾要』という史料自体に示されていると思います。なぜなら、『儒林拾要』に掲載された例文は、摂津国関係、特に摂津の多田源氏関係の文書が目立っており、また延宝二年（一六七四）頃の段階で、同書が多田源氏の末裔に伝えられていたことに注目すると、『儒林拾要』という文例集は、多田源氏の文筆者によって編纂されたものと推定されるからです[27]。

とすると、この廻文も多田源氏の手元に保存されていたことになりますが、当時の多田源氏の惣領で、交通の要衝である摂津国川辺郡に強大な勢力を誇っていた多田行綱の名は、この廻文には見えません。なぜでしょうか。私はその理由を、多田行綱こそが、廻文をまわして摂津武士の動員にあたった摂津国惣追捕使であったからと考えています。廻文という文書が、現代の回覧板のように次々とまわしていくものであった以上、自分の名前がないにもかかわらず、「奉」と記入された廻文を最終的に所持していた多田行綱は、追討使源義経の命を受けて搦手軍の軍勢催促を行った摂津国惣追捕使にほかならないと思います。

後述するように、実際に多田行綱が生田の森・一の谷合戦において搦手軍の一翼を担って活躍したことや、のちに摂津国惣追捕使（守護）として確認される大内惟義が、元暦二年（一一八五）六月の多田行綱追放直後に、摂津国多田荘や多田院御家人の支配を引き継いだ武士であったことも、[28]行綱が初代の摂津国惣追捕使であったことを示唆しているといえるでしょう。

源義経率いる搦手軍は、丹波路を経由して、播磨国三草山（兵庫県加東市）でまず平氏の守備隊と一戦を交えます。杜山悠氏はそのルートを、丹波国小野原から、播磨国清水寺への巡礼道であった「タダ越峠」で国境を越え、三草山に進んだ可能性が高いと推定されたうえで（図6参照）、「タダ越」について、「義経軍が峠にかかると多田蔵人行綱が出迎えていて、全軍無事に峠を越えることができたので「多田越」の名がついた」という地元の伝承を紹介されています。[29]右に述べたような源義経の搦手軍と摂津国惣追捕使多田行綱の関係は、興味深いことに、こうして地域の伝承として記憶され続けていたのです。

第五節　軍勢を先導する「案内者」

さて、いよいよ大手軍・搦手軍は、生田の森・一の谷に向けて進軍を開始しますが、右大臣九条兼実の日記『玉葉』寿永三年（一一八四）二月一日条は、次のように伝えています。

昨今、追討使等、皆悉下向云々、先追二落山陽道一之後、漸々可レ有二沙汰一云々、

鎌倉軍の各部隊がこの数日間にことごとく京を出発したこと、そして今回の合戦は、まず平氏軍を山陽道から追い落とすことに目的があり、その後じっくりと時間をかけて平氏軍を攻略する作戦であったことがうかがえます。京を制圧したばかりの鎌倉軍は、瀬戸内海の制海権を掌握する平氏軍と海上で戦う態勢になく、この合戦を雌雄を決する戦闘としては位置づけていなかったものと思われます。

それればかりか、翌日の『玉葉』二月二日条は、鎌倉軍のなかに平氏軍との和平を望む動きがあったことを伝えています。すでに本書第Ⅰ部第一章でも検討した史料ですが、ここであらためて確認しておきます。

　或人云、向二西国一追討使等暫不レ遂二前途一、猶逗-留大江山辺一云々、平氏其勢非二尫弱一、鎮西少々付了云々、下向之武士殊不レ好二合戦一云々、土肥二郎実平・次官親能等此両人頼朝代官也、相-副武士等二所レ令二上洛一也、或御使被二誘仰一之儀、甚甘心申云々、而近臣小人等朝方、親信、親宗等少弁北面下臈等云々、□一口同音勧-申追討之儀一、是則法皇之御素懐也、仍流掉、無二左右一事歟、此上左大臣又被レ執-申追討之儀一云々、

この記事によれば、京の七条口を出発した源義経の搦手軍は、山城・丹波国境の大江山（大枝山）において逗留し、好んで進軍しようとはしていなかったこと、そして「頼朝代官」として軍勢に付き添って上洛した土肥実平・中原親能は、院の御使を平氏のもとに派遣して和平交渉を進める策に積極的に賛同していたことなどが知られます。[30]しかしそれにもかかわらず、後白河院や院近臣は鎌倉軍による平氏追討の軍事行動を強く主張しました。[31]

結局、院の意向に基づいた朝廷の決定を受け、鎌倉軍は山陽道を進む源範頼の大手軍と、丹波路を進む源義経の搦手軍の二手に分かれ、進軍を再開します。この進軍の過程で、生田の森に向かう大手軍が、山陽道の沿道にあたる春日社領垂水東・西牧に乱入し、兵粮米や兵士役を牧の住人に賦課したことは、前述した通りです。また、大手軍の一部隊である梶原景時の軍勢は、沿道の民衆が資財を摂津国勝尾寺（大阪府箕面市）に隠し預けているという噂を聞き、生田の森・一の谷合戦の三日前にあたる二月四日に勝尾寺に押し寄せ、制止する老僧一人を殺害して食物や衣料を掠奪し、堂舎に火を放ちました。[32]源平合戦と聞くと、ロマン化された数々の英雄物語が思い浮かびますが、地域社会の民衆にとって、現実の戦争の過酷さは、今も昔も変わりはなかったのです。

さて、一方の搦手軍も丹波路を進み、播磨国三草山で平氏の守備隊に勝利したのち、摂津国一の谷に向かって南下

していきます。この搦手軍の進軍と関わって興味深いのは、軍勢を戦場まで導く現地の「案内者」（その地域の事情に通じている者）が『平家物語』に登場することです。特に有名なのは、覚一本『平家物語』などに描かれている鷲尾三郎義久です。(33)

近隣の猟師であった鷲尾庄司武久の子熊王（鷲尾三郎義久）は、鵯越を進む搦手軍を先導した功によって、源義経に取り立てられ、のちに奥州で義経とともに滅んだ人物として『平家物語』に語られています。平家領の摂津国八部郡山田荘内に所在した東下村（神戸市北区山田町東下）には、その末裔を称する鷲尾家が近代にいたるまで続いていました。(34)寛政八年（一七九六）から同十年にかけて刊行された秋里籬島著『摂津名所図会』には、「鷲尾義久の旧屋」である鷲尾家には弁慶と亀井六郎から贈られたとされる太刀二振が家宝として伝来し、古戦場の史跡を訪ねる武士たちが同家を訪れていた様子を描いています。(35)覚一本『平家物語』の普及によって、地域伝承が拡大している様相がうかがえます。

ちなみに『平家物語』の諸本では、鵯越の「案内者」について、延慶本『平家物語』は「播磨国安田庄ノ下司、多賀菅六久利」(36)、長門本『平家物語』は「播磨国安田ノ庄下司、賀古菅六久利」(37)、四部合戦状本『平家物語』は「鷲尾三郎経久・鷲尾四郎義久」の兄弟、(38)『源平盛衰記』は「鷲尾三郎経春」とし、「異説に云」として「播磨国安田庄下司多賀菅六久利」と記しています。(39)これらの記事を見ると、鵯越の「案内者」は、諸本によって名前に微妙な違いを含みながらも、鷲尾三郎義久と多賀菅六久利の二系統が存在し、鷲尾伝承は覚一本などの語り本系『平家物語』だけではなく、四部合戦状本や盛衰記などの読み本系『平家物語』にも入り込んでいることがわかります。中世後期において、鷲尾伝承に一本化されていく動きを示していると思われます。

ところで、軍勢を先導するこのような「案内者」は、物語上の創作物では決してなく、実際に敵方の支配領域を進軍していく中世の軍隊にとっては、不可欠の存在でした。例えば、寿永二年（一一八三）十月、平氏追討のために西国に下向した木曾義仲軍には、平氏方として捕虜となった妹尾兼康が、「道指南」として義仲軍を先導していたことが知られますし、(40)また文治五年（一一八九）の奥州合戦では、阿津賀志山で鎌倉方武士を「山案内者」として先導する安藤次という陸奥国刈田郡の武士が登場します。(41)遠征先において軍勢を手引きしてくれる現地勢力の取り込みは、軍事行動の成否に直接つながる重大な意味をもっていたといえるでしょう。

それでは、こうした現地の「案内者」は、いかなる事情で外部から侵入する軍勢を先導する役割を担うことになるのでしょうか。そのことをよく示しているのが、延慶本『平家物語』などに描かれている播磨国安田荘下司の多賀菅六久利の場合です。多賀菅六久利は、播磨国三草山合戦で平氏方武士として生け捕りにされましたが、次のような理由で積極的に義経の搦手軍に協力したと伝えられています。(42)

「抑和君ハ平家ノ祗候人カ、又国々ノ駈武者歟」ト問ワレケレバ、「平家ノ家人ニテモ候ワズ。駈武者ニテモ候ハズ。播磨国安田庄ノ下司、多賀菅六久利ト申者ニテ候ガ、去比先祖相伝ノ所領ヲ、無故平家ノ侍越中前司盛俊ト申者ニ押領セラレ候テ、此二三年ノ間訴申候ヘドモ、訴詔達セズシテ罷過候。所領ハ被取候ヌ。キズナキ死シ候ワムヨリハ、同クハ弓矢ヲ取テ、軍ニコソ死候ハメト存候テ、此手ニ付テ候」ト申ケレバ、「サテハ平家ノ祗候人ニテハアラザリケリ。誠ニ此山ノ案内者久利ニスギジ」トテ、「今ハユルスベシ」トテ、誡ヲユルサレテ、先ニ立テゾオワシケル。

多賀菅六久利は、その名字からも知られるように播磨国多可郡を本拠とする在地領主で、多可郡安田荘の下司職を相伝していました。安田荘は、現在の兵庫県多可郡多可町に比定される荘園で、三草山の北西十数キロメートルの距離に位置します。多賀久利は、その安田荘内の先祖相伝の所領を数年前に平氏の有力家人であった越中前司平盛俊に押領され、訴訟を行っても回復できなかったために、自ら戦場に出て死のうとしたのだと述べています。[43] 結局、多賀久利が「案内者」として鎌倉軍に積極的に協力したのは、このような安田荘をめぐる平盛俊との所領紛争があったためであり、地域社会の利害関係が在地武士の政治的動向を規定したことが示されています。多賀久利のこのエピソードは、それが史実かどうかは別として、源平合戦が地域社会の利害関係と結びつきながら展開していったことを物語っており、軍勢を先導する「案内者」の出現にも、地域的な領主間競合や矛盾があらわれているのです。

第六節　鵯越と多田行綱

『玉葉』寿永三年（一一八四）二月八日条は、生田の森・一の谷合戦の具体的様相を書き記している唯一の同時代史料です。

八日、丁卯、天晴、未明人走来云、自二式部権少輔範季（藤原）朝臣許一申云、此夜半許、自二梶原平三景時許一、進二飛脚一申云、平氏皆悉伐取了云々、其後午刻許定能（藤原）卿来、語二合戦子細一、(a)一番自二九郎（源義経）許一告申、搦手也、先落二丹波城一、次落二一谷一云々、(b)次加羽冠者（源範頼）申二案内一、大手、自二浜地一寄二福原一云々、自二辰刻一至二巳刻一、猶不レ及二一時一、無レ程被二責落一了、(c)多田行綱自二山方一寄二最前一、被レ落二山手一云々、大略籠二城中一之者不レ残二一人一、但素乗船之人々四五十艘許在二島辺一云々、而依レ不レ可二廻得一、放レ火焼死了、疑内府（平宗盛）等歟云々、所二伐取一之輩交名未二注進一、仍不レ進云々、剣爾・内侍所安否同以未レ聞云々、

右の記事には、東は生田の森、西は一の谷、北は山の手の「城郭」で囲まれた「城中」（福原）の平氏軍が総崩れし、大輪田泊の兵庫島に停泊していた船に逃れることができず、前内大臣平宗盛も火を放って自害したらしいという誤報までが記されており、かえってそのことが合戦翌日に京にもたらされた情報の生々しさを感じさせます。午の刻（昼

の十二時頃）に『玉葉』の記主九条兼実のもとを訪ね、合戦の子細を語った藤原定能は、後白河院への奏事を取り次ぐ院伝奏を務めていた人物ですので[44]、これらの報告は院のもとに届けられた情報であったことが明らかです。

さて、この記事によると、生田の森・一の谷合戦は、次の三ヵ所の戦場で同時に戦闘が展開しました。まず一つめは、(a)の源義経のもとから報告された戦闘で、丹波路を進んだ搦手軍は「丹波城」（丹波・播磨国境近隣の三草山の「城郭」＝防衛ライン）を落としたのち、一の谷に攻め寄せてこれを攻略したと伝えています。二つめは(b)の源範頼のもとから報告された戦闘で、「浜地」（海浜を通る山陽道のことで「浜の手」とも呼ばれる）[45]より福原に向かった大手軍は、ここでは明記されていませんが、『平家物語』が描いているように生田の森で平氏軍と交戦したと考えられ、辰の刻（午前八時頃）から巳の刻（午前十時頃）までの「一時」ほどで、決着がついたことを伝えています。そして三つめは、(c)の多田行綱の戦闘です[46]。多田行綱については、すでに第四節において、初代の摂津国惣追捕使に任じられ、義経のもとで摂津武士の動員にあたったことを推定しましたが、その多田行綱が山方から攻め寄せ、最も早く「山の手」を落としたと記されています。

それでは、多田行綱が攻略した「山の手」とは、一体どこだったのでしょうか。『平家物語』諸本では、この合戦の戦場として生田の森・三草山・一の谷・鵯越・山の手の五ヵ所が登場しますが、そのなかでも特に「山の手」については、延慶本・長門本・盛衰記などの読み本系諸本は、一方では播磨国三草山としながら、他方では摂津国一の谷あるいは鵯越ととらえており、そのために三草山を一の谷や鵯越の近隣にあったかのように描くなど、後出諸本の本文がその不整合性の解消をはかっていたことが指摘されています。そして、「山の手」を「鵯越のふもと」、「鵯越」を「一谷のうしろ」と明記する覚一本『平家物語』などの語り本系諸本は、そうした本文整合化の動きの「一つの完成のあり方」と評価されています[47]。このような研究成果を踏まえるならば、実際の「山の手」の位置を、在地性の稀薄な『平家物語』の本文から探ることは不可能といわざるをえません。

そこで、あらためて『玉葉』の記事に注目してみると、多田行綱の「山の手」の戦闘は、源義経の搦手軍の三草山や一の谷、範頼の大手軍の生田の森の戦闘とは区別して書かれており、実際の「山の手」は、決して三草山や一の谷のことではなかった点に注意しておきたいと思います。『玉葉』に記されている戦場は、三草山・一の谷・生田の森・山の手の四ヵ所ですが、多田行綱もそれなりの軍勢を率いて、「山方」のルートから福原の平氏陣営に向かって攻撃したと考えられる以上、「山の手」の場所はおのずと限定されてくるはずです。

ここで参考としたいのは、菱沼一憲氏が注目された、建武三年（一三三六）五月二十五日に生田の森・一の谷合戦とほぼ同じ地域を戦場として戦われた湊川合戦の事例です。(48) 湊川合戦は、九州から東上する足利尊氏・直義の軍勢を、新田義貞・楠木正成の建武政権軍が兵庫の和田岬や湊川で迎え撃とうとして、大敗を喫した戦闘として有名ですが、その合戦で、播磨国印南野から陸路を東に進んだ足利直義軍は、『梅松論』によれば「大手（須磨口）」足利直義、「山ノ手」斯波高経、「浜ノ手」少弐頼尚という構成で攻撃しました。(49)『太平記』では、同じ場面を足利軍が「鹿松岡・鵯越・須磨上野より」攻め寄せたと記しており、(50) 菱沼氏はこれらの記事を踏まえて、「浜ノ手」を山陽道、「大手（須磨口）」を、播磨国塩屋（神戸市垂水区）から鉢伏山の北側を迂回して「須磨上野」（神戸市須磨区須磨寺町）に出る山陽道の迂回ルート、そして「山ノ手」を、「鹿松岡」（神戸市長田区鹿松町）・「鵯越」（鹿松町に北・東隣する山間部）の福原北部の山間部を経由するルートと指摘されています。つまり、湊川合戦では、「鵯越」に迂回して兵庫に攻め込んだ軍勢を「山の手」と呼んでいたことになります。

とすれば、生田の森・一の谷合戦において、多田行綱が福原に侵攻した「山方」のルートも、『太平記』が記している福原北部の「鵯越」と理解するのが、最も妥当ではないでしょうか。(51) 鵯越は、播磨国三木（兵庫県三木市）と福原に隣接する夢野（神戸市兵庫区夢野町）・兵庫津を結ぶ山中の間道で、寛延元年（一七四八）に刊行された『摂津国名所大絵図』においても、[52]北側の山中から福原の背後に出る唯一のルートとして描かれています（図7「『摂津国名所大絵図』に見る鵯越」参照）。多田行綱の軍勢が「山方」より福原に攻め込んだとすれば、この鵯越のルートを進んだと考えるのが最も合理的で、行綱が最初に攻め落とした「山の手」も、福原の平氏本営に隣接する夢野に出る鵯越の山道を封鎖するために、平氏軍が構築した「城郭」＝防衛ラインとして解釈できると思います。

このように述べてくると、おそらく読者の多くの皆さんが、鵯越は源義経が一の谷を攻略するために進軍したルートのはずで、多田行綱がここを攻め落としたという説はおかしい、と疑問を抱かれるに違いありません。しかし、鵯越を一の谷に通じるルートと理解する一般的認識は、『平家物語』が創り出した架空の合戦空間のイメージに影響されており、現実の地理的環境に合致するものではありません。

近年、鈴木彰氏は、先にも触れたような『平家物語』諸本における合戦記事の整合化という見解を踏まえつつ、『平家物語』諸本に共通する叙述の基調は、すべての戦場を「一の谷」に引き寄せて、この合戦を「一の谷合戦」として描き出す点にあったとされ、実際には直線距離で十キロメートル以上離れている大手の生田の森と搦手の一の谷を、近距離であるかのように圧縮して記していることを指摘されています。[53]この鈴木氏の見解は、これまで論争の絶えなかった鵯越と一の谷の位置関係についても、重要な見通しを与えてくれると思います。

現在も「鵯越道」と呼ばれている播磨国三木から夢野・兵庫津に通じる間道は、一の谷から約八キロメートルも離れた地点にありますが（図8「生田の森・一の谷・鵯越近隣図」参照）、前述のように覚一本『平家物語』などは鵯越を一の谷の後ろと明記しており、その地理的矛盾が古くから問題視されてきました。[54]そのため、「一の谷」を生田の森まで含む広域的な汎称と理解したり、[55]鵯越の本道とは別に、一の谷の背後に出る鵯越の支道を想定したりするなど、[56]こ

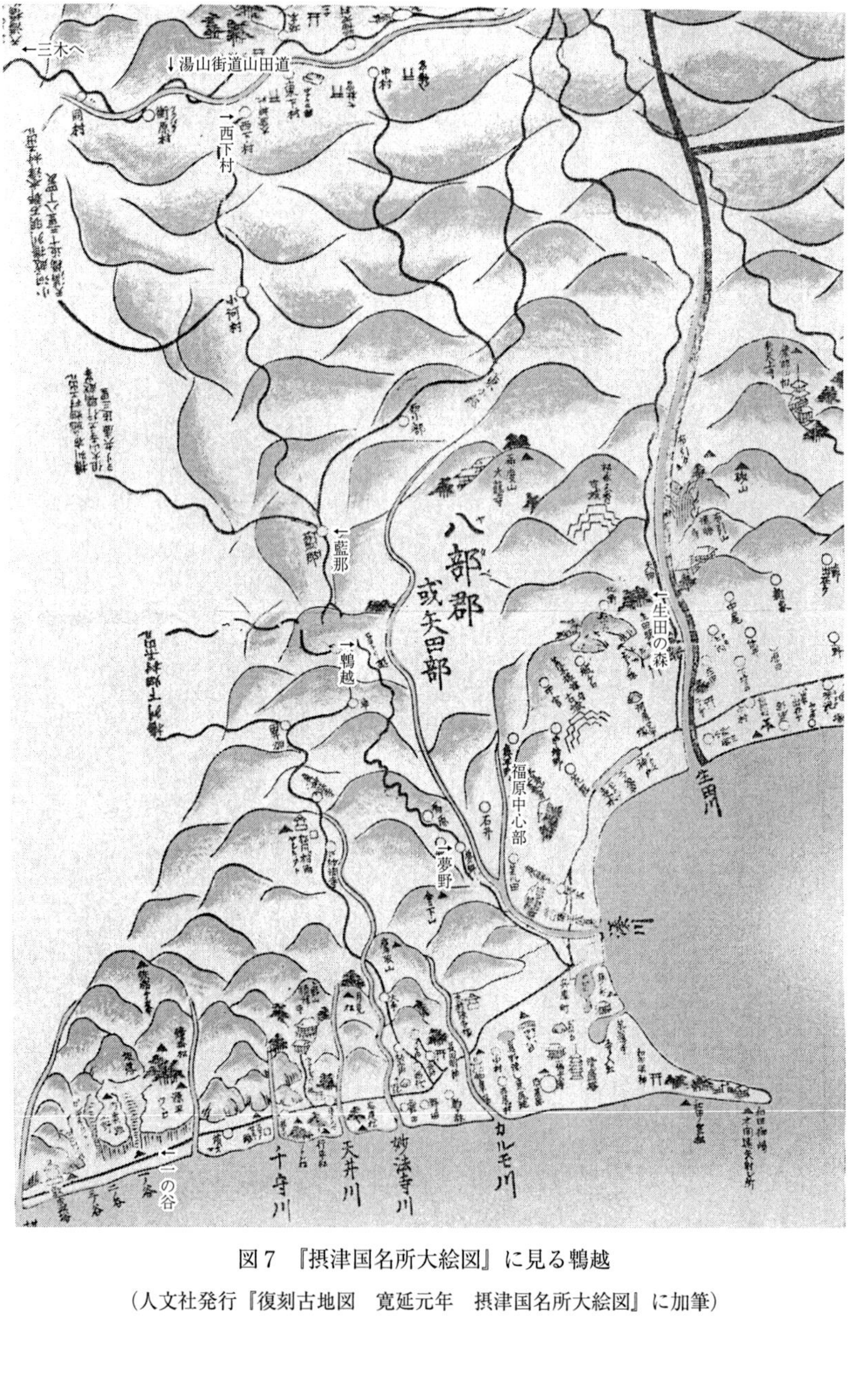

図７　『摂津国名所大絵図』に見る鴨越

（人文社発行『復刻古地図　寛延元年　摂津国名所大絵図』に加筆）

図８　生田の森・一の谷・鵯越近隣図

（「平凡社『日本歴史地名大系』特別付録輯製二十万分一復刻版　兵庫県全図」を原図に，加筆して作成）

れまで様々な解釈が試みられてきました。しかし、『平家物語』が「一の谷」を中心に独自の合戦空間を創出したとする鈴木説にしたがうならば、『平家物語』の描写を現実の地理的空間に当てはめようとすること自体、全く意味がないことになります。鵯越は、これまでも多くの論者が指摘してきたように、福原北部の山間部から夢野に出るルートと考えて間違いはなく、西の防衛ラインにあたる一の谷とは遠く離れた別の場所であったことを確認しておきたいと思います。

　そのうえで、源義経が率いた搦手軍の動向を探ると、義経の搦手軍が三草山合戦で勝利したのち、一の谷の「城郭」に押し寄せて平氏軍と戦闘を交えたことは、先に引用した『玉葉』の記事に明確に記されています。また同時代人の慈円も、その著『愚管抄』に「ソレモ一ノ谷ト云フ方ニ、カラメ手ニテ、九郎ハ義経トゾ云ヒシ」「コノ九郎ソノ一ノ谷ヨリ打イリテ、平家ノ家ノ子東大寺ヤク大将軍重衡イケドリニシテ、其外十人バカリソノ日打取テケリ」と書いていますから(57)、義経が一の谷を攻略した搦手軍の総大将であったことは確実です。したがって、史実としては、義経は鵯越を進んだ軍勢とは無関係であったことになります。義経が率いる搦手軍は、三草山から播磨国の社・小野・三木を通って印南野に出て(58)、そこから山陽道を東に進み、一の谷の「城郭」を攻撃したと考えられるでしょう。

では、一方の多田行綱の軍勢はどのように動いたのでしょうか。多田行綱が、追討使源義経のもとで、摂津国惣追捕使として摂津武士を京の七条口〈丹波口〉に召集したと推測されることについてはすでに述べた通りです。また、先に紹介したような丹波・播磨国境の「タダ越」の伝承なども勘案すると、多田行綱は、義経率いる搦手軍の一員としてそのまま丹波路を進み、三草山の戦闘にも参加したと思われます。

その後の動向について、『平家物語』諸本は、搦手軍は二手に分かれて、本隊は一の谷、別働隊は鵯越に向かったと記しています。周知の通り、『平家物語』では義経自身が鵯越に進軍することになるわけですが、実際には、義経は搦手軍の総大将として一の谷を攻略しており、鵯越に向かってはいません。私は、『平家物語』が義経軍の動きとして描いた、搦手軍の本隊から分かれて鵯越に進んだこの別働隊こそ、「山の手」を真っ先に落としたと伝えられる多田行綱の軍勢にほかならなかったと考えています。

三草山で平氏の守備隊に勝利した源義経の搦手軍は、右に述べたように、播磨国の社・小野・三木を通って印南野に南下したと考えられますが、多田行綱の別働隊は、おそらく三木において搦手軍本隊と分かれ、鵯越道を進んだと推測されます。播磨国三木・志染（三木市）から湯山街道山田道に入り、摂津国衝原・西下（神戸市北区山田町）へと東に進んだのち南下し、藍那（同前）を経て夢野にいたるルートです（図6・7参照）。[59]

この湯山街道山田道は、西下からさらに東に進んでいくと、谷上・唐櫃を経て有馬湯山（神戸市北区）を通り、船坂・生瀬（西宮市）を経て、平野部の昆陽野（伊丹市）において山陽道と合流します。湯山街道は、摂津国昆陽野と播磨国印南野を結ぶ山陽道の「裏街道」として盛んに利用されました。[60]実は湯山街道の西方は、市沢哲氏が詳しく論じられているように、平清盛領であった摂津国八部郡山田荘内に含まれる地域で、平氏の勢力圏にありましたが、[61]東方の摂津国川辺郡昆陽野は、同郡多田荘（川西市を中心に猪名川町・宝塚市・三田市などに広がる）に拠点をもつ多田行綱の勢力圏にありました。寿永二年（一一八三）七月二十六日、朝廷は多田蔵人大夫行綱に対して、三種の神器の安全をはかるために、前日に都落ちした平氏一門を追討しないように命じていますが、[62]この事実などは、昆陽野や河尻（尼崎市）など摂津国川辺郡の水陸交通の要衝をおさえる多田源氏の実力を私たちに教えてくれています。[63]

多田行綱は、安元三年（一一七七）六月のいわゆる「鹿ヶ谷事件」で、後白河院近臣の西光や権大納言藤原成親らによる平氏打倒の謀議を、平清盛に密告した人物としてあまりにも有名です。しかし近年では、行綱の密告を史実として疑う意見も強く、[64]私も史実ではなかったと考えています。[65]行綱は、その後も京と摂津国多田荘を往来しながら、院などの命を受けて京で軍事活動を行っており、[66]また平氏一門が都落ちするまでは、「日来属二平家一」とされたように、[67]平氏とも親密な関係を築いていました。

仁安四年（一一六九）春以降、出家した清盛が福原の山荘に基本的に常住するようになると、[68]京・福原間を往来する武士や貴族にとって、摂津国の中央部に位置する昆陽野は重要な中継地点になっていきます。[69]また、治承四年（一一八〇）六月の福原「遷都」では、土地が狭小な和田京の造営を中止して、昆陽野と印南野が新京候補地として検討されており、「頗有二便宜一」とされた昆陽野京の計画を、清盛も積極的に推進しようとしました[70]。このような事実を踏まえると、京とともに摂津国福原をもう一つの拠点とした平清盛の権力は、十世紀の源満仲以来、摂津国中央部に勢力を誇ってきた多田源氏との協力関係を前提にして、はじめて成り立っていたと理解できるのではないでしょうか。

寿永二年（一一八三）七月二十二日、都落ち直前の平氏一門を見限って、多田行綱は平氏に対して公然と敵対行動を始めますが、『玉葉』同日条には、

又聞、多田蔵人大夫行綱、日来属二平家一、近日有下同二意源氏一之風聞上、而自二今朝一、忽謀反、横二行摂津・河内両国一、張二行種々悪行一、河尻船等併点取云々、両国之衆民皆悉与力云々、

と記されています。摂津・河内における行綱の軍事行動に、「両国之衆民」（在地勢力）がことごとく協力しているというこの情報は、摂津・河内地域における多田源氏の動員力について、再評価を促すものだと思います。

以上、多田行綱と平氏との関係を、摂津国の地理的環境に即して検討してきましたが、このように考えてくると、福原の平清盛と長年にわたり協調していた多田行綱にとって、昆陽野と印南野を東西に結ぶ湯山街道や、湯山街道から分岐して福原を南北で結ぶ鵯越道は、何度も通行して熟知していたルートであったに違いありません。その多田行綱が、内乱期の流動的な情勢のなかで、京を制圧した鎌倉軍にいち早く味方し、摂津国惣追捕使に任じられて摂津武士の動員にあたったこと、そしてさらには搦手軍の別働隊を率いて、鵯越から平氏軍を攻撃し、真っ先に「山の手」を落としたことなどは、通常の生田の森・一の谷合戦の理解に大きな変更を迫るものです。地域固有の歴史的主体の動向が、「源平」合戦の展開を根底から規定していたことを示しているのです。

おわりに

本章は、従来「一の谷合戦」と呼ばれることの多かった生田の森・一の谷合戦について、地域社会との関わりからその実像を検討してきました。この合戦では、生田の森・一の谷・鵯越の三ヵ所で同時に戦闘が展開し、特に鵯越の「山の手」は、搦手軍の別働隊である多田行綱の軍勢が最も早く攻め落としており、戦況に大きな影響を与えたことは間違いありません。ただし、鵯越道は山中の間道であるために大軍が突入できるルートではなく、この合戦の勝敗を最終的に決定づけたのは、やはり数千の規模の軍勢が衝突した生田の森と一の谷の東西の防衛ラインの攻防であったと思います。本章が鵯越に注目しながらも、この合戦を「生田の森・一の谷合戦」と呼ぶのはそのためです。

ところで、『平家物語』諸本が、現実の合戦から離れて、「一の谷」を中心に独自の合戦空間を創り出したことについては、先に鈴木彰氏の説を紹介しましたが、実はそれが最も極端にあらわれているのは、鎌倉幕府が編纂した『吾妻鏡』です。生田の森・一の谷合戦についての『吾妻鏡』の記事が、『平家物語』諸本の叙述に酷似しており、『吾妻鏡』の編者が、『平家物語』あるいは「原平家」(『平家物語』諸本の原形本)の記事を模倣した可能性の高いことが、これまでも指摘されてきましたが[71]、特にここで注意したいのは、『吾妻鏡』では生田の森の戦場が記されず、一の谷のみが描かれていることです。

例えば、覚一本『平家物語』はこの合戦の全体の流れを、①源義経軍の「一谷のうしろ、鵯越」への進軍、②一の谷における熊谷・平山の先陣争い、③生田の森における河原兄弟の討死、梶原景時の「二度の懸」、「秩父・足利・三浦・鎌倉」以下の奮戦、大手における戦線の膠着、④義経軍の「坂落し」と描き[72]、義経の「坂落し」が合戦に決着をつけたかのように印象づけています。一方の『吾妻鏡』も、①義経軍の「一谷後山号鵯越」への到着、②一の谷における熊谷・平山の先陣争い、③「其後、蒲冠者《（源範頼）》幷足利・秩父・三浦・鎌倉之輩等競来」て奮戦、戦線の膠着、④義経軍の鵯越からの攻撃と順に記しており、[73]『吾妻鏡』が『平家物語』の叙述を要約したものであることは一目瞭然です。

しかし、明確に異なる点は、『吾妻鏡』では生田の森への場面転換がなく、③のように大手軍の総大将源範頼までが一の谷にあらわれていることです。『吾妻鏡』の特徴は、『平家物語』の展開を忠実に追いながらも、そのすべてを「一の谷」で描くところにあり、『吾妻鏡』が編纂された鎌倉時代後期には、すでに「一の谷」だけを戦場とする歴史認識が形成されていたと思われます。

それでは、『平家物語』諸本をはじめ、なぜこの合戦は「一の谷」を中心に語られるようになったのでしょうか。よく知られているように、吉田兼好の『徒然草』は、『平家物語』について、

九郎判官《（源義経）》の事はくはしく知て書のせたり。蒲冠者《（源範頼）》の事は、よく知らざりけるにや、多くのことゞもをしるしもらせり。

と述べており、義経と範頼に関する情報量の違いを指摘しています。[74]生田の森・一の谷合戦後、鎌倉に下向した範頼に対して、義経は畿内近国の軍事指揮官としてそのまま京に留まり、頼朝と敵対して逃走するまで二年近くも在京していますから、都に義経に関する情報が蓄積されるのは当然です。

しかもその間、例えば後白河院の皇子である仁和寺の守覚法親王が、ひそかに義経を招いて「合戦軍旨」を記録し、「彼源廷尉《（義経）》匪二直之勇士一也、張良三略、陳平六奇、携二其芸一得二其道一者歟」と賞賛したように、[75]都の貴族社会において、義経自身の口から合戦の詳細について語られている事実が重要です。生田の森・一の谷合戦が、「一の谷」を中

心に認識される素地は、すでに義経が在京している段階から生まれていたといえるでしょう。

そしてさらに、これは鵯越の問題にも関わってきます。本章で検討したように、義経は搦手軍の本隊を率いて一の谷を落とし、多田行綱は搦手軍の別働隊として鵯越の山の手を落としました。鵯越を進んだのが搦手軍の別働隊であった以上、多田行綱の軍功が、搦手軍の総大将である義経の軍功に置き換えられることがあったとしても、何ら不思議はありません。むしろ一の谷と鵯越の双方で義経の軍功が語られていたからこそ、現実には遠く離れた二つの戦場が、『平家物語』では同一の空間として再構成されたのではないでしょうか。

とすれば、鵯越の「坂落し」についても、それは義経の搦手軍本隊ではなく、本来は、多田行綱の別働隊にまつわる伝承であったと推測されます。義経が一の谷に向かって進軍した山陽道はもちろんのこと、行綱が進んだ鵯越にも、「坂落し」のイメージに合うような急峻な坂道は存在しませんが[76]、鵯越のルートを熟知し、土地勘のある行綱ならではのすばやい攻略が、このような伝承を生み出したと考えられます。

行綱は、平氏滅亡後の元暦二年（一一八五）六月、頼朝から奇怪な行動があったとして勘当され、所領も没収されてしまいます[77]。伊勢平氏の平信兼など、流動的な軍事情勢のなかで鎌倉軍に協力した畿内近国の有力武士が、のちに頼朝から意図的に排除されていますが[78]、この行綱の場合も同様であったと思います。そのためか、生田の森・一の谷合戦における多田行綱の軍功は、完全に歴史から忘れ去られました。

生田の森・一の谷合戦から八百年以上も経たいま、源義経の英雄伝説の呪縛を脱して、地元の武士の活躍に思いをめぐらしてもいいのではないでしょうか。

注

（1）宮田敬三「元暦西海合戦試論」（『立命館文学』五五四号、一九九八年）、同「十二世紀末の内乱と軍制」（『日本史研究』五〇一号、二〇〇四年）。
（2）拙稿「奥州合戦ノート」（『鎌倉幕府成立史の研究』校倉書房、二〇〇四年、初出一九八九年）、拙著『源平合戦の虚像を剝ぐ』（講談社、一九九六年）。
（3）上横手雅敬「鎌倉幕府と公家政権」（『鎌倉時代政治史研究』吉川弘文館、一九九一年、初出一九七五年）。
（4）拙稿「治承・寿永の「戦争」と鎌倉幕府」（前掲『鎌倉幕府成立史の研究』、初出一九九一年）、前掲注（2）拙著参照。
（5）覚一本『平家物語』巻第五「奈良炎上」。
（6）『吾妻鏡』文治五年八月七日条。
（7）阿津賀志山二重堀については、『福島県文化財調査報告書第82集　伊達西部地区遺跡発掘調査報告』（福島県教育委員会、一九八〇年）、「阿津賀志山防塁」（『日本城郭大系　第三巻　山形・宮城・福島』新人物往来社、一九八一年）、『国見町文化財調査報告書第9集　国指定史跡阿津賀志山防塁保存管理計画報告書』（福島県国見町教育委員会、一九九四年）などを参照。
（8）木本元治「最近の調査成果から見た阿津賀志山と石那坂の合戦」（『福島考古』五三号、二〇一一年）、同「鎌倉軍を迎え撃った奥州藤原氏の防塁」（『週刊新発見　日本の歴史　鎌倉時代1　源頼朝と武家政権の模索』朝日新聞出版、二〇一三年）などを参照。
（9）延慶本『平家物語』第五本「源氏三草山并一谷追落事」。
（10）前掲注（2）拙著参照。
（11）小林清治「南奥州の武士団」（『図説福島県の歴史』河出書房新社、一九八九年）。
（12）前掲注（6）史料。
（13）『源平盛衰記』巻第三十七「源平侍合戦」。
（14）森野宗明「足軽」（『鎌倉・室町ことば百話』東京美術、一九八八年）参照。
（15）寿永三年二月十八日「後白河院庁下文案」（春日神社文書、『平安遺文』八—四一三一）。
（16）「野馬除」については、戸田芳実「垂水御牧について」（『初期中世社会史の研究』東京大学出版会、一九九一年、初出一九八〇年）、『伊那市歴史シンポジウム　信濃の牧・春近領・宿場』（伊那市・伊那市教育委員会、一九九九年）などを参照。

(17) 拙稿「治承・寿永の内乱と伊勢・伊賀平氏」（前掲『鎌倉幕府成立史の研究』）。
(18) 『儒林拾要』（『続群書類従　第三十一輯下　雑部』巻九百二十）。
(19) 猪熊兼繁「雑二八二　儒林拾要」（『群書解題　第八巻』続群書類従完成会、一九六一年）。なお、『儒林拾要』と内容の類似した異本として、『雑筆要集』（『続群書類従　第十一輯下　公事部』巻三百七）が存在する。
(20) この廻文が発給された時期については、『玉葉』寿永三年二月一日条に「昨今、追討使等、皆悉下向云々」とあり、この時点までに鎌倉軍が生田の森・一の谷に向かって京を出発している事実を踏まえると、一月末であったことが知られる。
(21) 宮川満「源平争乱とその余波」（『大阪府史　第三巻　中世編Ⅰ』大阪府、一九七九年）。
(22) 『京都市の地名　日本歴史地名大系27』（平凡社、一九七九年）九四一頁。
(23) 渡辺党については、三浦圭一「中世における畿内の位置」（『中世民衆生活史の研究』思文閣出版、一九八一年、初出一九六五年）、加地宏江・中原俊章『中世の大阪』（松籟社、一九八四年）、生駒孝臣『中世の畿内武士団と公武政権』（戎光祥出版、二〇一四年）などを参照されたい。
(24) 宮川満前掲注（21）論文。
(25) 佐藤進一『増訂鎌倉幕府守護制度の研究』（東京大学出版会、一九七一年）。
(26) 田中稔「大内惟義について」（『鎌倉幕府御家人制度の研究』吉川弘文館、一九九一年、初出一九八九年）。
(27) 猪熊兼繁前掲注（19）論文。
(28) 元暦二年六月八日「大江広元奉書案」、元暦二年六月十日「中原親能奉書案」（多田神社文書、『かわにし　川西市史　第四巻　史料編Ⅰ』兵庫県川西市、一九七六年）。なお『玉葉』文治二年閏七月十六日条によると、大内惟義が実際に摂津国多田荘に下向していたことが判明する。
(29) 杜山悠『源平古戦場　播磨三草山』（日本風土記の会、一九八〇年）一九頁。
(30) 和平交渉を求める鎌倉軍の動向については、拙稿「中世武士の移動の諸相」（本書第Ⅰ部第一章、初出二〇〇七年）、同「治承・寿永内乱期における和平の動向と『平家物語』」（『文化現象としての源平盛衰記』笠間書院、二〇一五年）を参照。
(31) 生田の森・一の谷合戦における後白河院の主導性については、元木泰雄「頼朝軍の上洛」（『中世公武権力の構造と展開』吉川弘文館、二〇〇一年）参照。

(32) 延慶本『平家物語』第五本「梶原摂津国勝尾寺焼払事」、寿永三年二月日「勝尾寺焼亡日記」（『箕面市史　史料編一　勝尾寺文書』箕面市役所、一九六八年）。梶原景時軍による勝尾寺襲撃については、戸田芳実「中世箕面の形成」（『箕面市史　第一巻（本編）』箕面市役所、一九六四年）、前掲注（2）拙著を参照。

(33) 覚一本『平家物語』巻第九「老馬」。

(34) 『兵庫県の地名Ⅰ　日本歴史地名大系29Ⅰ』（平凡社、一九九九年）一二五頁、野村貴郎『北神戸　歴史の道を歩く』（神戸新聞総合出版センター、二〇〇二年）五五～五九頁参照。

(35) 秋里籬島『摂津名所図会』八部郡（『摂津名所図会　第二巻　版本地誌大系10』臨川書店、一九九六年）。

(36) 前掲注（9）史料。

(37) 長門本『平家物語』巻第十六「能登守教経所々合戦事」。なお、本書では長門本『平家物語』からの引用は、黒川真道・堀田璋左右・古内三千代校『平家物語　長門本　全』（国書刊行会）による。

(38) 四部合戦状本『平家物語』巻九「氷取越」。なお、本書では四部合戦状本『平家物語』からの引用は、早川厚一・佐伯真一・生形貴重校注『四部合戦状本平家物語全釈　巻九』（和泉書院）による。

(39) 『源平盛衰記』巻第三十六「鷲尾一谷案内者」。

(40) 延慶本『平家物語』第四「兼康与木曾合戦スル事」。

(41) 『吾妻鏡』文治五年八月十日条。「山案内者」安藤次については、大石直正「阿津賀志山合戦と安藤氏」（『奥州藤原氏の時代』吉川弘文館、二〇〇一年、初出一九八八年）参照。

(42) 前掲注（9）史料。

(43) 播磨国安田荘は、のち播磨国惣追捕使となった梶原景時が押領したことが問題となっており（『吾妻鏡』文治二年六月九日条）、実際に平氏方所領となっていた可能性が高いと思われる。

(44) 松島周一「院伝奏としての藤原定能」（『年報中世史研究』二二号、一九九七年）。

(45) 前掲注（9）史料などを参照。

(46) 本章の原論文では、多田行綱が攻め込んだ「山の手」（福原北部の山間部から夢野に出るルート）と生田の森の距離が、一の谷と比較して近距離であったことも踏まえて、多田行綱の戦闘は源範頼の報告に含まれていたと判断したが、髙橋秀樹氏は『玉葉精

読　元暦元年記』（和泉書院、二〇一三年）のなかで、行綱に関する情報は源義経の報告にあった可能性が高いと指摘されている。確かに、本論で述べるように多田行綱は源義経の搦手軍に属して播磨国三木まで進軍したと推測され、髙橋氏の解釈も説得力がある。ここでは判断を保留し、後考を待ちたい。
(47)　早川厚一「『平家物語』諸本記事の生成」（『名古屋学院大学論集〈人文・自然科学篇〉』二〇巻一号、一九八三年）、同「『平家物語』における西国合戦譚について」（『軍記物語の生成と表現』和泉書院、一九九五年）。
(48)　菱沼一憲『源義経の合戦と戦略』（角川書店、二〇〇五年）。
(49)　京大本『梅松論』下。
(50)　神宮徴古館本『太平記』巻第十六「海陸二勢寄兵庫浦事　付本間遠矢事」。
(51)　菱沼一憲前掲注（48）著書参照。
(52)　『復刻古地図　寛延元年　摂津国名所大絵図』（人文社）。
(53)　鈴木彰「〈一の谷合戦〉の合戦空間」（『平家物語の展開と中世社会』汲古書院、二〇〇六年、初出二〇〇〇年）。
(54)　喜田貞吉「鵯越と一の谷」（『喜田貞吉著作集4　歴史地理研究』平凡社、一九八二年、初出一九二五年）、落合重信・古川薫・内田美子『平家物語散歩』（創元社、一九七二年）、落合重信「一ノ谷合戦」（『歴史と神戸』二五巻一号、一九八六年）、村上美登志「延慶本『平家物語』「三草山・一ノ谷合戦譚」の再吟味」（『中世文学の諸相とその時代』和泉書院、一九九六年）、信太周「一の谷のうしろ、鵯越云々」（神戸大学国語教育学会『国語年誌』一五号、一九九六年）、東啓子「『平家物語』・義経坂落しの考察」（『武庫川国文』四九号、一九九七年）、野村貴郎前掲注（34）著書などを参照。
(55)　喜田貞吉前掲注（54）論文、村上美登志前掲注（54）論文。
(56)　仲彦三郎『西摂大観　下巻』（中外書房、一九六五年、初出一九一一年）。
(57)　『愚管抄』巻第五「安徳　後鳥羽」。
(58)　黒板勝美「一ノ谷の戦」（日本歴史地理学会編『摂津郷土史論』弘文社、一九二七年）、落合重信前掲注（54）論文、菱沼一憲前掲注（48）著書などを参照。
(59)　落合重信・古川薫・内田美子前掲注（54）著書、野村貴郎前掲注（34）著書などを参照。
(60)　野村貴郎前掲注（34）著書などを参照。

(61) 市沢哲「南北朝内乱からみた西摂津・東播磨の平氏勢力圏」(『地域社会からみた「源平合戦」』岩田書院、二〇〇七年)。
(62) 『玉葉』寿永二年七月二十六日条。
(63) 多田源氏については、熱田公・元木泰雄『多田満仲公伝』(多田神社、一九九七年)、元木泰雄『源満仲・頼光』(ミネルヴァ書房、二〇〇四年)などを参照。
(64) 早川厚一『平家物語を読む』(和泉書院、二〇〇〇年)。
(65) 拙稿「「鹿ケ谷事件」考」(『立命館文学』六二四号、二〇一二年)参照。
(66) 例えば、寿永二年(一一八三)十一月に木曾義仲が後白河院と対立した法住寺合戦の際も、多田行綱は子息とともに院方の武力として参加しており(『春日社司祐重記』寿永二年十一月十九日条、『続群書類従　第二輯上　神祇部』巻三十九)、行綱が院の命令にしたがう「京武者」として活動し続けていることに注目したい。
(67) 『玉葉』寿永二年七月二十二日条。
(68) 髙橋昌明「平家の館について」(『平家と六波羅幕府』東京大学出版会、二〇一三年、初出一九九八年)。
(69) 例えば、『玉葉』治承四年(一一八〇)九月二十三日条によると、東国の反乱鎮圧に向かう追討使の平維盛らは、福原を出立したのち、昆陽野で一泊して入京している。黒田俊雄「古代末期の伊丹地方」(『伊丹市史　第一巻』伊丹市、一九七一年)参照。
(70) 『玉葉』治承四年六月十五・十七日条。山田邦和「福原遷都の混迷と挫折」(『日本中世の首都と王権都市』文理閣、二〇一二年、初出二〇〇五年)参照。
(71) 石母田正「一谷合戦の史料について」(『石母田正著作集　第九巻　中世国家成立史の研究』岩波書店、一九八九年、初出一九五八年)、平田俊春「吾妻鏡と平家物語との関係」(『平家物語の批判的研究　下巻』国書刊行会、一九九〇年)などを参照。
(72) 覚一本『平家物語』巻第九「老馬」・「一二之懸」・「二度之懸」・「坂落」。
(73) 『吾妻鏡』寿永三年二月七日条。
(74) 『徒然草』第二百二十六段。なお、本書での『徒然草』からの引用は、西尾実校注『日本古典文学大系　方丈記　徒然草』(岩波書店)による。
(75) 『左記』(『群書類従　第二十四輯　釈家部』巻四百四十四)。三浦周行「源義経」(『新編　歴史と人物』岩波書店、一九九〇年、初出一九一一年)、菱沼一憲前掲注(48)著書を参照。なお、張良と陳平はともに漢の高祖に仕えた軍略家で、張良は黄石公に三略という兵法書を授けられたとされ、陳平は六度奇計を出したとされる（三浦周行前掲書三四二頁）。
(76) 落合重信・古川薫・内田美子前掲注（54）著書、野村貴郎前掲注（34）著書などを参照。
(77) 前掲注（28）史料。
(78) 拙稿前掲注（17）論文。

〔補記〕本章の原論文は、兵藤裕己氏・志立正知氏・鈴木彰氏・野口実氏らとともに行っていた「平家物語研究会」における報告「生田森・一の谷合戦をめぐる諸問題」（一九九九年一月十日）の内容をもとに、二〇〇五年九月二十五日「神戸源平シンポジウム　源平合戦―伝承された戦いの虚実」での基調講演「源平合戦の虚像を剝ぐ―生田森・一の谷合戦を中心に―」を文章化したものである。基調講演は、二〇〇五年に刊行された菱沼一憲氏の『源義経の合戦と戦略』を参照せずに行ったが、鵯越の「坂落し」を多田行綱の軍事行動と理解する点など、菱沼氏の著書と私の講演は同様の論点を含むものであった。そこで、講演を文章化する時点で菱沼氏の著書を参照した部分は本文・注に記す一方、論の目的・展開などについては大きく異なっていたため、基本的に講演から変更しなかった。本書に収録するにあたっても同様の方針をとったが、本章と合わせて菱沼氏の労作を参照していただければ幸いである。

第三章　中世前期の戦争と在地社会

はじめに

本章は、治承・寿永内乱期を中心に、中世前期における戦争と在地社会との関わりについて検討することが目的である。「源平合戦」と通称される当該期の戦争は、一般には、十世紀以降東国から発展した騎馬武者による騎射戦が最も典型的に見られた段階と理解されている。そして、それが蒙古襲来を契機として、鎌倉時代末期・南北朝時代にいたり徒歩立ちの集団戦に変質すると説明されてきた(1)。しかし、すでに一部の研究者から見直しが提唱され(2)、また私自身も別稿で論じたように(3)、たとえ主力部隊が騎射隊で構成されていたにせよ、治承・寿永内乱期の戦争は古典的な騎射戦の段階とは決して同一視できない要素を含んでいたことに注意しなければならない。

すなわち、①延慶本『平家物語』の「昔様ニハ馬ヲ射事ハセザリケレドモ、中比ヨリハ、先シヤ馬ノ太腹ヲ射ツレバ、ハネヲトサレテカチ立ニナリ候。近代ハ、ヤウモナク押並テ組テ、中ニ落ヌレバ、大刀、腰刀ニテ勝負ハ候也」という有名な一節に見られるような(4)、敵の馬を狙って矢を射かけ徒歩立ちで戦い、あるいは馬上から敵を組み落とし格闘によって勝負を決めるという戦闘法の流行、②同じく延慶本『平家物語』の「平山ガ乗タル馬ハ究竟ノ馬也、城中ノ者共ノ乗タル、船ニタテ儀ニタテタル馬ナレバ、ヤセツカレテ、一アテアテタラバタウレヌベケレバ、近付カザリケリ」という記載にうかがえるような、(5)敵の馬の胴中に馬ごとぶつかり、人馬もろともに当て倒す「馬当」の盛行、(6)③さらに「一谷ノ西ノ木戸口へ寄テミレバ、城郭ノ構様、誠ニオビタヽシ。陸ニハ山ノ麓マデ大木ヲ切伏テ、其影ニ数万騎ノ勢並居タリ」「平家ハ摂津国生田森ヲ一ノ木戸口トシテ、堀ヲホリ、逆木ヲ引、東ニハ堀ニ橋ヲ引渡シテ、口一ツアケタリ。北ノ山ヨリ際マデハ垣楯ヲカイテ、矢間ヲアケテ待係タリ」(7)と、『平家物語』諸本や当時の古記録に頻出する、堀・垣楯(掻楯)・逆茂木による「城郭」の構築とそれを利用した戦闘の展開などが、治承・寿永内乱期の戦争には見られ、『今昔物語集』に描かれている平良文と源充のような古典的一騎打ちのイメージとは、(8)大きく異なる実像が浮かび上がっているのである。

このような、騎馬武者間において騎射の戦いを当初から避けようとする戦闘法や、軍事施設を利用して味方の徒歩立ちの集団的な戦闘力を有効に発揮させようとする戦闘形態が広く出現した背景として、別稿では、治承・寿永内乱期の戦争が地方社会を巻き込んだ全国的な内乱のなかで展開し、騎射の技術に必ずしも習熟していない村落領主クラスの「堪器量輩」(武装能力保持者)までが広範にこの戦争に参加していた事実に注目した。実際、双方合わせても一千余騎にしかみたなかった保元・平治の乱に対し、この時期の戦争では古記録の記事に拠っても互いに数千騎規模、時には万を超える軍勢が動員されており、(9)いかに動員兵力が飛躍的に増大したかは明瞭であろう。こうした規模になること自体、戦闘員の階層的拡大なしには考えられないのである。

とすれば当然、内乱期の軍事動員を基礎に形成・整備された鎌倉幕府御家人制には、国衙の「譜代図」に登録されて代々騎射の武芸によって奉仕してきたような院政期の武士身分に入らなかった存在も、多数編成されていたと考えられ、(10)武士身分は内乱を契機として飛躍的に拡大したのではないか、という興味深い想定も生まれてくることになろう。しかし、そうした問題をとりあげる前に現時点でまず必要であると思われるのは、治承・寿永内乱期の戦争において、先に述べたような大規模な集団戦を可能とした諸条件の分析である。つまり、軍勢はどのように動員され、軍事施設はどのように築かれ、兵粮・物資はどのように徴集されたのかなど、戦闘遂行に不可欠な後方支援活動までも含めた当該期の戦争の総合的検討は、これまでの「源平合戦」論では全くといっていいほど関心が向けられてこなかった問題なのである。

本章は、以上のような関心から、治承・寿永内乱期の戦争が一体どのように準備・組織され、それが在地社会とどのように関わって展開していたのかという点について、民衆動員・路次追捕・軍事占領などの諸側面から検討していきたい。そして、その関連から一般民衆の動向に注目し、民衆を単に戦乱の被害者として描く内乱期の歴史像を、少しでも克服することができればと考えている。

第一節　軍事動員と民衆

従来から、治承・寿永内乱期における鎌倉幕府の軍事動員の在り方を示すものとして注目されてきたのは、次の史料である。

A　源（水走）康忠解[11]

「云二開発相伝一、云二当時沙汰次第一、所レ申尤有二其謂一、早如レ元令レ安二堵本宅一、可レ勤二仕御家人兵士役一之状如レ件、

源（義経）（花押）」

源康忠謹解　申進申文事

請下殊蒙二恩裁一、如レ元令二安堵一、勤中仕兵士役上、河内郡有福名水走開発田事、

右、康忠謹拷二案内一、水走者依レ為二重代相伝地一、親父季忠去天養年中申二賜庁宣一、遂二開発大功一、被レ停二止万雑公事一、令レ進二済官物一之間、敢以所レ無二他妨一也、爰近日兵粮米使等寄二事於左右一、追二出康忠代官一、致二非分濫妨一之間、及二所務違乱一之条、難レ堪次第也、然早被レ停二止彼妨一、安二堵本宅一、可レ勤二仕兵士役一之由、為レ蒙二御裁定一、勒二在状一、言上如レ件、以解、

寿永三年二月　日

B　源義経請文(12)

国兵士事、相伝家人許私加二其催一候者也、康忠之外、御厨兵士可レ令二免除一之由、令二下知一候也、恐々謹言、

（寿永三年）二月廿四日　　　　源義経請文

史料Aは、寿永三年（一一八四）二月に河内国河内郡大江御厨内有福名水走の地において、鎌倉方の兵粮米使らによる濫妨を受け、代官を追い出された水走康忠が、「御家人兵士役」を勤めるかわりに本宅への安堵を申請し、源義経の外題によってそれが認められたものであり、史料Bは、この問題に関連して、源義経が同月二十四日にあらためて「国兵士」として催促する康忠のほかは、「御厨兵士」を免除することを伝えた請文である。

鎌倉幕府の軍勢がはじめて入京したのは、木曾義仲を追討した寿永三年一月二十日のことであり、前章で検討したように、二月七日には生田の森・一の谷合戦で平氏軍に大勝している。その直後の史料A・Bは、京を制圧した鎌倉軍が畿内近国において軍事動員をまさに始めた段階にあたるわけであるが、これらの史料から、この時期の幕府による軍事動員には二つのタイプが存在したことを読み取ることが可能であろう。一つは、康忠が勤仕することとなった「国兵士」役（「御家人兵士役」）であり、もう一つは、ここでは免除されることとなった「御厨兵士」役である。

まず前者の「国兵士」役については、名称から見て国衙軍制における「国ノ兵共」を対象とした正規兵の兵士役と

理解されるが、(13) Bの源義経請文ではそれを「相伝家人許」に「私」に催促すると述べている。しかし、平治の乱後二十余年を経過したこの段階において、源義朝から頼朝へと続く「相伝家人」が畿内近国に実際に存在したとは考えられず、これは鎌倉軍側の動員の論理を示すものとしては注目できても、実態としては、軍事動員に基づく新たな御家人編成と理解するべきであろう。ちょうど同じ頃、源頼朝は後白河院に対して、「一　平家追討事」として「右、畿内近国、号二源氏平氏一携二弓箭一之輩幷住人等、任二義経之下知一、可二引率一之由、可レ被二仰下一候」という奏請を行っており、(14) 在京する源義経のもとに、水走康忠をはじめ、武士身分を対象とする「携二弓箭一之輩」の動員が畿内近国各地で一斉に展開していたのである。

一方、後者の「御厨兵士」役については、康忠が勤仕する「国兵士」役と明確に区別されている以上、これは大江御厨内水走の一般荘民が勤仕すべき兵士役と考えられる。このような荘園・公領単位で賦課される民衆の兵士役も、水走では免除されることになったものの、同じ時期に摂津国垂水東・西牧では、生田の森に向かう鎌倉軍によって「随又可レ被レ宛二催兵士兵粮米一云々、御牧住人者皆神人也、争脱二黄衣一、著二甲冑一哉」(15)「以二神人一狩二兵士一者、以二誰人一可レ令レ勤二社役一哉」(16) という御牧住人に対する兵士役の賦課が行われており、各地で進められていたことが確認されるのである。先に示した頼朝による後白河院に対する奏請の「号二源氏平氏一携二弓箭一之輩幷住人等」という文言も、こうした一般荘民の徴発を含んだ表現として解釈することができると思われる。

以上、水走氏の事例から二つのタイプの軍事動員を指摘したが、従来、鎌倉幕府の動員の在り方として強調されてきたのは前者の武士身分に対する兵士役であり、後者の一般荘民に対する兵士役に関してはほとんど注目されてこなかったといえよう。そればかりか、山城国和束杣などにおいて民衆に対する兵士役賦課を行った平氏軍の場合は、(17) 戦闘員として役に立たないような者までが戦場に駆り出されているとして、平氏軍制の弱体性が語られ、鎌倉幕府の軍事動員にそうした一般民衆の動員が認められないことがむしろ積極的に評価されてきたのである(18)。しかし、右に述べてきたように、鎌倉軍も明らかに民衆動員を行っており、また民衆に対する兵士役が、戦闘員に限らず人夫に近い内容までもつという相田二郎氏の指摘を想起すれば(19)、従来とは異なる評価がおのずと可能になろう。すでに別稿で述べた論点とも重複することになるが、あらためて当該期における民衆動員の意義について見直しておこうと思う。

そこでまず注意したいのは、動員された一般民衆が直接の戦闘員ではないとすれば、この時期の軍隊のなかでどのような役割を担っていたのかという問題である。その意味で示唆的なのは、国衙軍制の形成を検討された戸田芳実氏が、十一世紀の国衙の軍隊のなかに、騎兵とは別の、兵粮稲の刈取を組織的に行うような人夫に近い歩兵（「夫兵」）の存在を指摘されていることである(20)。確かに院政期でも、例えば康治元年（一一四二）十月、紀伊国大伝法院領に対して近衛天皇の大嘗会所役賦課をめぐって官使・国衙による大規模な軍勢発向が行われた際には、「数百軍兵」とともに「数千人夫」が動員されており、稲・大豆の刈取・運搬や、在家・諸堂内の資財の追捕・運搬に従事しているのである(21)。次節において検討するように、治承・寿永内乱期においても軍勢の移動にともなう路次追捕は広範に行われており、動員された民衆がこうした追捕活動に従事する部隊として、軍隊のなかに組織されていたことは確実であろう。

それとともに、本節で注目しておきたいのは、別稿でも触れたような、治承・寿永内乱期の戦争に広く見られた堀・逆茂木などによる交通遮断施設（「城郭」）構築のための人夫編成である。延慶本『平家物語』などでは、「兼康ハ西河、三ノ渡リヲシテ、近隣ノ者共駈催テ、福龍寺ナワテヲ堀切ル」と簡略に記されているだけであるが(22)、文治三年（一一八七）二月の周防国得善・末武保地頭筑前家重による「城郭」構築の際は、周防国在庁官人から「御柱引食料令二割置一乃米四十余石、打二開官庫一令二押取一之上、農業之最中、駈二集人民一而令レ掘二営城郭一、以二鹿狩鷹狩一為レ業、更不㆑恐㆓院宣㆒、押㆓取如㆑此公物㆒、宛㆓食物㆒而張㆓行濫悪㆓」と訴えられており[23]、具体的には食料を給付して近隣の一般百姓を広く徴発する形態であったことがうかがえよう。文治五年（一一八九）の奥州合戦に際し藤原氏が構築した「阿津賀志山二重堀」の場合は、発掘調査によって奥大道を遮断する全長三・二キロメートルにわたる二重の空堀と三重の土塁の遺構が確認されているが、小林清治氏の推定によれば、かかる規模の堀を構築するためには少なくとものべ二十数万人の人夫が必要であり、近隣の伊達・信夫・刈田三郡の青年男子五千人を動員したとしても四十日以上を要する大工事となるのである[24]。

もちろん、当時の軍事施設一般がこの阿津賀志山のような規模であったと考えることはできないが、例えば、平氏軍による生田の森・一の谷の「城郭」も『平家物語』諸本の記述を見る限りは相当規模になると思われ[25]、当時の軍事施設の規模を過小評価することも許されないであろう。先に掲げた周防国の筑前家重の場合でも、少なくとも自己の武士団が包摂する労働力では到底工事が不可能であったからこそ、官庫を打ち開き乃米を押し取ってまで食料を調達し、近隣百姓を編成せねばならなかったわけである。この段階の戦争では、こうして戦闘を準備する時点において、近隣民衆の労働編成の成否がきわめて重要な軍事的意味をもっていたのである[26]。

ところでこのような人夫は、守備軍の場合は戦場近隣において徴発されるのが普通であるが、遠征軍の場合には工兵隊として遠征そのものに動員されることがある。例えば、奥州合戦における阿津賀志山の戦闘では、『吾妻鏡』に「入㆑夜、明暁可㆑攻㆓撃泰衡先陣㆒之由、一品内々被㆑仰㆓合于老軍等㆒、仍重忠召㆘所㆓相具㆒之疋夫八十人㆖、以㆓用意鋤鍬㆒、令㆑運㆓土石㆒、塞㆓件堀㆒、敢不㆑可㆑有㆓人馬之煩㆒」とあり[27]、幕府側は合戦の前夜、畠山重忠によって鎌倉から率いられてきた「疋夫」八十人に、用意してきた鋤・鍬で土石を運ばせて二重堀の一部を埋め、人馬が通行できる箇所を工作させている。寿永二年（一一八三）三月、平氏軍は北陸道攻めにあたり山城国和束杣や天山杣において大規模な兵士役賦課を行っているが[28]、大木を切って逆茂木に束ねて「城郭」を構築し、あるいは逆に敵方のそれを切り落とすといった工作が、当該期の戦争においていかに重要であったかを考えれば、この杣工の集中的徴発も、工兵として有効な彼らの職能に注目したものであったと考えられよう。なお、和束杣で動員されたのは杣工三十六人中二十七人であったが、これはもちろん本工の人数であり、総人数ではない。近世でも杣の労働編成が二十～三十人をもって一組とされていたことを合わせ考えるならば[29]、実際に北陸道に動員された杣人の数はかなりの人数にのぼるであろう。工兵の例ではないが、治承五年（一一八一）二月に平氏軍が美濃国墨俣川合戦に向けて行った伊勢国での水手・雑船の徴発では、雑船四十八艘とともに水手二百九十八人が動員されており[30]、戦場への一般民衆の動員は決して軽視することはできないのである。

以上、本節では治承・寿永内乱期の戦争における民衆動員の意義について検討してきたが、もちろん、民衆を徴発するためには食料の調達が必要であり、さらに水手や杣工などは戦闘内容に、人夫などは基本的にその地理的条件に規定されて戦場に動員されたはずであるから、無制限に民衆動員の規模を強調することは正しくない。しかし、いったん動員の対象となった場合は、「阿津賀志山二重堀」を想起するまでもなく、きわめて集中的に徴発されたことも確かである。戦後、頼朝は「東国・北国両道国々、追二討謀叛一之間、如レ無二土民一、自二今春一、浪人等帰二住旧里一、可レ令二安堵一候」[31]や、「治承四年乱以後、至二于文治元年一、世間不二落居一、先朝敵追討沙汰之外、暫不レ及二他事一候之間、諸国之土民各結二官兵之陣一、空忘二農業之勤一」と述べて[32]、勧農政策を推し進めているが、その背景には住民の戦場への動員による在地社会の荒廃が進んでいたからに違いない。

とすれば、本節冒頭で引用したような水走氏の史料も、このような動員がかけられた場合の具体的事例として、あらためて緊迫感をもって読むことが可能であろう。すなわち、水走康忠が御家人として「国兵士」役を勤仕することを確認しつつ、「御厨兵士」を免除するという源義経請文がわざわざ出されている背景には、海津一朗氏が指摘されたように、水走康忠の代官を追い出して住民に動員をかけてきた鎌倉軍と、康忠、さらに御厨住民との切羽詰まる交渉が想定されるからである(33)。そして、この水走の地で見られたような、御家人所領では一般荘民の動員を免除するという鎌倉軍側の政治的措置が、もし一般化できるとするならば、御家人編成と民衆動員という二つのタイプの軍事動員は、実は密接に絡んで進行していたことになるのである。

第二節　路次追捕と隠物

寿永二年（一一八三）四月中・下旬に、北陸道の反乱鎮圧に順次向かった平氏軍には、往路の兵粮を路次の地域の住宅や施設に押し入り徴発することが、朝廷から許されていた。その時の様子が、延慶本『平家物語』に次のように描かれている(34)。

片道給テケレバ、路次持逢ヘル物ヲバ、権門勢家ノ正税官物、神社仏事（寺）ノ神物仏物ヲモ云ハズ、ヲシナベテ会坂関ヨリ、是ヲ奪ヒ取ケレバ、狼藉ナル事オビタヽシ。マシテ、大津、辛崎、三津、川尻、真野、高嶋、比良麓、塩津、海津ニ至ルマデ、在々所々ノ家々ヲ次第ニ追捕ス。カヽリケレバ、人民山野ニ逃隠リテ、遥ニ是ヲ見遣リツヽ、各ノ声ヲトヽノヘテゾ叫ビケル。昔ヨリシテ朝敵ヲシヅメムガ為ニ、東国北国ニ下リ、西海南海ニ起（赴）ク事、其例多シトイヘドモ、如此ノ、人民ヲ費シ国土ヲ損ズル事ナシ。サレバ源氏ヲコソ滅シテ、彼従類ヲ煩ハシムベキニ、カヨウニ天下ヲナヤマス事ハ只事ニ非ズトゾ申ケル。

『平家物語』諸本のなかで古態を示す延慶本のこの記事で、特に興味深いことは、のちに成立する覚一本などでは単に「人民こらへずして、山野にみな逃散す」としか描かれていない民衆が、[35]「遥ニ是ヲ見遣リツヽ、各ノ声ヲト、ノヘテゾ叫ビケル」とあるように、集団で抗議の大声をあげる主体として描かれている点であるが、民衆の抵抗については後述することとして、ここではまずこうした軍勢の発向・移動にともなう路次地域での追捕行為に注目したい。[36]

このような軍勢による路次追捕は、決して平氏軍の北陸道攻めに特殊な形態ではなく、治承・寿永内乱期の戦争では各地で広範に見られたものであった。例えば、同年七月二十五日の平氏一門の都落ちと入れ替わりに入京した木曾義仲らの軍勢についても、同じ延慶本『平家物語』に「増テ北国ノ夷打入ニシ後ハ、八幡、賀茂ノ領ヲ不憚ラ、青田ヲ苅セテ馬ニ飼、人ノ倉ヲ打破テ物ヲ取ル。可然大臣公卿ノ許ナムドコソハヾカリケレ、付ハ片辺ニ武士乱入テ、少シモ穏シキ所ナク、家々ヲ追捕シケレバ、今食ムトテ取企タル物ヲモ被取奪、口ヲ空シケリ」と生々しく描かれている[37]し、また翌寿永三年（一一八四）二月に鎌倉軍の大手軍が生田の森に向かう際にも、摂津国垂水東牧では「而依ㇾ為二路次一、追討使下向之時、雑人乱二入御牧一、取二穢御供米一、宛二陵住人等一、已如ㇾ無二神威一」という事態に見舞われているのである。[38]もちろん軍勢が出発する際には、事前に有徳役や一国平均役などによって兵粮米が徴集されていたことはいうまでもないが、[39]そもそも日程の計算が立ちにくい遠征の場合、全ての兵粮が準備・運搬できるはずもなく、むしろ路次追捕が当然のこととして当初から予定されていたのである。『関ケ原合戦図屏風』（津軽屏風）には、大垣城外の西軍陣営において近隣から刈田してきた稲を脱穀する有様が描かれていて興味深いが、[40]組織的な兵粮の補給基地をもたない中世ではなおさらのこと、こうした場面は戦場近辺や陣営では必ず見られた光景であったに違いない。

なお、こうした追捕の主目的となったものとして、兵粮のほかに武器の類も想定しておく必要があろう。南北朝時代の事例になるが、暦応元年（一三三八）九月の勝尾寺権律師光祐請文によれば、建武三年（一三三六）七月二十六日に足利方に加担した摂津国一味衆が勝尾寺に押し寄せた際には、経論・聖教・仏具・諸坊資財などを捜し取ったうえ、殊に「弓箭之類」については「無レ残」運び去ったという。[41] 治承・寿永内乱期でかかる武器の路次追捕を語る直接の史料は見出していないが、寿永三年（一一八四）二月に、頼朝は後白河院に対し、「一　仏寺間事」として「如二近年一者、僧家皆好二武勇一、忘二仏法一之間、行徳不レ聞、無二用枢一候、尤可レ被二禁制一候、（中略）於二自今以後一者、為二頼朝之沙汰一、至二僧家武具一者、任レ法奪取、可レ与下給於追二討朝敵一官兵上之由、所二存思給一也」と述べており、[42] 寺庫などからの武器徴集も実際には行われていたと推定されよう。

ところで、このように兵粮や武器などの路次追捕が単なる場あたり的な略奪ではなく、当初から軍勢の移動にともなって予定されていた軍事行動だったとすると、前節で触れたように、当然この時期の軍隊のなかにも、十一世紀の国衙の軍隊に見られたような兵粮の刈取や資財の追捕・運搬にあたる夫兵が組織されていたはずである。院政期において目代の率いる国衙の軍勢が発向する際、国内で徴発された人夫が刈取や資財の追捕・運搬に従事させられていた事実から類推すれば、治承・寿永内乱期でも兵士役によって徴発された一般民衆がこうした役割を担わされていたことは間違いないであろう。「山落とし」の史料として有名な文治四年（一一八八）十月の源有経解には、「於二□検文書等一者、以二去文治元年三月廿日一九郎判官殿（源義経）追二討平家一之間、讃岐御目代字後藤兵衛尉之歩兵、号二山落一、入二豊西南条小野山一、被二奪取一畢」とあり、[43] 元暦二年（一一八五）三月二十四日の壇ノ浦合戦直後の三月三十日、讃岐守一条能保の家人で讃岐国目代であった後藤基清に率いられた「歩兵」が、長門国豊西南条小野山で「山落」と号して土地証文などを奪取する追捕活動を行ったことが知られる。[44] この「歩兵」も、おそらくは讃岐国内で徴発された夫兵であったと思われる。

では、以上のような軍勢の路次追捕に対して、追捕の対象となった地域の民衆の側は、どのように対応したのであろうか。先に掲げた延慶本『平家物語』には、北陸道に向かう平氏の軍勢に山上から抗議の声をあげる民衆の姿が描かれていたが、こうした資財の追捕に抵抗する民衆の具体的行動として注目されるのが、中世後期の事例から藤木久志氏が発掘された「隠物」の習俗である。[45] この隠物は、治承・寿永内乱期から確認することができ、例えば延慶本『平家物語』には、「平家西国へ落給シカバ、其騒ニ引レテ無安心。資財雑具東西南北へ運隠スホドニ、引失事数ヲ不知。穴ヲ堀テ埋シカバ、或ハ打破、或ハ朽損ジテゾ失ニケル。浅猿トモ愚也」とあり、[46]「資財雑具」を慌てて運び隠す民衆の様子とともに、十七世紀の『雑兵物語』などに見られる隠物を土中に埋める方法まで、[47] すでにこの段階から行われていたことが知られるのである。

それでは、中世前期において隠物は、土中に埋める場合を除いては、通常どのような場所に保管されたのであろうか。そのことを考えるうえで非常に興味深いのは、寿永三年（一一八四）二月四日に、山陽道沿いの山中にある摂津国勝尾寺が、生田の森に向かう梶原景時の軍勢によって焼打ちされた事件である。[48] というのも、延慶本『平家物語』には、「元歴（暦）元年二月四日、梶原一谷へ向ケルニ、民共勝尾寺ニ物ヲ隠スヨシヲホノ聞テ、兵ノ襲ヒ責シカバ、老タルモ若モニゲカクレキ。三衣一鉢ヲウバウノミニアラズ、忽ニ火ヲ放ニケレバ、堂舎仏閣悉ク春ノ霞トナリ、仏像経巻併ナガラ夜ノ雲トノボリヌ」と記されており、[49] 梶原軍が勝尾寺を襲撃したのは、近隣の民衆が自分たちの資財を勝尾寺に隠し置いていたことを知ったためであったことがわかるからである。戸田芳実氏は、『箕面市史』のなかでこの事件に触れて、「戦乱の場合に地方の山間寺院が付近住民にたいして果たす役割の一つとして、その財産を保管することが考えられる」と指摘されているが、[50] まさにその通りといえよう。

在地寺院の事例ではないが、鎌倉時代後期の仏教説話集である『沙石集』には、尾張国熱田明神の慈悲として、「又去承久ノ乱ノ時、当国ノ住人、恐レテ社頭ニアツマリツ、神籬ノ内ニテ、世間ノ資財雑具マデ用意シテ、所モナク集リ居タル中ニ、或ハ親ニヲクレタルモアリ、或ハ産屋ナル者モアリ。神官共制シカネテ、大明神ヲ下参ラセテ、御託宣ヲ仰ギ奉ルベシトテ、御神楽参ラセテ、諸人同心ニ祈請シケルニ、一禰宜ニ託宣シテ、『我天ヨリ此国ニ下ル事ハ、万人ヲ育タスケン為ナリ。折ニコソヨレ、忌マジキゾ』ト、仰ラレケレバ、諸人一同ニ声ヲ上テ、随喜渇仰ノ涙ヲナガシケリ」という説話が記されているが(51)、この説話なども、隠物の保管や民衆の避難所としての戦時における寺社の役割をよく示すものであろう。

しかし、こうして寺社に資財を隠し置いたからといって、それだけで安全というわけではない。先の梶原景時軍による勝尾寺襲撃に見られたように、むしろそうした場所を狙って軍勢が押し寄せる場合があるからである。とすれば次に問題となるのは、このような危険を寺社は一体どのように回避したのかという点であろう。そこで想起したいのが、文治元年（一一八五）十二月に北条時政によって河内国高安郡薗光寺に発給された現存最古の制札が、大阪府八尾市の玉祖神社にのこされていることである(52)。

河内国薗光寺者、鎌倉殿御祈禱所也、於二寺幷田畠山林等一、甲乙人等不レ可レ有二乱入妨一之状如レ件、

文治元年十二月　日　　平（北条時政）（花押）

この制札をめぐっては、かつて中村直勝氏が保存状態の良さなどから案文であることを主張されており(53)、正文か案文かの判断は現在の研究水準に立ってあらためて検討が必要であろう(54)。ただ内容的には、文治元年十二月という時期は、義経・行家の反乱を契機に畿内近国で鎌倉軍による軍事動員体制が再構築された段階にあたり、北条時政は京都守護としてその総指揮官の地位にあったから、鎌倉方の軍勢による追捕から逃れようとする薗光寺が、このような時政の制札を獲得することはきわめて自然なのである。

しかも、この時期の制札で現存するものはこれ一つであるが、鎌倉方の武士勢力から平氏方として嫌疑をかけられ

た僧行恵の居住する伊勢国多気郡河田別所では、安堵された際に「河田別所鎌倉殿之御祈禱所之由、賜札留」と記されており[55]、文言から判断して河内国薗光寺と同様の制札が給付されていたことがうかがえるのである。おそらく路次追捕や敵方所領没収が広範に展開した治承・寿永内乱期には、このような制札は各地の寺社から広く求められ、給付されていたものと思われる。とすると、これはまさに、鎌倉方軍勢自体による敵方所領没収からの保護として成立した御家人に対する本領・本宅安堵と全く同質の形態であり[56]、その寺社版ともいえよう。寺社安堵が、鎌倉方に宗教的与力を行う寺社として、「鎌倉殿御祈禱所」の制札を与える形式で成立・展開したことも、本領安堵によって御家人が認定されたことと同様の在り方として理解できるのではないだろうか。

そして、ここで前述したような戦時における寺社の役割を考慮すれば、こうした制札の発給による寺社安堵は、単に寺社境内の僧侶・神官を安堵するばかりでなく、そこに資財を隠し、あるいは自ら避難してきた近隣民衆の安堵にもつながっていたと考えられる。

第三節　没官措置と村落の戦争

鎌倉幕府は、東国における反乱段階から、平氏などに与力した敵方武士の所領を没収し、その没収地給与を独自に行っていたが、こうした東国の軍事体制がそのまま王朝国家から追認されたことにより、敵方所領没収は「謀叛人跡」に対する没官措置として、そして没収地給与は荘郷地頭職の補任として、西国まで拡大されることとなった[57]。最後に、こうした戦後処理の一環として行われる没官措置と在地社会との関わりについて検討を行うことにしたい。

ところで、戦後処理としての謀叛人跡の没官措置などと聞くと、通常は、戦場において討死あるいは捕虜となった敵方武士の所領を国衙の「文書調進の役」などを通じて調査を行い(58)、その注文をもとに地頭職を補任する、といった事務的行為を想像するであろう。しかし没官措置とは、旧稿において指摘したように、所領の点定と同時に妻子の捕縛・住宅点定・資財追捕などの実力行使を具体的内容としてもっており、また謀叛人の対象も何も戦場で討死・捕虜となった者に限らず、敵方として戦闘に参加・与力した武士一般であったから、敗走して本領に帰住したような敵方武士本人の捕縛・追却までも含む、いわば敵方本拠地の軍事的占領行為であった(59)。

しかも、いま注意しておきたいのは、その謀叛人自体が治承・寿永内乱期の戦争では必ずしも自明のことではなかったという点である。というのも、本章「はじめに」で述べたように、戦闘員が階層的にも拡大し、動員規模が飛躍的に増大したこの時期の戦争では、敵方軍勢の中枢部を除いては、そもそも一体誰が敵方として戦闘に参加し、「謀叛人」に該当するのかという根本的な判別が、ただちにできなかったからである。かかる状況のなかで、不特定多数の「謀叛人」を洗い出すために、各地域で鎌倉方勢力による聞き込みが行われ(60)、「謂二謀叛之類番一、云レ彼云レ此、擬レ搦二取其身一」という事態までが現出することとなった(61)。こうして、直接戦場とはならず、また軍事動員や路次追捕の対象とならなかった地域にも、戦争の余波が及んでいったのである。本節では、そうした鎌倉方の武士勢力による没官措置に直面した伊勢国度会郡大橋御園をとりあげ、御園住民の対応を検討していきたい。

文治元年（一一八五）十二月、平忠盛の弟にあたる前伊勢守平貞正（河田入道蓮智）の実子であった伊勢国大橋御園司行恵（仮名多米正富）(62)は、幕府に対して次のように訴えている(63)。

太神宮御領大橋御園司多米正富解　申進申文事

言上早停二止武士濫妨一、請レ被レ令レ致二供祭勤一当御園子細状

右当御園者、二所太神宮御鎮座御郷内、神代幽玄之神領、勤役厳重之地者也、厥中各別地主有二其員一、然間令

乱入大夫判官（源義経）使主税大夫隆康、暗当御園鎮（領）主得業行恵称平家方人之刻、指無誤之由披陳之間、自神宮奏聞既畢、其上鎌倉殿進誓言状、所致御祈禱也、因茲、俊綱下知亦畢、然則早可被停止武士乱妨也、仍子細言上如件、以解、

文治元年十二月　日　　多米正富

すなわち、源義経の使者である主税大夫隆康なる人物が、大橋御園領主得業行恵を「平家方人」と称して御園に乱入したため、無実の旨を神宮より奏聞し、そのうえ鎌倉殿に「誓言状」を進めて御祈禱を行い、「俊綱」から下知を受けていたにもかかわらず[64]、なおも鎌倉方武士の濫妨があったので、早くそれを停止してもらいたいと訴えているのである。この解状に対して、京都守護北条時政は「為神宮御座郷内、停止武士乱妨、令勤神役之」という外題を与えている。

ところが、それでも武士濫妨はおさまらず、翌文治二年（一一八六）一月に行恵は再び訴えを起こしている。少々長くなるが、実に生々しい描写で在地の状況を語ってくれているので、行恵（多米正富）申状の大橋御園に関する部分の全文を引用しておこう[65]。

一　大橋御園事

右件御園者、神郡最中往古神領、供祭御贄有勤無怠、誠経若干多歳也、謂本領主神祇権少副大中臣朝臣宗幹之領也、而聟祭主佐国伝得、其女子香子、其養子僧行快伝領、誠行法殊勝、九十一逝去、為其弟子行恵承継、抑行恵雖為貞正入道末葉、生年一歳之時、外戚祖父藤原経国取放養育、十二歳之時参入於本師之許、十五歳上洛、於東大寺遂本寺大業畢、東寺入流多年、三時行法勤法、爰当御園所役、云神役、云祭主門並役、毎日有勤哉、件御園最中坐蓮華寺云々、已経二百余歳也、在寺僧十八人、十二時法花三昧勤修、

奉レ始レ自二十善帝王一、祭主幷三人宮司二宮禰宜、惣天下安穏之由祈精、随代々祭主所レ被レ免二門並役一也、而去年十二月廿五日夜中、数多武者可二乱入一也、早可レ出之由、勲藤庄司家人則安依二告来一、俄退出之刻、七八段許退出之時、武者乱二入倉々住房一、納物皆悉追捕取畢、見二此体一、御園百姓等逃出之間、惣依二神宮之訴一、聞二食正富之愁歎一、神宮御坐郷内停二止武士之乱妨一、可レ勤二仕神役一之旨、依二北条之下知一、所司住人等帰住之刻、今年正月十二日夜、作二武士二手一、乱二入于大乃木・棚橋両郷一、打二破門戸一之刻、村々大少諸人発向之間、物具捨退畢云々、誠帯下可二知行一之御下文上者、日中召向沙汰者可レ経二沙汰一処、両度夜中依レ致二追捕一、所司住人皆悉捨二住宅一、交二山林一云々、為二公私空損一也、

この申状を見れば、先に検討した文治元年末の武士濫妨もより明確となろう。文治元年十二月二十五日夜中、数多の武士たちがいきなり御園に乱入し、「勲藤庄司家人則安」の知らせにより住房から退出したところ、[66]武士たちが倉々や住房に押し入って納物をことごとく追捕したため、この様子を見た御園百姓が「逃出」してしまったというのである。この事件を訴え出たのが、先に引用した行恵解状であった。

ここで北条時政から安堵の外題を得ることができたため、所司住人らが帰住すると、翌文治二年一月十二日の夜、再び武士たちが乱入した。武士たちは今度は二手に分かれて御園内大乃木・棚橋両郷に乱入し、門戸を打ち破ろうとした際、「村々大少諸人」が発向したため、今度は逆に武士たちの方が武具を捨てて逃げ去っているのである。

結局この事件は、右のような事態を訴えた行恵申状に対し、北条時政が「如レ状者不便也、早可レ停二止他人狼藉一之状如レ件」という外題を行うとともに、二月十一日には狼藉停止の下文をあらためて発給し、[67]さらに二月中には乱入の主体が自己の家人であった宇佐美祐茂の下文や、[68]伊勢国地頭山内首藤経俊の与判も下されて、[69]落着している。

さて、この武士乱入事件の性格が、行恵の出自を口実とした鎌倉方武士による没官措置の強行であったことは、以

前に詳しく検討したのでここでは繰り返さない[70]。いま注目したいのは、二度にわたる武士たちの夜討ちに対し、大橋御園の住民たちがとった次のような行動である。一度目は、「山上がり」を思わせる組織的「逃出」行動をとっていることである[71]。単に逃げ惑ったわけではなく、これが住民の組織的な行動であったことは、北条時政の外題の獲得を確認したのちに所司住人らが帰住したと記されていることから明らかである。そして二度目は、「村々大少諸人」による戦闘によって武士たちを撃退したことである。これは、藤木久志氏が解明された村の当知行を支える中世村落の武力組織を[72]、かかる鎌倉時代初期の村落にも想定させるものであろう。このように、村落の戦争によって鎌倉方武士を撃退した事例が明確に存在する以上、この時期の村落の自力を過小評価することは許されないと思われる。

この大橋御園における没官措置は、表面的には行恵の訴訟や伊勢神宮の圧力によって挫折したかに見える。しかし内実は、こうして没官措置を現実に阻止した村落の組織的な実力行使に支えられていたのである。この時期の荘郷地頭制をめぐる幕府側の譲歩や妥協を、中央レヴェルの公武交渉史の視点からのみ問題とし、頼朝の対朝廷政策やその権限の強弱から解こうとする立場では、右に見てきたような大橋御園における村落の力量は歴史的に評価されないことになろう。表3「伊勢国大橋御園への鎌倉方武士侵入一覧」を見ればわかるように、この大橋御園では鎌倉時代前期を通じて、事あるごとに鎌倉方武士による侵入を受け、没官措置・地頭職設置の危機に直面している。しかし、それがその都度阻止されているのである。この事実を、幕府の政策や権限からどのように説明できるであろうか。かかる訴訟が全て成功したのは、何よりもまず、現実に没官措置を阻止できる御園住民の力量があったからに違いないのである。

表3　伊勢国大橋御園への鎌倉方武士侵入一覧

年　月　日	内　　容	訴	幕府側措置	出　典
未詳	源義経使者主税大夫隆康による乱入(没官) ※元暦元年の乱に関連か	神宮より奏聞	没官停止 俊綱の下知	1-35
文治元(1185).12.25	宇佐美祐茂配下による乱入(没官)	行恵(多米正富)解(同年12月)	没官停止 北条時政外題	1-35
文治2(1186).1.12	宇佐美祐茂配下による乱入(没官)	行恵(多米正富)申状(同年1月)	没官停止 北条時政外題 北条時政下文 宇佐美祐茂下文 山内経俊与判	1-44 1-49 1-58 3-1513
建久9(1198)	山内通時による押領 ※「依人之讒言，雖被成地頭」とあり，没官・地頭職(山内通時)補任を示すか	二宮解状(同年8月3日) 宮司申文(同年8月6日) 祭主申状(同年8月8日)	押領停止 源頼朝御教書	3-1513
元久元(1204)	山辺馬助領として没官，地頭職(平賀朝雅)補任 ※「三日平氏の乱」に関連	継尊申状(同年12月)	地頭職停止 北条時政外題 関東下知状	3-1513 3-1527
建保4(1216)	地頭職(山内通時)補任	継尊申状	地頭職停止 関東下知状(同年2月15日)	4-2210
貞応元(1222)	山内景通による濫妨	二宮解状	濫妨停止 関東下知状(同年8月8日)	5-2989

注　出典はいずれも「醍醐寺文書」，数字は『鎌倉遺文』の巻数・文書番号を示す．

おわりに

以上、本章では三節にわたり、治承・寿永内乱期の戦争の準備・組織・展開の在り方に注目しつつ、それが在地社会とどのように関わり、民衆がどう対応していたのかについて、不十分ながら検討してきた。本章は、治承・寿永内乱期の戦争から鎌倉幕府権力の形成を論じた別稿で、視野に入れることができなかった在地社会の動向を補おうとする意図をもっていたが、まだ課題は多くのこされている。例えば、武器・武具の問題である。そもそも中世前期において武器・武具がいかに生産され、流通していたのかという問題は、単に武士論のみならず、本章で注目したような村落の武力組織を考えるうえでもきわめて重要である。近年は、武器・武具を従来のような美術工芸史的な観点ではなく、歴史学的に考察する研究が進展してきており、それらの成果を踏まえつつ検討を進める必要があろう。

注

（1） 例えば、大林太良「合戦の変遷」（『週刊朝日百科　日本の歴史29　関ケ原』朝日新聞社、一九八六年）参照。

（2） 石井進『日本の歴史7　鎌倉幕府』（中央公論社、一九六五年）、髙橋昌明「騎兵と水軍」（『日本史（2）　中世1』有斐閣、一九七八年）、石井紫郎「合戦と追捕」（『日本人の国家生活』東京大学出版会、一九八六年、初出一九七八年）、野口実「相撲人と武士」（『中世東国史の研究』東京大学出版会、一九八八年）などを参照。

（3） 拙稿「治承・寿永の「戦争」と鎌倉幕府」（『鎌倉幕府成立史の研究』校倉書房、二〇〇四年、初出一九九一年）。以下、本論中において別稿と呼ぶのは全てこの拙稿を指す。

（4） 延慶本『平家物語』第二末「小壺坂合戦之事」。

（5） 延慶本『平家物語』第五本「源氏三草山幷一谷追落事」。

（6） なおこの「馬当」は、のちに騎馬隊の戦闘法の主流となったようで、古式馬術家の金子有鄰氏は、「日本のは自分の馬を敵の馬の胴中へ打ち当てて相手の人馬を打ち倒すのを騎馬戦の本義としている。これを肥後熊本藩の馬術では「馬当」と号して、これを専一に馬を仕込んでいる」と述べられている（『日本の伝統馬術　馬上武芸篇』日貿出版社、一九七五年、六頁）。

（7）前掲注（5）史料。

（8）『今昔物語集』巻第二十五「源充平良文合戦語　第三」。なお、本書では『今昔物語集』は、山田孝雄・山田忠雄・山田英雄・山田俊雄校注『日本古典文学大系　今昔物語集　一～五』（岩波書店）を使用する。

（9）例えば、寿永二年（一一八三）四月に北陸道攻めに向かった平氏軍の総勢について、覚一本『平家物語』が記す「十万余騎」（巻第七「北国下向」）は誇張がはなはだしく、信憑性に欠けるとしても、九条兼実が記した『玉葉』でも「四万余騎」と記されていることに注意したい（『玉葉』寿永二年六月五日条）。

（10）例えば、覚一本『平家物語』巻第九「二度之懸」には、生田の森の戦闘で平氏軍の陣営に突入しようとする武蔵国の河原太郎高直が、弟次郎盛直に「大名はわれと手をおろさね共、家人の高名をもて名誉す。われらはみづから手をおろさずはかなひがたし」と語る場面が描かれており、また『吾妻鏡』文治五年七月二十五日条には、小山政光が源頼朝の御前において、自ら命がけで戦わざるをえない熊谷直家と、郎従を遣わして武功をあげる自らとを比較して語る場面が記されている。石母田正氏は『平家物語』における義経物語の特徴として、「大名級の部将と小名階級の小侍との対立が意識され、物語化されている」と述べられているが（『平家物語』岩波書店、一九五七年、一〇一頁）、この対立の構造は、治承・寿永内乱期における動員兵力の拡大という事態により実際に御家人社会のなかで存在したものであったと思われる。

（11）寿永三年二月日「源康忠解」（西宮重美氏所蔵水走文書、『平安遺文』八―四一四〇）。

（12）（寿永三年）二月二十四日「源義経請文」（西宮重美氏所蔵水走文書、『平安遺文』一〇―五〇八七）。

（13）石井進「中世成立期の軍制」『石井進著作集　第五巻　鎌倉武士の実像』岩波書店、二〇〇五年、初出一九六九年）参照。

（14）『吾妻鏡』寿永三年二月二十五日条。

（15）寿永三年二月十八日「後白河院庁下文案」（春日神社文書、『平安遺文』八―四一三一）。

（16）寿永三年二月十八日「後白河院庁下文案」（春日神社文書、『平安遺文』八―四一三二）。

（17）寿永二年三月日「山城国和束杣工等重申状」（興福寺文書、『平安遺文』八―四〇八〇）。

（18）例えば、田中稔「院政と治承・寿永の乱」（『鎌倉幕府御家人制度の研究』吉川弘文館、一九九一年、初出一九七六年）参照。

(19) 相田二郎「中世の兵士及び兵士米」(『中世の関所』畝傍書房、一九四三年、初出一九二六年)。
(20) 戸田芳実「国衙軍制の形成過程」(『初期中世社会史の研究』東京大学出版会、一九九一年、初出一九七〇年)。なお、戸田氏の見解は、「討論」(『法制史研究』二〇号、一九七〇年)においても示されている。
(21) 康治元年十月十一日「紀伊国大伝法院三綱解案」(根来要書、『平安遺文』六—二四八一)。
(22) 延慶本『平家物語』第四「兼康与木曾合戦スル事」。
(23) 『吾妻鏡』文治三年四月二十三日条。
(24) 小林清治「奥州合戦と二重堀」(国見町郷土史研究会編『郷土の歴史』一〇号、一九七九年)、同「南奥州の武士団」(『図説福島県の歴史』河出書房新社、一九八九年)。人夫の動員数の計算については、「南奥州の武士団」の方の推定にしたがった。
(25) 拙稿「生田の森・一の谷合戦と地域社会」(本書第Ⅱ部第二章、初出二〇〇七年)参照。
(26) 治承・寿永内乱期の軍事施設の遺構に関しては、あまり存在が知られていないが、村田修三氏は「小規模な阻塞類の群在する遺跡はかなりあると思われるが、従来の狭い城郭概念に影響されて見落とされてきたケースが多いのではなかろうか」と述べられており(「中世の城館」『講座・日本技術の社会史　第六巻　土木』日本評論社、一九八四年、一七四頁)、今後意識的な事例収集と検討が必要であろう。
(27) 『吾妻鏡』文治五年八月七日条。
(28) (寿永二年)三月二十六日「源季貞奉書」(興福寺文書、『平安遺文』八—四〇七九)、寿永二年三月日「山城国和束杣工等重申状」(興福寺文書、『平安遺文』八—四〇八〇)。
(29) 大石庄一「山林の仕事と道具」(『図録山漁村生活史事典』柏書房、一九八一年)。
(30) 治承五年二月日「太神宮司庁出船注文」(書陵部所蔵壬生文書、『平安遺文』八—三九五六)。なお、『玉葉』治承五年二月八日条によれば、美濃国に官使・検非違使を派遣して渡船等を点定し、官軍を渡すように命じる宣旨が発給されており、伊勢国以外でも水手が動員されたことは明らかである。
(31) 『吾妻鏡』寿永三年二月二十五日条。
(32) 『吾妻鏡』文治二年三月十三日条。
(33) 海津一朗「川合康報告「治承・寿永の『戦争』と鎌倉幕府」批判」(『日本史研究』三四五号、一九九一年)。

(34) 延慶本『平家物語』第三末「為木曾追討軍兵向北国事」。
(35) 覚一本『平家物語』巻第七「北国下向」。
(36) 本書ではこれを「路次追捕」と呼ぶが、路次追捕は路上で行う没収行為ではなく、軍勢が進軍する路次地域に所在する住宅・施設内に押し入って行う没収行為であることを確認しておきたい。田村憲美「「追捕」覚書」(『在地論の射程』校倉書房、二〇〇一年、初出一九八三年)。
(37) 延慶本『平家物語』第四「木曾都ニテ悪行振舞事　付知康ヲ木曾ガ許へ被遣事」。
(38) 前掲注(15)史料。
(39) 拙著『源平合戦の虚像を剝ぐ』(講談社、一九九六年)参照。
(40) 『戦国合戦絵屛風集成　第三巻　関ケ原合戦図』(中央公論社、一九八八年)三二・三三頁。
(41) 暦応元年九月十八日「権律師光祐請文案」(勝尾寺文書、『箕面市史　史料編二』六一五)。なお、本書では「勝尾寺文書」は『箕面市史　史料編一・二』(箕面市役所、一九六八年・七二年)を使用する。
(42) 前掲注(14)史料。
(43) 文治四年十月日「源有経解写」(正閏史料外編一阿弥陀寺所蔵、『鎌倉遺文』一―三四九)。
(44) 「山落とし」については、入間田宣夫「泰時の徳政」(『百姓申状と起請文の世界』東京大学出版会、一九八六年、初出一九八二年)、勝俣鎮夫「落ス」(『ことばの文化史　中世1』平凡社、一九八八年)を参照。本章では「山落とし」は、戦乱下での人々の避難行動を意味する「山上がり」と対になる、軍隊による追捕行為を意味するものと理解しておきたい。
(45) 藤木久志「村の隠物」(『村と領主の戦国世界』東京大学出版会、一九九七年、初出一九八八年)。
(46) 前掲注(37)史料。
(47) 『雑兵物語』下巻「荷宰料　八木五蔵」。なお、本書では『雑兵物語』は、内閣文庫蔵本を底本とした中村通夫・湯沢幸吉郎校訂『雑兵物語　おあむ物語』(岩波書店、一九四三年)を使用する。
(48) 勝尾寺焼打ち事件については、戸田芳実「中世箕面の形成」(『箕面市史　第一巻』箕面市役所、一九六四年)を参照。
(49) 延慶本『平家物語』第五本「梶原摂津国勝尾寺焼払事」。延宝三年(一六七五)三月に書写された勝尾寺縁起にも、延慶本と同様の内容が見えている(戸田芳実前掲注(48)論文、拙稿「治承・寿永の戦争と『平家物語』」『軍記と語り物』三六号、二〇〇〇年、などを参照)。
(50) 戸田芳実前掲注(48)論文一六一頁。
(51) 『沙石集』巻第一「神明慈悲ヲ貴給事」。
(52) 文治元年十二月日「北条時政制札」(玉祖神社文書、『鎌倉遺文』一―三四)。写真は拙稿「兵の道と百姓の習い」(『朝日百科日本の歴史別冊 歴史を読みなおす15 城と合戦』朝日新聞社、一九九三年)などを参照。法量は、縦二一・二センチメートル、横下部は一四・八センチメートル、横上部一四・三センチメートル、厚さ〇・九センチメートルである(八尾市立歴史民俗資料館小谷利明氏のご教示による)。
(53) 中村直勝『日本古文書学 上』(角川書店、一九七一年)七一六・七一七頁。
(54) 中村直勝氏が、北条時政制札を案文と見なす理由は、保存状態が良好で屋外に掲げた形跡がないことと、そもそも禁制の正文は紙に書かれており、制札(木札)はそれを写した案文であるという氏の見解にあるが、近年、田良島哲氏は正文でしかも保存用の制札が存在したことを論じられており(「六波羅探題発給の二枚の制札」『日本歴史』五一一号、一九九〇年、同「南北朝時代の制札と禁制」『古文書研究』三五号、一九九一年)、時政制札を案文とする中村氏の根拠はなくなったことになる。現存する時政制札が正文であるのかどうかという点については、科学的年代測定なども含め、あらためて検討されるべきであろう。
(55) 文治二年一月日「多米正富(行恵)申状案」(醍醐寺文書、『鎌倉遺文』一―四四)。
(56) 拙稿「鎌倉幕府荘郷地頭制の成立とその歴史的性格」(『鎌倉幕府成立史の研究』校倉書房、二〇〇四年、初出一九八六年)参照。
(57) 拙稿前掲注(56)論文。
(58) 「文書調進の役」については、石井進「鎌倉幕府と国衙の関係の研究」(『石井進著作集 第一巻 日本中世国家史の研究』岩波書店、二〇〇四年、初出一九七〇年)を参照。
(59) 拙稿「鎌倉幕府荘郷地頭職の展開に関する一考察」(前掲『鎌倉幕府成立史の研究』、初出一九八五年)。
(60) 謀叛人跡調査の在り方については、拙稿前掲注(59)論文を参照。
(61) 文治二年二月日「宇佐美祐茂下文案」(醍醐寺文書、『鎌倉遺文』一―五八)。
(62) 大橋御園司行恵の父である平貞正については、拙稿前掲注(59)論文の注(91)を参照。
(63) 文治元年十二月日「多米正富(行恵)解案」(醍醐寺文書、『鎌倉遺文』一―三五)。

(64)　大橋御園司の行恵に安堵の下知を行った「俊綱」は、同じ行恵領であった河田別所に「鎌倉殿之御祈禱所」の制札を給付した「滝口四郎」と同一人物と考えられ、私見では伊勢国惣追捕使代（守護代）であった山内首藤俊綱と理解している。山内首藤俊綱については別の機会に論じる予定である。
(65)　前掲注（55）史料。
(66)　ここに登場する「勲藤庄司家人則安」については、大橋御園の在地側の人間か、それとも乱入した武士勢力側の人間かは明確ではないが、乱入の主体は宇佐美三郎祐茂配下の武士たちであり（拙稿前掲注（59）論文参照）、「勲藤庄司」を宇佐美祐茂と同族であった甲斐工藤氏の工藤庄司景光と解釈することも可能かもしれない。甲斐工藤氏と宇佐美氏の関係については、今野慶信「藤原南家武智麿四男乙麻呂流鎌倉御家人の系図」（『中世武家系図の史料論　上巻』高志書院、二〇〇七年）参照。
(67)　文治二年二月十一日「北条時政下文案」（醍醐寺文書、『鎌倉遺文』一―四九）。
(68)　前掲注（61）史料。
(69)　元久元年十二月日「僧継尊申状案」（醍醐寺文書、『鎌倉遺文』三―一五一三）。
(70)　拙稿前掲注（59）論文。
(71)　「山上がり」については、池永二郎「戦争と民衆」（『歴史公論』一〇一号、一九八四年）、高木昭作「禁制」（前掲『週刊朝日百科　日本の歴史29　関ケ原』）などを参照。
(72)　藤木久志「村の当知行」（前掲『村と領主の戦国世界』、初出一九八九年）。

〔補記〕本章の原論文は、一九九一年三月二・三日に行われた中世内乱史研究会合宿での報告「つはものの道再考」をもとに、構成をあらため「鎌倉初期の戦争と在地社会」と題して文章化したものである。本書に収録するにあたり、注を増やすなどの加筆修正を行った。

第Ⅲ部　鎌倉幕府の成立と武士社会の変容

第一章　内乱期の軍制と都の武士社会

はじめに——宮田敬三報告の論点——

二〇〇三年度日本史研究会大会中世史部会共同研究報告の宮田敬三報告「十二世紀末の内乱と軍制—兵粮米問題を中心として—」は、鎌倉幕府成立史に帰結しない内乱期政治史を構想する目的で、大規模な合戦に不可欠な兵粮米問題を軸に、それに規定された軍隊の動向や百姓の抵抗など、独自の観点から内乱の具体的展開を追究するものであった(1)。特に、元暦二年（一一八五）一月、源範頼率いる追討軍の兵粮米欠乏状況を知った源義経が、平氏軍に対して短期決戦を決意し、後白河院の許可のみで京から讃岐国屋島に出陣したと指摘された点はきわめて重要である。なぜなら頼朝の軍事計画は、屋島の平氏軍を軍事的に圧倒しながら長期的な包囲作戦をとって降伏に追い込もうとするものであり(2)、同年三月の長門壇ノ浦での平氏一門の滅亡という平氏追討戦争の終結の在り方は、頼朝の構想とは全く異なるものだったと考えられるからである。

本章では、このような宮田氏の論点を踏まえ、鎌倉幕府成立史に解消されない内乱期政治史の展開を、内乱期の軍制と「京武者」を中心とする都の武士社会との関わりから検討したい。

第一節　「京武者社会」研究の進展

近年の中世武士論において、元木泰雄氏(3)や髙橋昌明氏(4)により都の武士社会がクローズアップされていることは周知の通りであるが、十一世紀後半以降の軍事貴族を「京武者」と呼んで、平清盛や源義朝など保元の乱以降の「武門の棟梁」と区別し、固有の歴史的存在として考察されたのは元木氏である。「京武者」とは、官職に優越して武者として軍事活動を行い、権門の爪牙として在京軍事力の中枢を担う一方、諸国の武士を広汎に組織するにはいたっていない五位クラスの軍事貴族を指す。「京武者」は、歴史的実態としては、白河・鳥羽院政期の史料に「武士丹後守正盛(平)以下、天下武者源氏平氏輩」(5)や、「法皇於二白河御所一、御二覧武士等一、凡源氏平氏之輩、次第結番、被レ守二護西坂下一」と見えるように(6)、むしろ「源氏平氏の輩」と呼び習わされており、基本的に源平諸流に属して国制上に位置する特定の軍事貴族たちを意味していた(7)。このような「京武者」を頂点として、中央に出仕する地方武士たちによって構成されていた都の武士社会を、本章では「京武者社会」と呼ぶことにしたい。院政期の武士社会は、「京武者社会」を中心点に、武士の頻繁な往来によって都と地方が全体として有機的に結ばれていた社会として理解することができよう。

近年、この「京武者社会」について、以下三つの側面から実態の解明が急速に進んでいる。第一に、伊勢・伊賀平氏や摂津・河内源氏などとともに「京武者」の代表的存在でありながら、これまでほとんど正面からとりあげられることのなかった重宗流美濃源氏(8)や国房流美濃源氏(9)、河内坂戸源氏(10)などの活動について、詳細に明らかにされつつあることである。そこでは、白河・鳥羽院政期における源重時・重成（重宗流美濃源氏）、源光保・光宗（国房流美濃源氏）、源季範・季実（坂戸源氏）など、古記録に頻出する「京武者」の典型が分析の対象にすえられている。

第二に、「京武者」を畿内・西国武士に限定せず、東国で在地経営を行う一方で、「源氏平氏」の一員として都で活動した源義国・義康を「京武者」として分析し、義国から分流する足利氏・新田氏の治承・寿永内乱期における政治的動向の違いを、都での活動形態からとらえようとする研究が出てきていることである(11)。これは、都の武士社会が内乱の政治過程にもった固有の意味を問い直すものといえよう。

この問題を私なりに広げてみると、例えば、平氏家人として名高い伊賀平氏の平田家継・平貞能兄弟と、下野国の宇都宮朝綱との関係が、次のような興味深い事実を提供している(12)。

①治承・寿永内乱勃発時に在京していた宇都宮朝綱・畠山重能・小山田有重が、挙兵した源頼朝のもとへの参向を希望した際、平貞能が平宗盛を説得して彼らの関東下向を認めさせ、また平氏滅亡後は、平貞能が宇都宮朝綱を頼って関東に下向し、朝綱の申請によって頼朝から助命され、身柄を朝綱に預けられたこと(13)。

②補任時期は問題が残るものの、貞能の兄平田家継の本拠地である伊賀国壬生野郷地頭職に宇都宮朝綱が補任されていること(14)。

③『源平盛衰記』には、貞能にとって「彼宇都宮ハ外戚ニ付テ親シカリケレバ」と記されており、両者の間に姻戚関係がうかがえること(15)。

この①～③の事実は、院政期の都の武士社会を構成した武士同士で親密な交流が存在し、そうした東国・西国を超えた武士間の密接な関係が、内乱の展開を規定し、また誰をどこの地頭職に補任するのか（誰を補任すれば在地の合意が得やすいか）など、鎌倉幕府権力の展開の在り方まで左右したことを示している。かつて私は、ともに平重盛の家人であった紀伊の湯浅宗重の娘と伊勢伊藤党の平重国の間に明恵が生まれたことに注目して、「地域社会に視点をすえた武士団研究とともに、都や鎌倉の活動に視点をすえた武士結合の在り方もあわせて追究する価値がある」と述べたことがあるが、[16]平田家継・平貞能と宇都宮朝綱との関係はまさにそうした観点から重要である。第三に、「京武者」が活動する「京武者社会」そのものの特質を分析し、検非違使庁の構成と活動や、院の指揮下での御家人も含む「京武者」の「洛中警固」の在り方を、幕府成立以後も視野に入れて検討し、承久の乱までを一貫して把握する研究が進められていることである。[17]これは義経の屋島出陣を見直す宮田報告とも密接に関わる問題であろう。

以上のような「京武者社会」研究の進展を前提に、さらにいくつかの論点を提示したい。

第二節　平氏都落ちと諸国武士の入京

都が直接に治承・寿永の内乱の渦に巻き込まれるのは、寿永二年（一一八三）七月の平氏都落ちと、それにかわる木曾義仲・源行家らの入京である。この時に入京した軍勢について、『吉記』寿永二年七月三十日条は京中守護交名として、①源頼政子息、②高田重家、③泉重忠、④源光長、⑤安田義定、⑥村上信国、⑦葦敷重隆、⑧源行家、⑨山本義経、⑩甲賀入道成覚（柏木義兼）、⑪仁科盛家、⑫木曾義仲の名前を列挙している。⑧⑫の河内源氏の義仲・行家、①の摂津源氏の頼政子息のほか、②・③・⑦が美濃・尾張に拠点をもつ重宗流美濃源氏、④が国房流美濃源氏、⑨・⑩が義光流近江源氏、⑤が義清流甲斐源氏、⑥が頼清流信濃源氏、⑪が信濃安曇郡に拠点をもつ在地武士（平姓）であり、[18]このほかにも常陸国の志太義広（源為義子息）、河内石川源氏の石川義兼らが入京したことが確認される。[19]

浅香年木氏は、入京した軍勢は畿内とその外周周辺東側部諸地域の「国守級の軍事貴族の混成軍団」であり、木曾義仲に対して強い自立性を保持していたことを指摘されている[20]。平氏都落ちにともなって入京した諸国武士は、摂津源氏の頼政一門をはじめ、重宗流美濃源氏・国房流美濃源氏・義家流河内源氏・頼清流信濃源氏など、白河・鳥羽院政期に「京武者」として活動していた軍事貴族の一族が中心であった。そして義仲は彼らを有効に統制できないまま、寿永二年十一月の法住寺合戦までにはその大半が義仲から離反し、わずか半年足らずで同盟関係は崩壊するのである。鎌倉軍の入京は、こうした状況で迫ってくることになる。

第三節　鎌倉軍の入京

源頼朝が派遣した鎌倉軍の上洛について、延慶本『平家物語』や覚一本『平家物語』は、大手の源範頼軍が美濃・近江を経て勢多橋へ向かい、搦手の源義経軍が伊勢・伊賀を経て宇治橋に進軍したことを記している[21]。しかし、『平家物語』諸本における鎌倉軍の都への進軍は、基本的に名馬「生ずき」の逸話を中心に構成されており、遠征としてリアルに描こうとはしていない。平氏軍の敵地への遠征は生々しく描いて、その「弱さ」を印象づけ、鎌倉軍の遠征は描かない『平家物語』の特徴は、ここにもあらわれている[22]。

上洛する鎌倉軍の様相を、史料上から追究することができるのは、伊勢に進軍した源義経の軍勢についてである。『玉葉』寿永二年（一一八三）閏十月二十二日条は、十月宣旨を施行するために、頼朝の使が伊勢国に到着したこと、「国民等」が義仲郎従に敵対して、事を頼朝の使に寄せて鈴鹿山を切り塞ぎ、義仲・行家らの郎従に攻撃をしかけたことなどを、伝聞として記している。実際に京攻めを行う三ヵ月前に、すでに鎌倉軍の一部は伊勢国にまで入ってきているのである。なお、鈴鹿山を切り塞ぐ行為は、治承・寿永内乱期にはしばしば行われたが、それを行うことが可

能な人物は、この地域に強い軍事的影響力をもつ伊賀平氏の平田家継と推測されることを付け加えておきたい。(23)

さて『玉葉』の同年十二月一日条は、伊勢に送った院の使者の報告として、伊勢に滞在する「頼朝代官」が「九郎《源義経》并斎院次官親能《中原》等」であること、彼らは頼朝の命を待って伊勢から上洛する予定であること、源義経軍はわずかに五百騎ばかりであり、そのほかに多くの「伊勢国人等」や、貞季流伊勢平氏の「京武者」である「和泉守信兼《平》」が合力していることなどを記している。義経軍は翌寿永三年（一一八四）一月に京に向かって進軍するが、『源平盛衰記』によれば、義経軍は伊勢国鈴鹿郡の関から加太越を経て伊賀国柘植にいたり、大和街道から伊賀上野を経て南山城に進んだという。(24)伊勢から伊賀に進んだこの義経軍の進軍ルートは、義経を援助した在地武士団を特定する絶好の手がかりともなる。義経・中原親能が伊勢に入ると、それに呼応して鈴鹿山を切り塞ぐことが行われ、さらに義経軍が伊勢から伊賀を経て京に向かったことを踏まえれば、伊勢から伊賀上野にいたる大和街道・伊賀街道双方のルートを押さえる平田家継が、義経に積極的に加担していたことは確実と思われる。(25)

元木泰雄氏は、上洛した鎌倉軍を「京武者・軍事貴族の連合」と鋭く指摘されたが、(26)より具体的に義経軍を援助したのは、平信兼や平田家継など有力な伊勢・伊賀平氏の一族であった。彼らは決して平氏残党というような存在ではなく、貞季流伊勢平氏の平信兼はそもそも平清盛一門から自立した「京武者」であったし、また平田家継を中心とする伊勢・伊賀平氏の武士連合は、平時子・平宗盛を中心とした平氏主流派の都落ちとは行動を別にした、かつての平重盛配下の武士たちと考えられる。(27)義仲にかわって入京した鎌倉軍も、実は東国武士だけで構成されていたのではなく、平信兼や重盛配下の伊勢・伊賀平氏など、鳥羽院政期以来の「京武者社会」を構成した軍事貴族・有力武士との同盟軍だったのである。

第四節　元暦元年の政治的意味

寿永三年（一一八四）一月、木曾義仲軍を破って入京した鎌倉軍は、二月には、摂津国福原を拠点に再上洛をうかがう平氏軍を、東の生田の森、西の一の谷の「城郭」を攻撃して敗走させることに成功する。[28] この合戦の目的は、「先追二落山陽道一之後、漸々可レ有二沙汰一云々」とあるように、[29] まずは平氏軍を山陽道から追い落とすことにあった。そしてこれ以後、半年余にわたって、宮田報告がいう鎌倉軍が「防御」に専念する段階に入ることになるが、この元暦元年（寿永三年・一一八四）という年は、鎌倉幕府の軍制上きわめて重要な意味をもっていたと思われる。

寿永三年三月十七日、武田信義の子息板垣兼信が源氏一門であることを理由に、備前・備中・備後の三ヵ国の惣追捕使となった土肥実平の「上司」を望んだことに対して、頼朝はこれを叱責し、[30] 六月十六日には、同じ信義子息で「威勢」をふるっていた一条忠頼を鎌倉で謀殺しており、[31] 挙兵当初は頼朝から自立し、のちに同盟関係にあった甲斐源氏武田氏に対する厳しい統制が始まっている。畿内近国では、七月八日に平田家継を張本とする伊勢・伊賀平氏が蜂起し、[32] 七月十九日に近江大原荘における合戦で鎮圧されたが、[33] 八月十日には平信兼の三人の子息が京の義経の宿所に呼び出されて殺され、[34] さらに十二日に義経は軍勢を率いて伊勢国に下向し、信兼を追討している。[35]

一方、伊賀国惣追捕使に任じられていた源氏一門の大内惟義が、八月三日に追討の恩賞を要求したことに対して、頼朝は反乱を未然に防げなかったことを叱責したうえで「賞罰者、宜レ任二予之意一」と返答し、[36] 八月十七日には、義経が許可なく検非違使・左衛門少尉に任官したことを知り、頼朝が激怒したことはあまりにも有名である。[37]

永原慶二氏は、元暦元年のこうした事件について「この時期の頼朝の家人統制は神経質なほどに峻厳をきわめている」と述べられ、(38)元木泰雄氏は「自立性を有した京武者を東国武士と同等に位置づけ、頼朝の軍令に一元化する」動きとして指摘されている。(39)平氏軍主力との戦争が休戦状態にあるなかで、それまで同盟軍的な関係にあった他の源氏一門や、平信兼をはじめとする「京武者」を、頼朝の指揮下に再編する政治が始まった段階として理解してよいであろう。同年二月、河内の水走康忠に対して、鎌倉軍は「国兵士事、相伝家人許私加二其催一候者也」と述べて軍事動員を行っているが、(40)この文言にそのまま依拠し、平氏軍の「駆武者」と対比させながら、強固な主従制に基づく鎌倉幕府軍制を説くことは誤っている。(41)内乱期における鎌倉幕府軍制の実態は、むしろ平氏や義仲と何ら変わりがなかったからこそ強力な再編が必要になったのであり、この史料からは元暦元年段階における幕府の姿勢を読み取るべきなのである。

それと同時に、頼朝が御家人に対する院の恩賞授与に規制を加え、官職補任においても自らの干渉下に置こうとしたことは、単に頼朝による御家人統制の側面だけではなく、院政期以来の「京武者社会」の秩序に変更を加えようとする側面をもっていたことに注目しておきたい。京に進駐した鎌倉方の武士が、院からの恩賞として官職に任官するのはむしろ自然なことであり、それを叱責する頼朝の方こそ、伝統的な武士社会に異質な秩序を持ち込もうとしていたと考えられよう。

第五節　義経の出陣と「京武者社会」

元暦元年（一一八四）の政治的意味は以上の通りであるが、翌二年一月に義経は後白河院の許可のみで屋島に出陣し、三月の壇ノ浦において平氏一門を滅亡に追い込むことになる。宮田報告が明らかにした平氏追討戦争の終結の在り方は、長期戦で平氏軍を包囲して降伏させようとする作戦の点においても、院の指揮によって「京武者」が動員される「京武者社会」を変質させようとする点においても、かかる頼朝の構想とは大きく相違するものであった。こうした事態は、義経に対する政治責任の追及と、頼朝が自ら陣頭に立つ奥州合戦の強行を必然化することになるが、一方ではそれ以後も「京武者社会」を存続させ、御家人をも含み込んだ「京武者社会」を基盤に、後鳥羽院の権力を成長させることとなった。

後鳥羽院は、在位中の建久六年（一一九五）十二月三日に、伊勢国住人季廉らの狼藉を伊勢国惣追捕使山内経俊に直接に命じて停止させ[42]、院政を始めてからも、建仁元年（一二〇一）八月三十日、斎宮群行駅家役を対捍する近江国内諸荘の荘民に対して、近江国惣追捕使佐々木定綱に駅家役の催促を命じている[43]。また元久元年（一二〇四）三月、伊勢・伊賀両国で起こった反乱の際には、京都守護平賀朝雅を伊賀国知行国主に任じて追討にあたらせている[44]。五味文彦氏[45]や木村英一氏[46]が注目されたように、後鳥羽院は直接鎌倉幕府権力を動員できる立場にあったのであり、伝統的な「京武者社会」のなかに幕府権力は組み込まれていたのである。

後鳥羽院の権力は、「京武者社会」と鎌倉幕府権力との接点を基盤に生み出された権力であり、承久の乱は、鎌倉幕府によってまさにその「京武者社会」（＝院政期以来の伝統的武士社会）の秩序が解体された事件としてとらえることができるように思われる。

注

（1）宮田敬三「十二世紀末の内乱と軍制」（『日本史研究』五〇一号、二〇〇四年）。
（2）宮田敬三「元暦西海合戦試論」（『立命館文学』五五四号、一九九八年）も参照。
（3）元木泰雄「摂津源氏一門」（『史林』六七巻六号、一九八四年）、同「院政期政治構造の展開」（『院政期政治史研究』思文閣出版、一九九六年、初出一九八六年)、同『武士の成立』(吉川弘文館、一九九四年)。
(4) 髙橋昌明『武士の成立　武士像の創出』(東京大学出版会、一九九九年)。
(5)『中右記』天永四年四月三十日条。『中右記』同日条は、この「天下武者源氏平氏輩」を「京武者」と言い換えている。
(6)『本朝世紀』久安三年七月十八日条。
(7) 井上満郎「源氏と平氏」(『平安時代軍事制度の研究』吉川弘文館、一九八〇年)。
(8) 伊藤瑠美「十一～十二世紀における武士の存在形態」(『古代文化』五六巻八・九号、二〇〇四年)。
(9) 宮崎康充「古代末期における美濃源氏の動向」(『書陵部紀要』三〇号、一九七八年)、須藤聡「保元・平治期の政治動向」(『西垣晴次先生退官記念　宗教史・地方史論纂』刀水書房、一九九四年)、同「平治の乱を見直す」(群馬県高等学校教育研究会歴史部会『平成八年度歴史部会紀要』二六号、一九九七年)。
(10) 竹下賢「坂戸源氏について」(『郷土誌かしわら』二号、一九六三年)、宮崎康充「鎌倉時代の検非違使」(『書陵部紀要』五一号、一九九九年)、伊藤瑠美「鳥羽院政期における院伝奏と武士」(『歴史学研究』八三二号、二〇〇七年)、同「院政期の武士と「院近臣」」(『人民の歴史学』一七八号、二〇〇九年)。
(11) 須藤聡「平安末期清和源氏義国流の在京活動」(『群馬歴史民俗』一六号、一九九五年)。
(12) 詳細については、拙稿「中世武士の移動の諸相」(本書第Ⅰ部第一章、初出二〇〇七年)を参照。
(13)『吾妻鏡』元暦二年七月七日条。
(14)『吾妻鏡』元暦元年五月二十四日条。
(15)『源平盛衰記』巻第三十一「小松大臣如法経」。大山田村史編纂委員会編『大山田村史　上巻』(大山田村、一九八二年)は、貞能の母か妻が宇都宮氏の出身であることを推定している。
(16) 拙稿「書評　高橋修著『中世武士団と地域社会』」(『民衆史研究』六一号、二〇〇一年)九〇頁。
(17) 宮崎康充前掲注(10)論文、木村英一「六波羅探題の成立と公家政権」(『ヒストリア』一七八号、二〇〇二年)。なお、木村英一氏は著書『鎌倉時代公武関係と六波羅探題』(清文堂出版、二〇一六年)に収録した同論文では、後鳥羽院政期における在京軍事貴族を指す語として「京武者」を使用することをやめられたが、承久の乱まで白河院政期以来の伝統的な武士社会秩序が存続していたとする論点は維持されている。

(18) 浅香年木「義仲軍団と北陸道の「兵僧連合」」(『治承・寿永の内乱論序説』法政大学出版局、一九八一年)。
(19) この時期の河内石川義兼と源行家の動向については、拙稿「河内国金剛寺の寺辺領形成とその政治的諸関係」(『鎌倉幕府成立史の研究』校倉書房、二〇〇四年、初出一九九〇年)を参照。
(20) 浅香年木前掲注(18)論文二二四頁。
(21) 延慶本『平家物語』第五本「梶原与佐々木馬所望事」、覚一本『平家物語』巻第九「生ずきの沙汰」。
(22) 拙稿「治承・寿永の戦争と『平家物語』」(『軍記と語り物』三〇号、二〇〇〇年)。
(23) 拙稿「治承・寿永の内乱と伊勢・伊賀平氏」(前掲『鎌倉幕府成立史の研究』)。
(24) 『源平盛衰記』巻第三十五「義経範頼京入」。
(25) 拙稿前掲注(23)論文参照。
(26) 元木泰雄「頼朝軍の上洛」(『中世公武権力の構造と展開』吉川弘文館、二〇〇一年)。
(27) 平田家継を中心とする武士連合については、拙稿前掲注(23)論文参照。平氏主流派と重盛子息(小松家)・家人たちとの関係については、上横手雅敬「小松殿の公達について」(『和歌山地方史の研究』安藤精一先生退官記念会、一九八七年)、鈴木彰「〈平家都落ち〉の焦点」(『平家物語の展開と中世社会』汲古書院、二〇〇六年、初出一九九九年)、野口実「法住寺殿と小松家の武将たち」(『京都女子大学宗教・文化研究所研究紀要』一五号、二〇〇二年)、拙稿「治承・寿永内乱期における和平の動向と『平家物語』」(『文化現象としての源平盛衰記』笠間書院、二〇一五年)などを参照。
(28) 拙稿「生田の森・一の谷合戦と地域社会」(本書第Ⅱ部第二章、二〇〇七年)参照。
(29) 『玉葉』寿永三年二月一日条。
(30) 『吾妻鏡』寿永三年三月十七日条。
(31) 『吾妻鏡』元暦元年六月十六日条。
(32) 『山槐記』元暦元年七月八日条、『玉葉』元暦元年七月八日条。
(33) 『山槐記』元暦元年七月十九日条、『玉葉』元暦元年七月二十日条。
(34) 『山槐記』元暦元年八月十日条、『百練抄』元暦元年八月十日条。
(35) 『山槐記』元暦元年八月十二日条、『源平盛衰記』巻第四十一「伊勢滝野軍」。

(36)『吾妻鏡』元暦元年八月三日条。
(37)『吾妻鏡』元暦元年八月十七日条。
(38)永原慶二『源頼朝』(岩波書店、一九五八年)一一八頁。
(39)元木泰雄前掲注(26)論文一四一頁。
(40)(寿永三年)二月二十四日「源義経請文」(西宮重美氏所蔵水走文書、『平安遺文』一〇―五〇八七)。
(41)例えば、高田実「平氏政権論序説」(『日本史研究』九〇号、一九六七年)。
(42)『三長記』建久六年十二月三日条。
(43)『三長記』建仁元年八月三十日条。
(44)『明月記』元久元年三月二十一日条。
(45)五味文彦「院支配の基盤と中世国家」(『院政期社会の研究』山川出版社、一九八四年、初出一九七五年)。
(46)木村英一前掲注(17)論文。

〔補記〕本章の原論文は、二〇〇三年度日本史研究会大会中世史部会共同研究報告の宮田敬三報告「十二世紀末の内乱と軍制」のコメントとして報告した内容を文章化したものである。本書に収録するにあたり、論旨を明確化するために若干の加筆修正を行い、注を大幅に増やした。

第二章　鎌倉幕府研究の現状と課題

はじめに

「鎌倉幕府に関する研究は昨年も活況を呈した」と記すのは、二〇〇六年に刊行された『史学雑誌』の「二〇〇五年の歴史学界―回顧と展望―」である(1)。確かに、鎌倉幕府をめぐる研究は、御家人制や御家人役、守護制度、都市鎌倉、交通・流通政策、文士、六波羅探題などの分野で着実に成果が積み重ねられ、また頼朝の征夷大将軍任官(2)や文治国地頭(3)に関する重要史料の紹介なども相次いでおり、新たな研究段階を迎えているといってよいであろう。しかし、こうして個別分野で研究が進展する一方で、全体として鎌倉幕府の歴史的位置や性格を問うような議論はあまり見られず、むしろ鎌倉幕府論としては新たな方向性が見出せないまま、模索している状況にあると感じている人も多いのではないだろうか。

私は二〇〇四年に『鎌倉幕府成立史の研究』（校倉書房）を著したが、拙い内容であるにもかかわらず、幸いにして研究視角を異にする評者の方から様々な御批判をいただくことができた(4)。なかには、中世国家論に対する私自身の立場の表明が明確でなかったためか、論者によって正反対の批判を受けた部分もあり、私にとっては現在の研究状況と自らの理解をあらためて問い直す良い機会となった。

本章は、こうした批判を踏まえて、あらためて私の鎌倉幕府成立史研究の視角を明確化するとともに、そのうえで鎌倉幕府研究の現状を整理し、今後の課題を考えようとするものである。もちろん私の能力不足から、本章であつかう範囲は鎌倉幕府研究のごく一部の領域に限定されざるをえないが、少しでも今後の研究に資するところがあれば幸いである。

第一節　中世国家論と鎌倉幕府——権門体制と超権門的性格——

かつての鎌倉幕府成立史をめぐる主要な研究視角が、幕府と朝廷との公武交渉に注目し、朝廷から幕府への公権委譲の過程を追究するものであったことは、あらためて述べるまでもないであろう。そのことは、いわゆる「鎌倉幕府成立時期論争」としてとりあげられる画期の多くが、例えば、寿永二年（一一八三）の十月宣旨や文治元年（一一八五）の守護・地頭補任勅許、建久三年（一一九二）の源頼朝の征夷大将軍任官など、朝廷から幕府に何らかの公権・官職の付与がなされた時点に置かれていることに象徴的に示されている。

このような公権委譲論は、例えば「東国国家論」の代表的論者である佐藤進一氏が、鎌倉幕府権力の実質的形成について、今日の研究水準を導く多大な業績をあげられながらも、寿永二年十月宣旨による東国行政権の獲得によってはじめて一私人の頼朝の家政機関が国家の行政機関に転化したと理解され、その時点に幕府の成立を求められたように(5)、鎌倉幕府研究においては、幕府権力の「公権」化をとらえる際の基本的視角として、「権門体制論」「東国国家論」を問わず共有されてきたものであった(6)。

しかし、かつての「守護地頭論争」が、授権内容の法解釈をめぐって一字一句の解釈を競い、一種の袋小路に陥ってしまったように、こうした視角の徹底化は、鎌倉幕府という新しい権力の形成を公武交渉の政治過程に解消してしまう傾向をもち、幕府の実質的な権力形成の動向が軽視されるという研究状況を生み出すことにもなった。一九五六年に石母田正氏が、「八〇年の頼朝の権力を「私権」とする一般的な見解は、それがまだ朝廷または中央権力によって、政治的にも、法的にも承認されていないことを理由とするのであるが、この見解は中央国家または公家法による『承認』の有無が、「私権」と「公権」をわける基準になっている。この考え方は鎌倉政権の確立過程を、主として「幕府」の—それは多かれ少なかれ公家法との関連をもつ制度である—成立時期の問題に解消する傾向となって、伝統的に強く存在した。九二(建久三)年七月、頼朝が朝廷から征夷大将軍に補任された時をもって幕府の成立とする『武家名目抄』以来の説も、九〇(建久元)年、頼朝が右近衛大将に任官した時にもとめる説も、思想的には同一の根源をもっているといえよう。(略)このような誤った思想は、鎌倉幕府の成立過程、すなわち頼朝の権力の発展の諸段階とそれぞれの特質を明確にするという学問的な研究を阻害してきた点で重要である(7)」と述べられたような状況は、近年まで続いていたと考える。

私が進めてきた鎌倉幕府成立史研究は、以上のような研究状況を意識して、治承・寿永の内乱と戦争の展開のなかで、幕府権力の実質がいかに形成され、それが平時にいかに定着していったのかという問題を、実態的に明らかにしようとしたものであった。拙著において、ある特定の時点を鎌倉幕府の成立時期として指定しなかった理由も、右のような石母田氏の指摘を念頭に置いていたからであり、例えば、戦時に形成された幕府権力の平時への定着がはかられた文治五年(一一八九)の奥州合戦を、新しい幕府の成立時期として拙著において主張することよりも、内乱の展開と幕府権力の諸段階の在り方を動態的に考察するという研究姿勢を示す方が、現在の研究段階でははるかに重要であると考えたからである。

ただし、ここで強調しておきたいのは、公権委譲論的な発想をとらないからといって、朝廷の動向を無視したり、朝廷による反乱権力の「承認」の意義を否定したりしているわけでは決してないことである。拙著は、鎌倉幕府の成立を、朝廷権力の動向も含めたこの時期の国家機構全体のなかで統一的にとらえようとする一九七〇年代以降の研究動向を前提にしており、(8) 結果はどうあれ、その発展を目指したものであった。この点、朝廷権力の動向・規定性を重視される西田友広氏が、「もちろん、戦争からの分析によって公権委譲論を相対化し、実力によって成立する幕府像を打ち立てたことは本書の意義として、いくら強調してもしすぎる事はないと思う。しかし、寿永二年以降の幕府は何らかの形で朝廷の力の恩恵を受けているはずであり、それは戦争を遂行する上での政治の産物であろう」と述べられ、(9) 朝廷や既存の国家体制との関係を軽視して幕府権力の成立を論じているかのように拙著を評されているが、それは私の本意ではない。逆に幕府権力の自立性を重視される古澤直人氏が、拙著における荘郷地頭制の理解（頼朝の反乱権力のもとで展開した敵方所領没収・没収地給与が、王朝国家に追認されることによって、荘郷地頭制という新しい没官刑システムが創出されたとする理解）に対して、「氏は東国国家論、権門体制論という国家論とはしばらく距離を置くとしているのだが、ここでの氏の記述はあくまで権門体制論の枠組みに依拠しており、その枠内でのみ成立する議論である。東国国家論の立場に立つならば、王朝の「追認」「最終的確認」にかかわらず、それは国家的制度なのであり、「追認」「最終的確認」は単に外交上の交渉ないしは承認ということになる」と指摘された内容の方が、(10) 私の意図を正確に踏まえた批判であるといえよう。鎌倉幕府をとらえる私の立場は、「東国国家論や権門体制論とはしばらく距離を置いて、幕府の全国支配の国家史上の意義を具体的に追究していきたい」と述べたものの、(11) 明らかに権門体制論に近く、東国国家論とは大きな隔たりがあるからである。

私の場合、伊勢や河内など西国の諸地域を主なフィールドにして、鎌倉幕府権力がいかに在地社会に立ち現れてくるかという観点で研究を進めてきたこともあり、幕府成立の国家史的意義を東国社会に限定する東国国家論には強い違和感をもっている。また拙著では源頼朝の権力が東国の反乱軍として形成された点を重視しているが、それは東国国家論の立場からではなく、その段階に形成された頼朝権力の性質が、全国的な軍事権力としての幕府の歴史的特質を規定したと考えるためである。

では、鎌倉幕府を全国的な軍事権力としてとらえるならば、それは権門体制論の立場ということになるのであろうか。かつて上横手雅敬氏は、権門体制論の立場から「私的従者を率いる軍事権門は、国家守護を担当する。―これが公家政権下における幕府のあり方である。しかしこのような軍事権門は、鎌倉幕府の成立をまたず、すでに前代に登場していた」と述べられ[12]、鎌倉時代前期の幕府は院政期の軍事権門（武家の棟梁）の国家的機能と基本的に変化がなかったと主張された。しかし私は、鎌倉幕府権力を、院政期の軍事権門と同質、あるいはその順調な発展形態とは理解していない。鎌倉幕府は、軍事権門として国制に位置づけられながらも、権門としてとらえられない性格を色濃くもっており、平氏を含む院政期の軍事権門とは一線を画する存在であったことに注意したいのである[13]。中世国家をとらえる視角としては権門体制論に近い理解をとっているにもかかわらず、私がこれまで権門体制論を議論の前面に押し出さなかった理由はそこにある。

従来、鎌倉幕府の自立的性格については、東国国家としての側面を強調するのが一般的であった。例えば、鎌倉幕府には、挙兵以来実力によって築きあげてきた東国国家としての性格と、旧来の王朝国家の軍事・検断上の権門としての性格の二重の性格があったとされる五味文彦氏の見解は、その代表的なものであるが[14]、ここで論じたいのは、軍事権力の側面における幕府の超権門的性格についてである。

鎌倉幕府の全国支配の支柱である荘郷地頭制は、朝廷に対する「謀叛人」の所領を幕府が没官し、地頭職補任の形式で没官領を御家人に給与するシステムであるが、これは先にも少し触れたように、挙兵以来頼朝のもとで独自に進められてきた敵方所領没収・没収地給与という反乱軍の軍事体制に起源をもつものであった。一方の平氏軍が、既存の国家秩序のもとで朝廷にかわる没官領給与の主体となりえなかったことを考えれば、鎌倉幕府という新しい軍事権力が、いかに内乱の政治過程と密接に関わって形成された固有の歴史的存在であったのかがよく理解されよう。そしてこの荘郷地頭制の成立によって、鎌倉殿は所領を媒介とした御家人との主従関係を家産の枠を超えて展開できたのであり、またいざとなれば、廟堂粛清や奥州合戦、承久の乱において現実化したように、幕府は朝廷の意向と関係なく、独自に政敵に「謀叛人」のレッテルを貼り、追討・没官・没官領処分を行うことができたのである。

承久の乱では、当初幕府は藤原秀康・三浦胤義ら上皇「逆臣」の追討を掲げて軍事行動を起こしているが、乱後に行われた戦後処理は、三上皇の配流、王家領の没官など、まさに上皇そのものを「謀叛人」としてあつかうものであった。王家没官領は幕府が擁立した後高倉法皇に返付されたが、ここで注目すべき点は、伴瀬明美氏や高橋一樹氏が指摘されたように、鎌倉時代後期になると、旧王家没官領をめぐる所職相論においては、王家内から「関東御口入」を積極的に望む動向があらわれていることである(15)。つまり、承久の乱における幕府の軍事行動は、単に幕府の実力行使としてではなく、軍事権門による一連の「謀叛人」処分として貴族社会においても合意がなされているのである。そして、上皇が「謀叛人」として軍事権門によって処断された事実を合理化・正当化する論理として、天命思想・帝徳批判に基づく後鳥羽「不徳」観が公武両権力に浸透していくことになる(16)。後醍醐の倒幕計画が公武双方で「当今御謀叛」「公家御謀反」と呼ばれ、「謀叛（謀反）」の語義そのものが明確に変質してしまうのも、右のような鎌倉時代の捻れた公武関係を踏まえてはじめて理解しうると思われる。

以上のように、鎌倉幕府は、一方では天皇のもとで朝廷に対する「謀叛」を追討する軍事権門として存在しながらも、他方では朝廷の意向に関わりなく、「謀叛人」を独自に認定し軍事行動を展開できる点において、超権門的性格を有していたといえる。国制上は天皇のもとに存在しながら、天皇軍と戦える権力として鎌倉幕府は存在したのであり、このような鎌倉幕府の歴史的特質が、公武両権力の対立を所与の前提とし、中世の武家権力があたかも天皇・朝廷を否定しなければならなかったかのような誤解を、後世の歴史家に与えたのではないだろうか。しかし、鎌倉幕府は、そもそも天皇や朝廷を否定するような歴史的使命を帯びていない。むしろ危険なのは、鎌倉幕府はなぜ朝廷や天皇を克服しなかったのかと問題を立てることによって、「過度な期待が反転して武家権力の限界が語られ、天皇権力の偉大さが語られるという構図になっている(17)」ことであろう。

権門体制的な国家秩序のもとで、院政期の軍事権門の在り方とは大きく異なる特異な全国的軍事権力として、鎌倉幕府権力は形成される。このような軍事権力がなぜ生み出されたのかという問題を、内乱の現実に即して中世国家全体の変容の過程として考察することが、私の問題関心なのである。鎌倉幕府成立史と同様に、公武間での「権限争奪」の枠組みで論じられることが多かった南北朝時代の公武関係の変化について、近年は、全社会的規模で展開した内乱や戦争に対応する国家の動きとしてとらえようとする研究も生まれている(18)。公武両権力が中世社会の現実にいかに向き合ったのかと発想を変えることで、公武間の関係変化の意味が解ける場合も多いのではないだろうか。

第二節　鎌倉幕府の歴史的個性——東アジアの特異な武人政権——

戦後の歴史学界において、マルクス主義歴史学の立場から、鎌倉幕府を日本における封建制の成立史に位置づけようとされたのは、石母田正氏や永原慶二氏らであった。石母田氏は、治承・寿永の内乱を、封建制の実現を担う歴史的主体である武士＝在地領主階級が、古代的な貴族政権と荘園制を打倒する闘争の第一段階として理解され、内乱のなかで生み出された鎌倉幕府を「過渡的政権」と評価された(19)。永原慶二氏も、石母田領主制論を前提に置きつつ、日本における中世国家の権力形態を検討され、鎌倉幕府権力を多分に古代的性格をもつ封建国家の端緒として論じられている(20)。両氏とも、貴族政権や荘園制を「古代的」ととらえる理論的前提があったために、それと共存した鎌倉幕府は、封建国家としては「過渡的」という評価にならざるをえなかったが、古代から中世への必然的な発展段階に幕府権力を積極的に位置づけようとする研究であった。

しかし一九五〇年代末から六〇年代にかけて、平安時代の社会経済史研究の進展とともに、荘園制の古代的性格が否定されて封建的土地所有の一類型として理解されるようになると、平安時代末期の公家政権（朝廷）も鎌倉幕府とならぶ封建権力とする学説が有力になり、鎌倉幕府の位置づけも大きく変更されることとなる。鎌倉幕府の成立以前にすでに中世国家は成立しており、古代から中世への必然的な発展段階に鎌倉幕府を位置づける理論的要請がなくなったのである。

それでは、鎌倉幕府の成立はどのように位置づけられるようになったのであろうか。一九八四年、入間田宣夫氏は「守護・地頭と領主制」を発表されて、在地領主制の発展コースの見直しから、「鎌倉幕府とはなにか。日本の中世社会にとって幕府は、どうしてもなくてはならない存在だったのであろうか。日本における領主制発展の唯一のコース、その必然的帰結として、鎌倉幕府の守護・地頭制度を位置づけてきた、これまでのすべての研究には、なにかしら重大な欠陥があったのではないか」と問題提起を行われた。そして、幕府の性格について「特殊な武装集団によってなしとげられた全国制覇が、そのまま領主制一般の前進とはならなかったこと、理の当然である」と述べられ、「武勇よりは安穏に価値を見出す東アジア世界」では、このような「武人政権の誕生は、東アジア世界における例外、しかも不幸な例外であった」と主張されている。(21)この入間田氏の見解は、日本中世の必然的な発展コースという図式から自由になった、新しい鎌倉幕府論を代表するものであり、鎌倉幕府に対する歴史的評価も、「進歩」を担った歴史的主体から東アジアの「不幸な例外」へと、一八〇度転換したのである。

近年の鎌倉幕府研究の特徴は、右の入間田氏の見解にも示されているように、幕府権力を朝鮮半島の高麗で成立した武人政権などと比較し、東アジア世界のなかで鎌倉幕府を位置づける視角を打ち出している点である。幕府権力について、聞き慣れた「武家政権」ではなく、「武人政権」と呼ぶことが多くなっていることも、こうした問題意識の高まりを反映していると思われる。村井章介氏や髙橋昌明氏らによって精力的に進められている武人政権の比較史的研究は、十二世紀末に日本と高麗で相次いで生まれた武人政権が、なぜ高麗では長続きせずに、十三世紀後半には文人優位の伝統的国家が復活するのか、そしてなぜ日本では、十九世紀後半の明治維新にいたるまで、七百年の長きにわたって武人政権が存続したのかについて、鋭く問題を投げかけているのである。(22)

都の貴族社会に注目し、新たな視点から武士発生史を再検討された髙橋昌明氏は、平氏権力と鎌倉幕府とを比較されて、「平氏によって代表される平安期の武士は、日本の歴史におけるもっとも真正で正統な武士であったばかりか、東アジア国家の軍事力のあり方としても、まったく正常なものであった」として、平氏の存在形態を東アジア世界に共通する武力の在り方と論じられ、「鎌倉幕府の成立は武士の歴史にとっても、日本の国家史にとっても、まさに巨大な方向転換であった。反乱により都の武力の帰結としての平氏政権が倒され、平安期武力のあり方が否定されたのである」と結論づけられている。(23)鎌倉幕府は、日本の武士の歴史においても、また東アジア諸国の軍制の歴史においても、全く特異な存在として登場したのである。

このような研究動向と問題意識を共有しつつ、私の場合は、なぜ鎌倉幕府が平氏などとは異質な権力として成立したのかという問題を、治承・寿永の内乱と戦争に視点をすえて考えようとしているのである。村井章介氏は、鎌倉幕府と高麗の武人政権を比較されて、「幕府にあって高麗武人政権にない特徴をひとつだけあげるとしたら、なんといっても幕府が、鎌倉という、旧来の王権所在地から遠くはなれた地を本拠に選んだことでしょう」と述べられている。(24)日本で長期にわたって武人政権が続くことになった契機の一つが、頼朝が鎌倉に拠点をすえたことにあるとすれば、それこそ、中央軍事貴族の出身でありながら平治の乱で伊豆に配流され、やがてその地で反乱軍を立ち上げ、関東から動かないまま朝廷から軍事権門として追認されるという、内乱の特殊な政治過程と切り離しては理解できない問題なのである。

一九九七年度日本史研究会大会全体会シンポジウムにおける斉藤利男報告「軍事貴族・武家と辺境社会」への批判として、私は東国に成立した鎌倉幕府は、治承・寿永の内乱の結果として生み出された固有の歴史的存在であり、「武家政権」一般の必然的成立形態と考えるべきではないと述べたことがある。(25)院政期の伝統的な武士社会の在り方から見れば、「武家政権」は平氏政権のように京に成立することが自然であったと理解しているからである。

第三節　「京武者」秩序と御家人制
――幕府成立期の二つの武士社会――

近年元木泰雄氏は、十一世紀後半以降、軍事的緊張の高まった京において、官職とは無関係に武者として軍事活動を行い、荘園領主・公家権門に依存して在京軍事力の中枢を担った軍事貴族層を、「京武者」という概念でとらえられた。(26)「京武者」は、諸国の広汎な武士を組織した平清盛や源義朝の「武門の棟梁」とは異なり、小規模な所領を基盤とし、権門の爪牙として活動した。彼らは白河・鳥羽院政期に数多く存在したが、保元の乱において「武門の棟梁」平清盛・源義朝が出現するにいたり、在京軍事力としての彼らの役割は決定的に低下し、源頼政の平氏に対する挙兵を最後に歴史の表面から姿を消すとされている。「京武者」は、白河・鳥羽院政期に特徴的な京の武力の在り方を論じる概念として提起されたのである。

しかし、治承・寿永内乱期においても、清盛や頼朝から自立して存在する軍事貴族層の京での活動は決して消滅していない。元木氏自身も、例えば寿永二年（一一八三）七月の平氏都落ち直後に入京した木曾義仲以下の諸国武士のなかに、摂津源氏の源頼兼や美濃源氏の源光長が見えていることについて、「京武者たる摂津源氏は一時的に息を吹き返す」と述べられているし、(27)その後の論文でも、寿永三年一月に木曾義仲軍を破って上洛した鎌倉軍に、伊勢平氏の平信兼らが加勢していたことに注目されて、鎌倉軍の性格を「京武者・軍事貴族の連合」と規定され、そこに後白河院の軍事指揮権の存在を想定されている。(28)さらに、後鳥羽院政期における「洛中警固」の在り方を検討された木村英一氏は、大内惟信・源頼茂・源広業などの幕府御家人も含めて、在京の軍事貴族・武士が後鳥羽院の指揮下で活動しており、白河・鳥羽院政期以来の「京武者」を中心とする「洛中警固」の体制は、幕府成立後も継続していたと主張されている。(29)これらの事実を見れば、従来の研究史は「武門の棟梁」や成立期幕府の組織力・拘束力を評価し過ぎていたきらいがあり、院の指揮のもとで自立的に軍事活動を展開する「京武者」は、少なくとも承久の乱までは相当数存在したと考えるべきであろう。そして「京武者」を中心に、京と地方を密接に結んで形成された武士社会こそ、中世の伝統的・正統的な武士社会の在り方と理解されるのである。

周知の如く、近年は髙橋昌明氏によって武士発生の基盤として都の貴族社会が注目され、(30)中世武士論の重要な論点として都の問題が意識されているが、その背景にはやはり武士研究が在地領主制研究から自立して進められるようになった研究状況があろう。在地支配の在り方を示す古文書中心の分析だけでなく、髙橋氏や野口実氏の先駆的業績を受けて[31]、貴族の古記録にあらわれる武士の活動を丹念に洗い出す研究が進んでおり、従来とは異なる武士社会のイメージが形成されつつあるのである。

特に「京武者」概念に関しては、成立期の「武家政権」の歴史的特質を考えるうえでも有効な視角になると思われる。例えば平氏権力に関して、安元三年（一一七七）に起こった延暦寺大衆による強訴に際し、平清盛の意思とは別に、後白河院の命によって重盛の小松家家人が延暦寺大衆を攻撃してしまったことや、また平氏都落ちに際して、院の指揮下にあった資盛の小松家と頼盛の池家が、嫡宗宗盛の率いる一門とは別行動をとっていることなどを見ると[32]、「京武者」秩序が平氏一門の内部に浸透し、族長の指揮権と交錯していたことがうかがえるのである。

近年、宮田敬三氏は、元暦二年（一一八五）一月、京にあった源義経が兵粮米の欠乏状況を重視して短期決戦を決意し、長期的な包囲作戦をとろうとする頼朝の意向を無視して、後白河院の許可のみで屋島に出陣したことを明らかにされている[33]。義経は、生田の森・一の谷合戦で平氏軍を破ったのち、畿内近国の軍事指揮官として一年にわたって在京し、検非違使・左衛門尉に任官するなど、「京武者」としても活動する存在であった。したがって、義経が院の許可のみで出陣したとしても、「京武者」秩序に包摂される武士としては当然の行動であろう。壇ノ浦合戦後に京に滞在中の多くの御家人が自由任官し、頼朝から激しく叱責されたことはあまりにも有名であるが[34]、伝統的な武士社会の慣習を制約し異質な原理を持ち込もうとしたのは、頼朝の方だったのである。

頼朝は、鎌倉軍が京を制圧した元暦元年（一一八四）から厳しい御家人統制を展開し、他の源氏諸流や伊勢平氏などの「京武者」を頼朝の指揮下に一元化する政治を始めているが[35]、その後の義経の動向に見られたように、鎌倉時代初期の段階においては「京武者」秩序は解体されないまま、鎌倉幕府御家人制と併存・重複する状況にあった。後鳥羽院の権力が、京都守護や西国守護、在京御家人を直接動員するものであったことは、これまでもたびたび指摘されてきた通りであるが[36]、それは伝統的な「京武者」秩序が、新たに形成された鎌倉幕府権力をも呑み込んで機能していたことを示しているのである。

とすれば、承久の乱の意義も、従来とは異なる評価が可能であろう。承久の乱については、京方の敗北を自明視する歴史観を批判しつつ、戦闘過程も含めた再検討が進められているが[37]、これは院権力と幕府権力との軍事的衝突というよりは、複雑に錯綜する二つの武士社会秩序が対立し、白河・鳥羽院政期以来の伝統的な「京武者」秩序が解体された事件として理解できるのではないだろうか。かつての通説のように、「封建的」な武家政権が「古代的」な貴族政権を打ち破ったものでは決してなく、鎌倉幕府という特異な軍事権力の出現に対応する、中世武士社会の再編であったと考えられるのである。

木村英一氏は、平氏の大番役を継承して、天皇の里内裏である閑院内裏を警固対象としていた鎌倉幕府の京都大番役が、承久の乱後になってはじめて院御所も警固するようになったことを明らかにされている[38]。院が軍事貴族や武士を院北面や武者所などに組織し、独自の武力組織によって院御所を警固してきた体制が、ここに消滅したのであり、院は御家人役として動員された大番衆に警固されることになった。伝統的な「京武者」秩序の解体を象徴的に示す現象であろう。

もちろん、承久の乱後においても院北面や武者所は存在するが、院下北面に祗候する畿内武士の実態を明らかにされた生駒孝臣氏の研究によれば、承久の乱以後の院下北面は、院政期以来の院の武力としての意義を喪失し、院分国の目代を務めたり、院御所の造営にたずさわるなど、主に経済的な役割を担うようになるという[39]。

今後は、承久の乱以後の在京武士の活動を、軍事面だけに限定せず、公武両権力を支える機能に注目しながら分析していくことが重要であろう。井原今朝男氏は、越後平氏諸流を素材として、鎌倉末期にいたるまで公武両権力に両属する「京方御家人」の幅広い活動を明らかにされている。(40) また鈴木芳道氏は、幕府御家人と京の貴族諸家との間で成立する「公武婚」が鎌倉前期から数多く展開していることを指摘されており、(41) 京における公武の人的交流は鎌倉時代を通じてきわめて活発であった。多くの御家人が本拠地や鎌倉だけではなく、京にも屋地・宿所をもち、そこが地頭職などの散在所領の知行にともなう本所年貢等の集積・決済のセンターとして機能していたとする高橋一樹氏の指摘なども、(42) 御家人にとっての京の意義を物語るものであろう。京は鎌倉時代を通じて鎌倉幕府の最重要基盤の一つだったのであり、室町幕府への展望も視野に入れて、あらためて「武家政権」にとっての京の位置を考えることが必要であると思われる。

第四節　鎌倉幕府の軍事的基盤——都市としての京と鎌倉——

考古学の発掘成果と相俟って、中世都市鎌倉をめぐる研究が目覚ましく進展していることはいうまでもないであろう。最後に、鎌倉幕府権力にとっての都市鎌倉の問題についてとりあげておきたい。

最近、都市鎌倉における御家人の居住形態を検討された秋山哲雄氏は、次のような興味深い見解を示されている。(43) すなわち、①鎌倉は御家人たちのネットワークの拠点の集合体であり、御家人は一族で在京・在国・在鎌倉などの分業体制をとっていたこと、②御家人自身は鎌倉に常駐しておらず、御家人の屋敷地には、屋敷地の一部をあてがわれた給人（代官）や、さらにその一部を又貸しされた民衆が居住していたこと、③したがって、鎌倉には御家人の一族の一部が留まるのみで、都市住民のほとんどは御家人の屋敷地内に住む給人や民衆であったと考えられること、④鎌倉における幕府儀礼の役を担う「鎌倉中」御家人は、鎌倉時代を通じて固定化・限定化が進み、「鎌倉中」でも鎌倉に代官を置いていたに過ぎない御家人が多かったこと、などの諸点を明らかにされた。そして、「御家人たちは、幕府儀礼のために鎌倉にやって来ていたのである。これは、京都に定住する貴族階級によって京都の都市儀礼が担われていた状況とは対照的であろう。京都と鎌倉は都市としての質が異なるのである」とされ(44)、京と鎌倉の質の違いを指摘されている。

この秋山氏の指摘は、入間田宣夫氏の「巨大な政治都市鎌倉に集住して都会生活を営む関東御家人」という見解に代表されるような(45)、御家人の「都市領主」としてのイメージに大きな変更を迫るものといえよう。狭小な鎌倉には、北条氏や幕府吏僚などごく一部の一族を除いては、御家人は常住しておらず、軍事力はプールされていない。「京武者」に対置される「鎌倉武者」概念は成立しないのである。

それでは、鎌倉幕府の軍事的基盤はどこにあったのであろうか。そこで注目されるのが、承久の乱に際して、「上洛定後、依レ隔レ日、已又異議出来、令レ待二武蔵国軍勢一之条、猶僻案也、於レ累二日時一者、雖二武蔵国衆一、漸廻レ案、定可レ有二変心一也」という大江広元の発言にうかがえるように(46)、有事の際には真っ先に鎌倉に駆けつける軍勢として、「武蔵国衆」が幕府首脳部から期待されていたことである。

野口実氏は、武蔵国御家人の特徴について、建治元年（一二七五）の「六条八幡宮造営注文」に記載された諸国御家人のうち、武蔵国御家人の八十四人が、二位以下の相模国三十三人、信濃国三十二人、甲斐国十九人、陸奥国十五人、上総国十二人と比べ突出していることを踏まえられ、「幕府成立以前からの分散孤立的で統合されなかった武蔵の武士たちの存在形態が反映したもの」と述べられている(47)。戦場で活躍した河原兄弟や熊谷直実・直家父子のような自立的な小武士団こそ、武蔵国御家人の典型であったことになるが、いま注目したいのは、奥州合戦に際して頼朝は「武蔵・上野両国内党者等」を「無勢」の加藤景廉・葛西清重らの手勢に配置しており(48)、近世の軍制における「貸し人」に類似したことが行われていることである。(49) このようなことが可能であったのは、武蔵・上野の小規模な党的武士団が頼朝のもとに直属しており、それを頼朝が自由に配置できたからではないだろうか。流人から出発した頼朝には直属の軍隊は存在しないが、武蔵・上野両国の御家人、特に人数の多い武蔵国御家人が、その役割を担っていたと推測されるのである。

先に見たように、承久の乱の京攻めに際して「武蔵国衆」の鎌倉参着がまず期待されていたのは、この段階においても彼らが幕府直轄軍の性格をもっていたからに違いない。そのように考えると、鎌倉と武蔵・上野両国を南北に結ぶ鎌倉街道「上道」が、中世における関東平野の大動脈として発展したこともごく自然に理解できよう。鎌倉街道「上道」は、日常的に軍事力がプールされていない都市鎌倉の構造と、「武蔵国衆」が鎌倉幕府の軍事的基盤であったという二つの要因に規定されて、まさに「いざ鎌倉」の際の最重要道路として幕府によって整備・管理されていたと考えられるのである。

おわりに

以上、鎌倉幕府研究の現状と課題を私なりに整理し、中世国家論上の問題点、東アジア世界における位置づけ、二つの武士社会秩序の相剋、都市としての京と鎌倉の相違点などの論点を提示してきた。

現在の鎌倉幕府研究は、本論中でも述べたように、幕府権力を古代から中世への必然的な発展段階に位置づけ、歴史的に「正統」な権力であることを自明視してきた研究段階から、大きく転換しようとしており、また、中世における公武関係の変化や幕府権力の成長を、「公権委譲」や「公権吸収」の視角から理解しようとする伝統的な政治史の枠組みも、相対化しつつあると思われる。このような研究状況のなかで、いまだからこそ見えてくる研究課題は多いはずであり、本章で提示した論点もそうした課題の一部に過ぎない。

鎌倉幕府や中世国家をめぐる議論が再び活発化し、それが新しい中世史像の構築に展開していくことを期待して、拙い稿を閉じることにしたい。

注

（1）「二〇〇五年の歴史学界―回顧と展望―」（清水亮氏執筆部分、『史学雑誌』一一五編五号、二〇〇六年）七九頁。

（2）櫻井陽子「頼朝の征夷大将軍任官をめぐって」（『明月記研究』九号、二〇〇四年）。

（3）五味文彦「和歌史と歴史学」（『中世社会史料論』校倉書房、二〇〇六年、初出二〇〇四年）、上杉和彦『大江広元』（吉川弘文館、二〇〇五年）。両氏が紹介された東京大学史料編纂所所蔵「『和歌真字序集（扶桑古文集）』紙背文書」は、その多くが建久二年（一一九一）に上洛していた大江広元宛の文書群であり、今後の研究上きわめて重要である。また、両氏は直接に言及されていないが、そこに見られる「播州地頭」・「播州地頭代官」は、播磨国地頭に補任されていた梶原景時配下の行動を指していると考えられ、国地頭停廃後とされてきた建久年間においても、「（国名）地頭」の名称が用いられていたことが判明する。近年では、国地頭の存在自体を疑問視する見解も提起されており（三田武繁「文治の守護・地頭問題の基礎的考察」『鎌倉幕府体制成立史の研究』吉川弘文館、二〇〇七年、初出一九九一年）、今後の新たな議論の進展が注目される。なお、『和歌真字序集』紙背文書は、『東京大学史料編纂所影印叢書2　平安鎌倉記録典籍集』（八木書店、二〇〇七年）に収録された。

（4）拙著に対しては、上杉和彦氏（『人民の歴史学』一六五号、二〇〇五年）、西田友広氏（『史学雑誌』一一四編一一号、二〇〇五年）、三田武繁氏（『日本歴史』六九〇号、二〇〇五年）、古澤直人氏（『歴史学研究』八一一号、二〇〇六年）、西村安博氏（『法制史研究』五五号、二〇〇六年）、近藤成一氏（『日本史研究』五三一号、二〇〇六年）、木村英一氏（『ヒストリア』二〇五号、二〇〇七年）の諸氏が書評の労をとられた。参照していただきたい。

（5）佐藤進一『鎌倉幕府訴訟制度の研究』（岩波書店、一九九三年、初出一九四三年）。

（6）上横手雅敬「鎌倉・室町幕府と朝廷」（『日本中世国家史論考』塙書房、一九九四年、初出一九八七年）参照。

(7) 石母田正「鎌倉政権の成立過程について」(『石母田正著作集　第九巻　中世国家成立史の研究』岩波書店、一九八九年、初出一九五六年)一二・一三頁。
(8) 例えば、上横手雅敬「建久元年の歴史的意義」(『鎌倉時代政治史研究』吉川弘文館、一九九一年、初出一九七二年)、同「鎌倉幕府と公家政権」(同書、初出一九七五年)、杉橋隆夫「鎌倉初期の公武関係」(『史林』五四巻六号、一九七一年)、同「鎌倉前期政治権力の諸段階」(『日本史研究』一三一号、一九七三年)など。
(9) 西田友広前掲注(4)書評一一二頁。
(10) 古澤直人前掲注(4)書評五一頁。
(11) 拙稿「鎌倉幕府成立史研究の現状と本書の視角」(『鎌倉幕府成立史の研究』校倉書房、二〇〇四年)二四頁。
(12) 上横手雅敬前掲注(8)「鎌倉幕府と公家政権」四頁。
(13) 公武関係の問題を原則の面から論じられていた上横手雅敬氏が、近年は実態の面、すなわち幕府を単に権門と見るだけでは説明しきれない自立性の問題にも注目されていることは、前掲注(6)論文を参照。
(14) 五味文彦「初期鎌倉幕府の二つの性格」(『日本歴史』三四五号、一九七七年)。
(15) 伴瀬明美「鎌倉時代の女院領に関する新史料」(『史学雑誌』一〇九編一号、二〇〇〇年)、高橋一樹「重層的領有体系の成立と鎌倉幕府」(『中世荘園制と鎌倉幕府』塙書房、二〇〇四年)。
(16) 拙稿「武家の天皇観」(前掲『鎌倉幕府成立史の研究』、初出一九九五年)。
(17) 川合康・堀新「頼朝の『呪縛』、信長の『構想』」(『アリエス』〇二号、講談社、二〇〇五年)一六三頁。
(18) 松永和浩「室町期における公事用途調達方式の成立過程」(『室町期公武関係と南北朝内乱』吉川弘文館、二〇一三年、初出二〇〇六年)。
(19) 石母田正『石母田正著作集　第六巻　古代末期の政治過程および政治形態』(岩波書店、一九八九年、初出一九五〇年)。
(20) 永原慶二「日本における封建国家の形態」(『永原慶二著作選集　第二巻　日本封建制成立過程の研究』吉川弘文館、二〇〇七年、初出一九五〇年)。
(21) 入間田宣夫「守護・地頭と領主制」(『講座日本歴史3　中世1』東京大学出版会、一九八四年)。引用は九三・一一二・一一三頁。

(22) 村井章介「比較史上の天皇・将軍」(『中世の国家と在地社会』校倉書房、二〇〇五年、初出一九九二年)、同「鎌倉幕府と武人政権」(『中世日本の内と外』筑摩書房、一九九九年)、髙橋昌明「武士と王権」(『朝日百科日本の歴史別冊　歴史を読みなおす8　武士とは何だろうか』朝日新聞社、一九九四年)、同「東アジアの武人政権」(『東アジア武人政権の比較史的研究』校倉書房、二〇一六年、初出二〇〇四年)。
(23) 髙橋昌明前掲注(22)「武士と王権」二〇頁。
(24) 村井章介前掲注(22)「鎌倉幕府と武人政権」八八頁。
(25) 拙稿「斉藤利男『軍事貴族・武家と辺境社会』をめぐって」(『日本史研究』四二九号、一九九八年)。
(26) 元木泰雄「摂津源氏一門」(『史林』六七巻六号、一九八四年)、同「院政期政治構造の展開」(『院政期政治史研究』思文閣出版、一九九六年、初出一九八六年)、同『武士の成立』(吉川弘文館、一九九四年)。
(27) 元木泰雄前掲注(26)「摂津源氏一門」三〇頁。
(28) 元木泰雄「頼朝軍の上洛」(『中世公武権力の構造と展開』吉川弘文館、二〇〇一年)。
(29) 木村英一「六波羅探題の成立と公家政権」(『ヒストリア』一七八号、二〇〇二年)。
(30) 髙橋昌明『武士の成立　武士像の創出』(東京大学出版会、一九九九年)。
(31) 髙橋昌明『増補改訂　清盛以前』(平凡社、二〇一一年、初出一九八四年)、野口実『坂東武士団の成立と発展』(戎光祥出版、二〇一三年、初出一九八二年)など。
(32) 上横手雅敬「小松殿の公達について」(『和歌山地方史の研究』安藤精一先生退官記念会、一九八七年)、同「平氏政権の諸段階」(『中世日本の諸相　上巻』吉川弘文館、一九八九年)、拙稿「治承・寿永の内乱と伊勢・伊賀平氏」(前掲『鎌倉幕府成立史の研究』)などを参照。
(33) 宮田敬三「元暦西海合戦試論」(『立命館文学』五五四号、一九九八年)、同「十二世紀末の内乱と軍制」(『日本史研究』五〇一号、二〇〇四年)。
(34) 『吾妻鏡』元暦二年四月十五日条。
(35) 元木泰雄前掲注(28)論文、拙稿「内乱期の軍制と都の武士社会」(本書第Ⅲ部第一章、初出二〇〇四年)。
(36) 五味文彦「院支配の基盤と中世国家」(『院政期社会の研究』山川出版社、一九八四年、初出一九七五年)、田中稔「大内惟義に

ついて」（『鎌倉幕府御家人制度の研究』吉川弘文館、一九九一年、初出一九八九年）、上杉和彦「鎌倉初期の守護職権について」（『日本古代・中世史　研究と資料』五号、一九八九年）など。

（37）白井克浩「承久の乱再考」（『ヒストリア』一八九号、二〇〇四年）。承久の乱を検討した近年の研究として、宮田敬三「『承久京方』表・分布小考」（『立命館史学』二二号、二〇〇一年）、野口実「慈光寺本『承久記』の史料的評価に関する一考察」（京都女子大学宗教・文化研究所『研究紀要』一八号、二〇〇五年）、同「承久の乱における三浦義村」（『明月記研究』一〇号、二〇〇五年）、長村祥知『中世公武関係と承久の乱』（吉川弘文館、二〇一五年）なども参照。

（38）木村英一「京都大番役の勤仕先について」（『鎌倉時代公武関係と六波羅探題』清文堂出版、二〇一六年、初出二〇〇二年）、同「王権・内裏と大番」（同書、初出二〇〇六年）。

（39）生駒孝臣「鎌倉期における摂津渡辺党と公家社会」（『中世の畿内武士団と公武政権』戎光祥出版、二〇一四年、初出二〇〇六年）、同「中世前期の畿内武士と公家社会」（同書、初出二〇〇七年）。

（40）井原今朝男「中世善光寺平の災害と開発」（『国立歴史民俗博物館研究報告』九六集、二〇〇二年）。

（41）鈴木芳道「鎌倉前期ふたつの公武婚」（『鷹陵史学』二九号、二〇〇三年）、同「鎌倉時代の公武婚」（『鷹陵史学』三〇号、二〇〇四年）。

（42）高橋一樹「荘園制の変質と公武権力」（『歴史学研究』七九四号、二〇〇四年）。

（43）秋山哲雄「都市鎌倉の東国御家人」（『北条氏権力と都市鎌倉』吉川弘文館、二〇〇六年、初出二〇〇五年）。

（44）秋山哲雄前掲注（43）論文一〇一頁。

（45）入間田宣夫前掲注（21）論文八九頁。

（46）『吾妻鏡』承久三年五月二十一日条。

（47）野口実「武蔵武士団の形成」（『特別展　兵の時代』横浜市歴史博物館・横浜市ふるさと歴史財団埋蔵文化財センター、一九九八年）一六九頁。鈴木宏美「「六条八幡宮造営注文」にみる武蔵国御家人」（『河越氏の研究　関東武士研究叢書４』名著出版、二〇〇三年、初出一九九八年）も参照。

（48）『吾妻鏡』文治五年七月十七日条。

（49）高木昭作「「公儀」権力の確立」（『日本近世国家史の研究』岩波書店、一九九〇年、初出一九八一年）。

〔補記〕本章の原論文は、二〇〇六年三月十八日に開かれた日本史研究会二〇〇六年三月例会「鎌倉幕府論の課題と展望」における報告内容を、文章化したものである。本書に収録するにあたり、若干の加筆修正を行った。

第三章　鎌倉幕府の草創神話

——現代人をも拘束する歴史認識——

はじめに

現在、高等学校の日本史B教科書で最も多く使用されている山川出版社『詳説日本史　改訂版　日本史B』は、第Ⅰ部「原始・古代」の第三章「貴族政治と国風文化」第三節「地方政治の展開と武士」に「源氏の進出」という小見出しを設けて、次のように記している(1)。

また、陸奥北部では豪族安倍氏の勢力が強大になり、国司と争っていたが、源頼信の子頼義は陸奥守として任地にくだり、子の源義家とともに東国の武士を率いて安倍氏と戦い、出羽の豪族清原氏の助けを得て安倍氏を滅ぼした（前九年合戦）。その後、陸奥・出羽両国で大きな勢力を得た清原氏一族に内紛がおこると、陸奥守であった源義家が介入し、藤原（清原）清衡を助けて内紛を制圧した（後三年合戦）。こののち奥羽地方では陸奥の平泉を根拠地として、清衡の子孫（奥州藤原氏）による支配が続くが、一方でこれらの戦いを通じて源氏は東国の武士団との主従関係を強め、武家の棟梁としての地位を固めていった。

十一世紀後半に奥羽地方で起こった前九年・後三年合戦を通じて、河内源氏嫡流の頼義・義家が東国武士団を主従制下に広汎に組織し、武家の棟梁に成長していったという、聞き慣れた説明である。そしてこの記述は、第Ⅱ部「中世」の第四章「中世社会の成立」第二節「鎌倉幕府の成立」の小見出し「鎌倉幕府」における、

反平氏の諸勢力のうち、東国の武士団は武家の棟梁で源氏の嫡流である頼朝のもとに結集し、もっとも有力な勢力に成長した。

という文章と結びつき(2)、十一世紀後半の頼義・義家以来の東国における源氏の基盤が、やがて十二世末の鎌倉幕府の成立に結実するという歴史認識を形成しているのである。鎌倉幕府の成立をめぐるこのような説明は、なぜ源頼朝が東国の鎌倉に幕府を開いたのか、という疑問に対する最もポピュラーな答えであり、教科書だけではなく、一般向けの歴史書などでもよく目にするものである。

しかし、こうした理解は本当に正しいのであろうか。もし東国が頼義・義家以来の源氏の強固な基盤であり、頼朝が源氏の嫡流と見なされていたのであれば、どうして平治の乱後、朝廷はわざわざ謀叛人源義朝の嫡子頼朝を、東国の伊豆国に配流したのであろうか。むしろ同地に配流しても乱の再発にはつながらないという認識があったからこそ、頼朝は伊豆国に流されたのではないだろうか。

実は、教科書などに書かれているこうした鎌倉幕府成立史は、決して歴史的事実ではなく、幕府成立後に語られてきた頼朝の幕府草創を合理化する言説、一種の「鎌倉幕府草創神話」であると私は考える。本章では、鎌倉時代に成立し、いまだに私たちの歴史認識に大きな影響を与えているこの「鎌倉幕府草創神話」について、近年の中世史研究の成果を踏まえながら検討を進めていくことにしたい。

第一節 「京武者」としての源頼義・義家

十一世紀における河内源氏と東国との関係を論じる際に、必ずといってよいほど用いられる史料は、前九年合戦後あまり時期を置かずに成立したと推定される『陸奥話記』である。『陸奥話記』は、長元三年（一〇三〇）に、父源頼信とともに平忠常を追討するために東国に下向した頼義について、「頼義軍旅にあるの間、勇決は群を抜き、才気は世に被りぬ。坂東の武き士、属かむことを楽ふ者多し」と、頼義の武勇を知って多くの坂東武士たちが臣従を望んだことを述べたうえで、天喜四年（一〇五六）に鎮守府将軍の源頼義が、前九年合戦において安倍頼時を追討するために衣川関に向かった際には、「坂東の猛き士、雲のごとくに集り雨のごとくに来る」と記し、多くの坂東武士が一斉に頼義のもとに馳せ参じたかのように描いている。(3)

このような『陸奥話記』の記述が、源頼義が東国武士を広汎に組織し、武家の棟梁に成長したというこれまでの通説の重要な根拠の一つになっているわけであるが、そもそも『陸奥話記』の性格が、厨川柵において安倍貞任らを討ち取り、前九年合戦に勝利して京に凱旋した源頼義・義家父子の立場から、追討の軍功を、王権の守護者による反逆者の討伐としてことさらに強調しようとする文芸作品であった以上、(4)文学的修辞を交えて記された頼義の東国における武威の描写をそのまま鵜呑みにするわけにはいかない。実際には、頼義軍の中核部隊は、藤原景通・藤原則明（ともに利仁流藤原氏）や佐伯経範（秀郷流藤原氏）など、京において主従関係を結んだ少数の軍事貴族たちで構成されていたと考えられ、圧倒的多数は同盟軍として途中から参加した出羽国の清原氏の軍勢で占められていたのである。(5)

また、源義家の後三年合戦においても、奥羽両国に勢力を拡大した清原氏の内部紛争に義家が介入したものであったから、義家の軍事力は基本的に清原氏一門に依存しており、この戦争に多数の東国武士が動員されたと考えることはやはり困難である。(6)

近年の中世武士論は、本書において繰り返し述べているように、十一世紀後半以降の軍事的緊張が高まった京において、院・摂関家などの公家権門や荘園領主の指令を受けて、官職とは無関係に武者として軍事活動を展開した軍事貴族層を、当時の史料用語に基づいて「京武者」という概念でとらえようとしている。「京武者」は、諸国の武士を広汎に組織した「武門の棟梁」とは異なり、小規模な所領を基礎として京周辺で活動し、たとえ受領や追討使などに任じられて地方武士と主従関係を結んでも、それはあくまで一時的なもので大きく評価することはできないとされている。(7)こうした近年の研究成果によれば、源頼義や義家はまさに「京武者」であり、のちの鎌倉幕府権力の直接の前提としてその活動を評価することはできないのである。(8)

ただし、ここで前九年合戦に関連して一つ注目しておきたいのは、合戦後に安倍貞任・安倍重任・藤原経清の首が京に運ばれ、康平六年（一〇六三）二月十六日に、検非違使が鉾に首を挿して都大路を練り歩き、獄舎の前の獄門の木に首を懸ける「大路渡」の儀式がはじめて行われたことである。(9)「朝敵」の首を渡す「大路渡」は、貞任らの事例を初例として院政期以降たびたび行われることになるが、「大路渡」当日は、貞任らの首の行列を一目見ようとする群衆であふれかえり、この光景を見た権中納言源俊房は、「於戯皇威之在レ今、更不レ恥二於古一者歟」と感慨を記している。(10)前九年合戦における勝利が、現実には清原氏の武力に依存したものであったにもかかわらず、鎮守府将軍源頼義の武名が後世においてきわめて高く評価されたのは、貞任らの首の入京が院政期以降の「大路渡」の起源となり、「皇威」の象徴として都の人々に記憶されたことと関係しているのではないだろうか。

一方、源義家の後三年合戦については、朝廷はこれを国家的な「追討」と認めず、恩賞を与えようともしなかったため、義家は京へ運んで凱旋するはずであった清原家衡・武衡の首を、道端に捨ててむなしく上洛したと伝えられる。[11]義家は後三年合戦後しばらく朝廷から冷遇される時期が続き、承徳二年（一〇九八）十月にようやく白河院から院昇殿を許された時も、当時、左中弁であった藤原宗忠は日記『中右記』に「義家朝臣者、天下第一武勇之士也、被レ聴二昇殿一、世人有下不二甘心一之気上歟、但莫レ言」と記しており、[12]義家に対する貴族たちの評価の厳しさを伝えている。

そして義家の晩年以降は、嫡子義親が鎮西で濫行を行い、隠岐国に配流されるなど、河内源氏の政治的地位はさらに低迷する段階に入っていくのである。

第二節　河内源氏嫡流の動揺と頼朝の位置

一般的な常識では、源頼朝は河内源氏嫡流として生まれ、当初から武家の棟梁になるべき貴種性が備わっていたと理解されている。しかし、義親以降の河内源氏の嫡流自体、激しく揺れ動いており、決して自明なものではなかったことに注意する必要がある。

すなわち、義家の嫡子義親は、義家死後の嘉承三年（一一〇八）一月に出雲国において伊勢平氏平正盛の追討を受けて滅亡し、[13]義親にかわり河内源氏の嫡流を継承していた弟義忠も、天仁二年（一一〇九）二月に京において暗殺されている。[14]その犯人として、重宗流美濃源氏の重実が捕縛され、[15]さらに「犯人方人」として源義綱（義家の弟）の三男義明が検非違使による追捕の際に殺害された。[16]この事件を知って京を出奔した義綱も、義家の四男為義によって捕らえられ佐渡国に配流されており、[17]義忠暗殺事件の背景に、「京武者」として活動する源氏諸流が互いに競合・対立する状況があったことを示している（図9「清和源氏略系図」参照）。

図9　清和源氏略系図

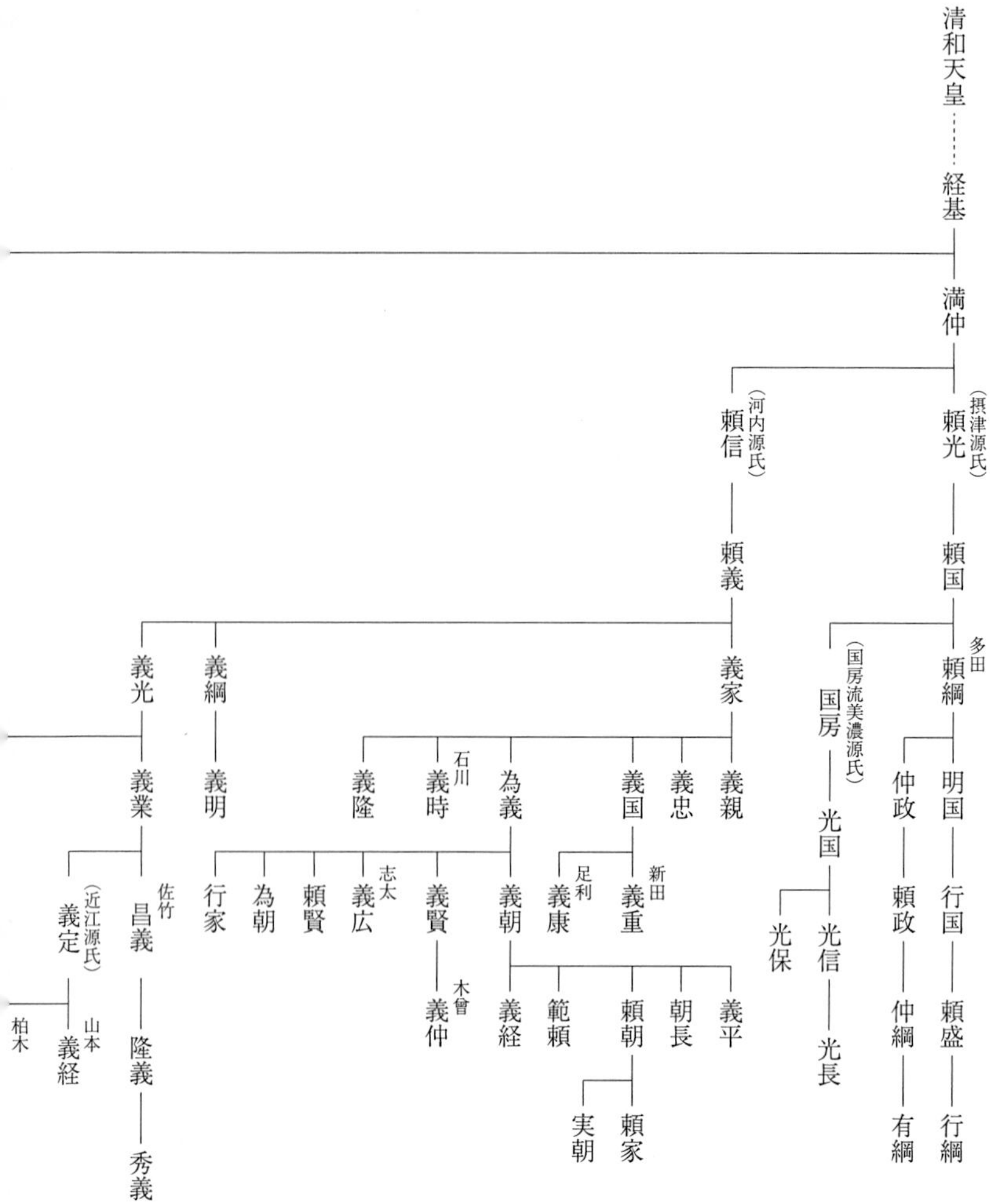
清和天皇
経基
満仲
（摂津源氏）
頼光
頼国
多田
頼綱
明国
行国
頼盛
行綱
仲政
頼政
仲綱
有綱
（国房流美濃源氏）
国房
光国
光信
光長
光保
（河内源氏）
頼信
頼義
義家
義親
義忠
義国
新田
義重
足利
義康
為義
義朝
義平
朝長
頼朝
頼家
実朝
範頼
義経
義賢
木曾
義仲
志太
義広
頼賢
為朝
行家
石川
義時
義隆
義綱
義明
義光
義業
佐竹
昌義
隆義
秀義
（近江源氏）
義定
山本
義経
柏木

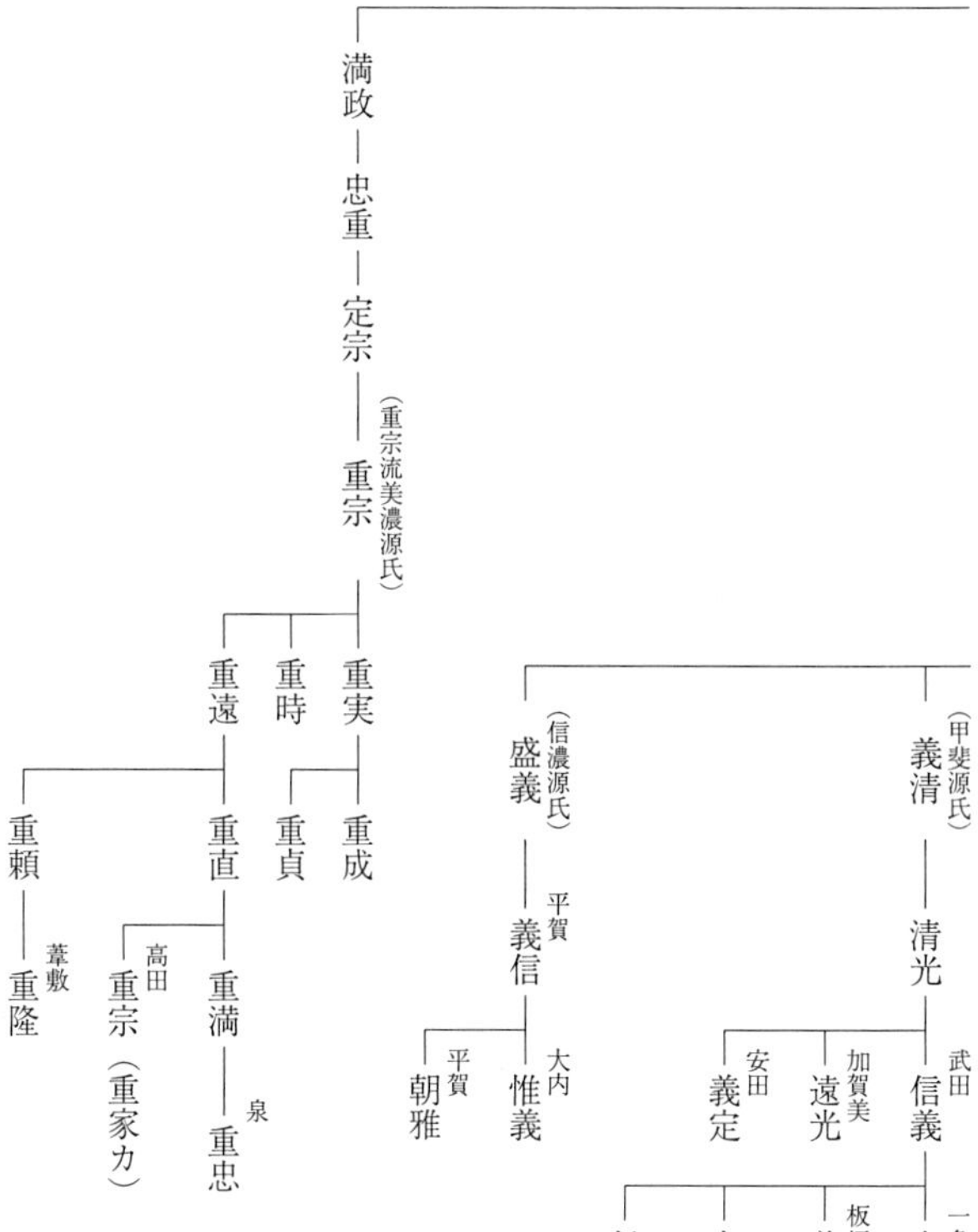

注　『尊卑分脈』をもとに加筆・修正して作成

義忠のあと十四歳で嫡流を継承した弟為義は、義綱追捕の功により左衛門尉に任じられたが、同世代の平忠盛がのちに備前守や播磨守などの諸国の受領を歴任したのに対して、為義は最後まで左衛門尉・検非違使を超える官職につくことができなかった。(18) 同じ源氏でも重宗流美濃源氏の源重時や、河内坂戸源氏（文徳源氏）の源季範、国房流美濃源氏の源光保などは、諸国の受領に任じられているから、為義段階の河内源氏は、源氏諸流のなかでも決して最上位の京武者ではなかったのである。(19)

為義の長男義朝は、保安四年（一一二三）に京で誕生し、相模国の三浦義明の娘との間に義平が生まれる永治元年（一一四一）より以前に、関東に下向した。従来は、義朝は為義の嫡男として、東国武士の組織化のために関東に下向したと考えられてきたが、保延五年（一一三九）八月の体仁親王（のちの近衛天皇）の立太子にあたって、次男義賢が春宮帯刀先生に任じられており、(20)その一方で義朝が無官のままであったことを思えば、義朝の関東下向は廃嫡を意味するものであったと考えられる。(21)

義朝は「字上総曹司」と呼ばれたように、(22)当初は上総国に下向して上総常澄のもとにあり、やがて三浦義明の婿となって、相模国の「鎌倉之楯」を伝領して鎌倉に居住するようになったと考えられる。(23)この間、康治二年（一一四三）から天養二年（一一四五）にかけて、義朝は下総国相馬御厨や相模国大庭御厨などの紛争に在地武士を率いて介入し、(24)また、前述したように永治元年（一一四一）に三浦義明の娘との間に長男義平（鎌倉悪源太）をもうけ、(25)さらに天養元年（一一四四）には相模国の波多野義通の妹との間に次男朝長が誕生している。(26)

こうして関東で活動していた義朝が、次男朝長をともない上洛したのは、少なくとも京において三男頼朝が誕生する久安三年（一一四七）以前のことである。頼朝の母は熱田大宮司藤原季範の娘で、(27)父の藤原季範は熱田大宮司職に補任されたのちも京で中央官人として活動し、その子女たちも在京して待賢門院璋子（鳥羽天皇の中宮）や、璋子所生の上西門院統子内親王、後白河院などに仕えている。(28)義朝は、この熱田大宮司家を通して鳥羽院に接近し、仁平三年（一一五三）三月には三十一歳で従五位下に叙され、下野守に任じられた。(29)摂関家に仕える河内源氏嫡流の父為義は、この時点でも検非違使・左衛門尉のままであったから、廃嫡されて自立した義朝が異例の昇進をとげたことによって、政治的地位の逆転現象が生じたのである。

一方の為義は、次男義賢にかえて四男頼賢を嫡子と定め、仁平三年夏に義賢を源義家とゆかりのあった児玉党の拠点である上野国多胡郡に下向させ(30)、下野守となった義朝の勢力や三浦氏のもとで活動する義平（義朝長男）と対抗させた。義賢は、児玉党と縁戚関係にあった秩父重隆の養子となって武蔵国比企郡大蔵に進出したが、義平も三浦氏と姻戚関係にあった秩父氏一族の畠山重能や、児玉党と結んで北武蔵に勢力圏を拡大し、久寿二年（一一五五）八月十六日、義平は児玉党の入西郡小代の「岡ノ屋敷」に軍勢を集結させて、北西約八キロの大蔵館を襲撃し、叔父にあたる義賢と秩父重隆を殺害するにいたった(31)。この合戦に、院と摂関家の代理戦争、保元の乱の予行演習の性格を読み取るかどうかは別としても(32)、河内源氏の嫡流為義派の義賢と、廃嫡された義朝派の義平との対立が、児玉党・秩父氏・三浦氏という東国武士団のネットワークの内部分裂と結びついて、公然たる武力衝突に展開したといえよう(33)。なお、この時わずか二歳であった義賢の遺児は助け出されて、児玉党の縁者である信濃国木曾谷を本拠とする中原兼遠のもとで養育されることとなる(34)。これがのちの木曾義仲であり、治承・寿永内乱期には、河内源氏嫡流であった為義派の本流に属する人物として、義朝の遺児頼朝に対抗していくのである(35)。

さて、大蔵合戦の翌年の保元元年（一一五六）七月、鳥羽院の死を契機に勃発した保元の乱では、後白河天皇方の武力として、下野守源義朝、右衛門尉源義康（義家流河内源氏、足利氏）、出雲守源光保（国房流美濃源氏）、和泉守平盛兼（貞季流伊勢平氏）、安芸守平清盛（正衡流伊勢平氏）、兵庫頭源頼政（仲政流摂津源氏）、散位源重成（重宗流美濃源氏）、左衛門尉源季実（河内坂戸源氏）、平信兼（貞季流伊勢平氏、盛兼子息）、右衛門尉平維繁（繁貞流越後平氏）など、白河・鳥羽院政期に並び立っていた「京武者」の「源氏平氏輩」が動員された(36)。七月十一日未明に、平清盛三百余騎、源義朝二百余騎、源義康百余騎が、崇徳上皇・藤原頼長方の軍勢が集結する白河殿に夜襲をかけ、源為義・頼賢父子や平家弘

（正済流伊勢平氏）、平忠正（正衡流伊勢平氏、正盛子息）らの軍勢と激しく戦ったのち、辰の刻に白河殿に火がかけられて勝敗が決した。[37]

乱の論功行賞では、清盛は播磨守、義朝は右馬権頭（のち左馬頭）、義康は蔵人に任じられ、義朝・義康は内昇殿を許された。[38]義朝はさらに同年十二月に下野守に重任され、[39]翌保元二年一月には従五位上、[40]さらに同年十月には正五位下に昇進した。[41]また、父とともに在京していた次男朝長は、保元元年秋に左兵衛尉、[42]保元四年（一一五九）二月の姝子内親王の立后に際して中宮少進に任じられ、従五位下に叙されている。[43]三男頼朝も、母方の熱田大宮司家との関係から、保元三年二月の統子内親王の准母立后に際して十二歳で皇后宮権少進に任じられ、[44]翌保元四年一月には左兵衛尉となり、[45]同二月に統子に上西門院の女院号が宣下されると上西門院蔵人に転じ、[46]同年六月には二条天皇の蔵人に任じられている。[47]

保元の乱後、もしこのまま何事もなければ、源義朝は処刑された為義・頼賢にかわる河内源氏嫡流として、また、平清盛と同様に、他の「京武者」から一歩抜きん出た存在として、自己の家を確立させることができたのかもしれない。しかし、わずか三年後の平治元年（一一五九）十二月に起こった平治の乱において、藤原信頼とともに信西を滅ぼした義朝は、二条親政派と結んだ平清盛らの軍勢に敗れることとなり、逃走先の尾張国で殺害された。[48]長男義平は逃亡ののち処刑、[49]次男朝長も負傷のため美濃国青墓宿において自害し、[50]美濃国の山中で父の一行とはぐれた三男の頼朝は、翌永暦元年二月に平頼盛の郎等平宗清に捕らえられ、[51]翌三月十一日に伊豆国に配流されたのである。[52]

以後、頼朝は二十年にわたり伊豆国で流人生活を送ることになるのであるが、この頼朝をはたして河内源氏嫡流と見なすことは可能なのであろうか。確かに、頼朝は平治の乱の最中の平治元年十二月十四日に右兵衛権佐に任じられ、[53]朝長の地位を超えて、義朝の嫡子の位置を明確にする。[54]しかし、義朝の河内源氏嫡流の地位が保元の乱後の三年間に限定されるのに対して、為義は四十八年間にわたって河内源氏嫡流の地位にあり、為義の子息である志太義広や源行家がいまだ生存していた治承・寿永内乱期において、どれほどの武士が頼朝を河内源氏嫡流と認識したのか、はなはだ疑問である。

しかも、為義段階の河内源氏が、重宗流美濃源氏や国房流美濃源氏、河内坂戸源氏など他の源氏諸流と比べて必ずしも上位に位置する京武者ではなかったことや、義朝滅亡後においても、摂津源氏の多田行綱や源頼政、重宗流美濃源氏の源重貞、国房流美濃源氏の源光長、河内坂戸源氏の源康綱、義家流河内源氏の新田義重などの源氏諸流が、平氏一門と共存して在京活動を担っていたことを考慮すると、伊豆国に配流されている頼朝を源氏のなかで特別な存在としてとらえる感覚は、義朝に臣従したごく一部の武士を除いて、当時の武士社会にはなかったに違いない。内乱が勃発した当初、上野国の新田義重が「以二故陸奥守（源義家）嫡孫一、挿二自立志一」[55]と、自らが源義家の嫡流と主張して頼朝にしたがおうとしなかった事実は、そのことをよく示している。

治承四年（一一八〇）八月に伊豆国で挙兵した頼朝は、このようにはじめから源氏の棟梁と認識されていたわけでは決してなかったのであり、それだからこそ、自らの貴種性をいかに演出するかという問題が、鎌倉を拠点に軍事権力を創り出した頼朝にとってきわめて大きな政治的課題となったのである。

第三節　頼朝の「政治」と奥州合戦

頼朝は挙兵直後の相模国石橋山合戦において、かつて義朝家人であった大庭景親らの攻撃を受けて大敗を喫したが、[56]房総半島逃走後は、平氏方の在地勢力と競合関係にあった下総国の千葉常胤や上総国の上総広常らを味方につけて、再起に成功する。そして、挙兵時に戦闘を交えた江戸重長・河越重頼・畠山重忠など、武蔵国の秩父氏一族との和平に成功した頼朝軍は[57]、武蔵国府を経由して相模国鎌倉に入り、鎌倉を拠点に軍事体制を整えていく。

頼朝が鎌倉を本拠地に定めたのは、『吾妻鏡』によれば「要害地」であるとともに「御嚢跡」であったからで[58]、鎌倉は三浦義明の婿となった父義朝や、義明の娘を母にもつ兄義平が居住した土地であるとともに、長元九年（一〇三六）十月に相模守に任じられた源頼義が[59]、舅となった平直方（貞盛流平氏）から屋敷を譲られた由緒ある土地であった[60]。治承四年（一一八〇）十月七日に鎌倉に入った頼朝は、その五日後の十二日には、前九年合戦に勝利した頼義が康平六年（一〇六三）八月に由比郷に建立した鶴岡八幡宮の社殿を、「為レ崇二祖宗一」小林郷に遷し、大規模な整備を始めている[61]。頼朝は、前九年合戦で武名をあげた頼義を「祖宗」として顕彰することによって、実際には明確ではなかった自らの河内源氏嫡流の地位を宣伝していくのである[62]。

治承・寿永の内乱は、治承四年五月の以仁王・源頼政の挙兵事件をきっかけに、全国で反平氏の蜂起が一斉に広がったことにより始まったが、その後、養和の大飢饉でいったん膠着状態となり、再び内乱情勢が大きく動き出すのは、寿永二年（一一八三）五月の平氏軍による北陸道遠征の失敗からである。

平氏一門は、北陸道の反乱軍に追われるように七月二十五日に都落ちし、そのかわりに入京してきたのは、木曾義仲・源行家をはじめとする諸国の反乱諸勢力であった。京中守護の分担から知られるその顔ぶれは[63]、本書第Ⅲ部第一章で検討したように、摂津源氏や美濃源氏（重宗流・国房流）、義光流近江源氏、義清流甲斐源氏、頼清流信濃源氏などからなり[64]、彼らはいずれも木曾義仲配下の武士ではなく、内乱期に独自の行動をとって入京してきた自立性の強い勢力であり、院政期に「京武者」として活動していた源氏諸流の一族が多く含まれていることに注目できよう。この段階の「源平合戦」は、こうして院政期に並び立っていた「京武者」の「源氏平氏輩」の合戦であったのであり、平氏一門にかわって京を制圧したのは源氏諸流の「京武者」連合だったのである。そして、そのなかで主導的役割を果たしたのが、河内源氏嫡流であった源為義の本流に属する、源義賢の遺児義仲と為義子息の源行家であった。しかし、為義がそうであったように、義仲や行家はこのような「京武者」連合の盟主とはなりえず、二人の対立も加わって間もなく京の「混成軍団」は崩壊することになる。(65)

一方、こうした源氏諸流の動きに一切関与しなかった源頼朝は、関東から動かないまま対朝廷交渉を積極的に展開し、自らを「清和源氏」嫡流と自称するとともに、(66)東国の実質的支配権を朝廷に認めさせる「寿永二年十月宣旨」を獲得した。そして同年閏十月には、頼朝の命によって弟源義経と中原親能が鎌倉軍を率いて伊勢国まで進軍し、「京武者」の平信兼（貞季流伊勢平氏）や伊勢・伊賀両国の在地武士団と同盟したうえで、(67)翌寿永三年（一一八四）一月二十日に京で孤立していた木曾義仲を滅亡させたのである。

鎌倉軍が同年二月七日に生田の森・一の谷合戦で平氏軍にも大勝し、畿内近国を軍政下に置いた寿永三年（四月に元暦と改元）になると、鎌倉の頼朝はそれまでにない厳しさで御家人統制を展開するようになる。すでに本書第Ⅲ部第一章で述べたように、六月には、内乱当初から独自の動きをとり、頼朝に対して独立性の高かった甲斐源氏一族の一条忠頼を鎌倉で謀殺し、(68)八月には、前月に勃発した伊勢・伊賀両国の反乱に加担したとの嫌疑をかけて、かつて鎌倉軍を援助した伊勢平氏の平信兼を義経が追討している。(69)これらは、それまで同盟軍的関係にあった「京武者」や源氏諸流の武士を、等しく御家人に再編しようとする動きのなかで起こった事件であるといえよう。(70)頼朝は、「混成軍団」を統制できないまま滅亡していった木曾義仲とは異なる権力を目指したのであり、白河・鳥羽院政期以来の「京武者」が並び立つ伝統的な武士社会を大きく改変しようとしたのである。

その総仕上げが、平氏一門の滅亡後、軍事的緊張がないなかであえて強行された文治五年（一一八九）の奥州合戦であった。この奥州合戦には、それまでの平氏追討戦争などに見られない特徴点がいくつか存在するが、最大の特徴は、挙兵段階以来決して戦場に赴くことのなかった頼朝自身による出陣という点と、奥州での合戦であるにもかかわらず九州南端にまで及ぶ全国的な大動員が行われたという点であろう。『吾妻鏡』は御家人の郎従までも含めると「軍士廿八万四千騎」に及んだと記しているが(71)、この数字をそのまま信用しないにしても、断片的な史料から見ても、薩摩・豊前・伊予・安芸・美作・伊勢など遠く西国諸国からの武士の参加が確認され(72)、空前の大軍勢が動員されたことは確かなのである。これほどの大規模な軍事動員は、決して奥州藤原氏の武力に対応するものではなく、むしろ治承・寿永内乱期の戦争に動員した武士たちをここであらためて動員し、頼朝自身がそれを率いること、そのこと自体に目的があったとしか考えられないであろう。それは、鎌倉殿頼朝と全国の御家人との主従関係をこの時点で明確化し、唯一の武家の棟梁であることを武士たちに確認させる頼朝の「政治」の一環であったと理解されるのである。

そして、そのことと関連して注意したいのは、奥州合戦が、頼朝の軍旗の寸法にはじまり、藤原泰衡の首のさらし方、厨川への進軍、九月十七日という日付にいたるまで、「曩祖将軍」源頼義が康平五年（一〇六二）九月十七日に厨川柵で安倍貞任を討った前九年合戦の再現として演出されていた事実である。前述したように、鎮守府将軍源頼義は、鎌倉に軍事権力を樹立した頼朝にとって最も崇拝すべき「祖宗」であり、前九年合戦における安倍氏の追討は、「皇威」の象徴としての「朝敵」の首の「大路渡」の起源としても記憶される、河内源氏の歴史のなかで最も輝かしい武功であった。頼朝は全国から動員した御家人にこの「前九年合戦」を追体験させ、頼義の武功を強烈に認識させるとともに、頼義の正統的後継者として自らを位置づけることによって、唯一の武家の棟梁としての権威を確立したと考えられる(73)。奥州合戦はまさに頼朝の「政治」であったのである。

第四節　鎌倉幕府草創神話の形成

頼朝が以上のように鎌倉幕府権力を確立させたことによって、源頼義と前九年合戦は、鎌倉幕府や東国武士にとって特別な意味をもつものとなった。

頼朝は奥州合戦終了後の建久元年（一一九〇）十一月に挙兵後はじめて上洛し、摂政九条兼実と対談した際に「頼朝已為二朝大将軍一也」と語っており[74]、自らを天皇や院のために軍事的奉仕を行う唯一の「大将軍」と位置づけていたことが知られ、さらに二年後の建久三年（一一九二）七月には、朝廷に対して「前右大将頼朝申下改二前大将之号一、可レ被レ仰二大将軍一之由上」と、「大将軍」の称にふさわしい官職を要求した。朝廷側は、「大将軍」にふさわしい官職として、「征東大将軍」「征夷大将軍」「惣官」「上将軍」の四候補を検討し、結局、坂上田村麻呂の「征夷大将軍」が「吉例」であるとして、頼朝を征夷大将軍に補任している[75]。

頼朝が求めた「大将軍」の称は、右の朝廷側の対応を見てもわかるように、何か特定の官職を指すものではなく、「将軍」に勝る権威としての「大将軍」の称であり[76]、その「将軍」とは、武士社会では多くの場合、名誉ある武官としての鎮守府将軍を意味していた[77]。とすれば、奥州合戦において「曩祖将軍」源頼義の正統的後継者であることを誇示した頼朝が、自らの地位を象徴するものとして「将軍」の上に立つ「大将軍」を要求したことも、ごく自然に理解できよう。頼朝の征夷大将軍任官後、鎌倉時代を通して鎮守府将軍の補任がなくなる事実は、鎮守府将軍の地位を吸収するかたちで鎌倉幕府の征夷大将軍が成立したことを示している[78]。また、元久二年（一二〇五）閏七月に、北条時政や妻牧の方が実朝にかえて娘婿の平賀朝雅（義光流信濃源氏）を将軍に擁立しようとした事件の際、「是モ伊予入道頼義朝臣五代ノ末ナレハ、将軍ニ成ランニ何ノ子細カ有ヘキ」と主張されているのは(79)、頼義の末裔であることが征夷大将軍に任官できる資格と考えられていたことを物語っている。近世までも貫く武家政権の首長をあらわす征夷大将軍は、このように鎮守府将軍源頼義の権威を継承する地位として歴史的に生み出されてきたのである。

一方、御家人となった東国武士の側も、自己の一族と前九年合戦の頼義・義家以来の関係をことさらに強調するようになり、頼朝挙兵と同時にこうした武士団が頼朝のもとに一斉に馳せ参じたかのような虚構が創り出されていくことになる。

例えば、武蔵国多摩郡横山荘に本拠をもつ横山氏の「小野系図」（南北朝時代成立）には、前九年合戦において横山経兼ら一族の者が高矢倉にのぼった安倍貞任に矢を射込んだことや、貞任の首を梟首する役割を務めたことが記されている(80)。『陸奥話記』には横山経兼は登場しないが、経兼が貞任の首をさらす儀礼を務めたのはおそらく史実で、文治五年の奥州合戦において、頼朝は横山時広に命じて、貞任の首をさらした故実にしたがって藤原泰衡の首の梟首を行わせている(81)。このように頼義にしたがった武士の家に、故実や伝承が記憶されていたからこそ、頼朝は奥州合戦を頼義故実に基づいて前九年合戦の再現として演出できたと考えられよう。

しかし、前述したような前九年合戦の実態を踏まえれば、横山氏のように頼義にしたがった東国武士の家はごくわずかであったはずであり、東国武士の系図や所伝などに見られる前九年合戦への参加記事をそのまま信用することはできない。例えば、鎌倉時代末期から南北朝時代にかけて成立したと推測されている『源平闘諍録』には、後三年合戦の参加者として『奥州後三年記』(82)に見える鎌倉権五郎景正や三浦為次が、前九年合戦（十二年合戦）の「高兵七人の内」として描かれており、累代の源氏家人であることを強調するために、源氏への臣従の時期がより古く語られる傾向にあったことが知られるのである(83)。

それとともに、東国武士の源氏臣従譚でもう一つ大きな特徴は、従来からも指摘されているように、頼義よりも義家に関するものの方が多く見られる点である。(84) 前述の「小野系図」や、「宇都宮系図」・「相良系図」などは、(85) 安倍貞任を追討した主体を八幡太郎義家と記しており、鎌倉時代後期以降、明らかに義家が伝承の中心になっていくのである。

それでは、なぜ義家が東国武士の源氏臣従譚の中心になっていくのであろうか。そこで参考になるのが、相模国藤沢の遊行寺の僧由阿によって貞治五年（一三六六）五月以前に執筆された歌学書『詞林采葉抄』における鎌倉の次のような説明である。(86)

其後平将軍貞盛ノ孫上総介直方、鎌倉ヲ屋敷トス、爰ニ鎮守府将軍兼伊予守源頼義イマタ相模守ニテ下向シ時、直方聟トナリ玉テ、八幡太郎義家鎮東将軍出生シ玉シカハ、鎌倉ヲ奉レ譲ヨリ以降、源家相伝ノ地トシテ、

すなわち、長元九年（一〇三六）十月に相模守に任じられた頼義が任国に下向した際、相模国の鎌倉を屋敷地としていた平直方が頼義を娘の婿に迎え、義家の誕生にともなって鎌倉の屋敷を譲り、それ以降、鎌倉は源氏相伝の地になったと記しているのである。すでに本書第Ⅰ部第二章で検討したように、この記事はある程度史実を反映している可能性もあるが、注意しなければならないのは、平直方を相模国鎌倉に在住する東国武士であるかのように描き、源頼義と平直方の娘の結婚を、頼義が相模守として任国に下向している間の出来事のように記していることである。(87) この記事の文脈からは、源義家も東国で生まれたような印象をもつに違いない。

しかし実際には、平直方は貞盛流平氏の嫡流として京を中心に活動する中央軍事貴族であり、義家が誕生した長暦三年（一〇三九）も平直方は在京していたことが明らかであるから、直方の娘と頼義との結婚は京で成立したと考えられよう。鎌倉の屋敷の譲渡は、相模守となった頼義が京から任国に下向するにあたり、舅の直方が便宜をはかった

ものと理解されよう。

義家の生誕地については、それを示す明確な史料は見当たらないが、やはり京周辺で生まれた可能性が最も高い。ところが、南北朝時代の史料には義家が東国で誕生したと記すものが存在している。例えば、嘉慶年間（一三八七〜八九）に佐竹師義が執筆したと推定されている『源威集』には、「頼義国務ノ時、相州楊下ニヲイテ義家誕生ノ夜也母ハ上野守直方女ナリ」とあり(88)、頼義が相模守の時に、相模国足下郡柳下において義家が誕生したと述べている。柳下は、酒匂川（丸子川）河口東岸の酒匂宿の西のはずれで、東海道における酒匂川の渡渉地点にあたり、鎌倉時代初期には伊豆走湯山領として源頼朝から保護を受けていたことが明らかにされている(89)。この地で義家が誕生したという伝承は、本書第Ⅰ部第二章で検討した横山氏の「小野系図」にも、「八幡殿源陸奥守、（中略）於相模国柳下生給之時」と見えており(90)、なぜ義家の生誕地が相模国の柳下とされたのかは全く不明であるが、鎌倉時代後期以降、東国武士社会に広く浸透した伝承であったことが推測されるのである。

このような伝承は、頼義と直方の娘との結婚の舞台を相模国に設定し、義家の誕生にともない直方が鎌倉の屋敷地を頼義に譲ったとする『詞林采葉抄』に見える説話とも密接に関連していたと考えられ、義家の誕生を「鎌倉幕府草創神話」として語ろうとするものであったと思われる。東国武士の源氏臣従譚が義家中心となったのも、こうした伝承の広がりを背景としていたのではないだろうか。

おわりに

以上、本章では近年の中世史研究の成果に基づきながら、白河・鳥羽院政期から鎌倉幕府成立にいたる武士社会の在り方と、そのなかでの河内源氏嫡流の動向を追究することによって、鎌倉幕府の成立をあたかも歴史の必然的な展開であったかのように物語る「鎌倉幕府草創神話」が、決して史実ではなかったことを論じてきた。「鎌倉幕府草創神話」はいまなお大きな影響力をもち、現代人の歴史認識までを拘束しているが、それは唯一の武家の棟梁となった頼朝の「政治」によって生み出され、鎌倉時代後期以降になると、東国武士社会のなかで義家伝承を中心とする独自の展開を見せていたのである。

特に義家の東国誕生伝承は、院政期以来の「京武者」を中心とする伝統的な武士社会の在り方が克服された段階にふさわしいものであり、その展開自体が中世武士社会の在り方の変化を如実に示していると考えることができよう。

(注)

(1)『詳説日本史　改訂版　日本史B』(山川出版社、二〇一六年文部科学省検定済、二〇一八年)八四頁。

(2) 前掲注(1)教科書九六頁。

(3)『陸奥話記』。なお、本書では『陸奥話記』からの引用は、原本の古態をのこす尊経閣文庫蔵本を底本に用いた大曾根章介校注「陸奥話記」(山岸徳平・竹内理三・家永三郎・大曾根章介校注『日本思想大系8　古代政治社会思想』岩波書店)による。『陸奥話記』の成立については、上野武「『陸奥話記』と藤原明衡」(『古代学研究』一二九号、一九九三年)、樋口知志「『陸奥話記』について」(『前九年・後三年合戦と奥州藤原氏』高志書院、二〇一一年、初出二〇〇九年)などを参照。

(4) 樋口知志「『陸奥話記』と安倍氏」(『岩手史学研究』八四号、二〇〇一年)、同「前九年合戦と後三年合戦」(前掲『前九年・後三年合戦と奥州藤原氏』、初出二〇〇二年)。

(5) 元木泰雄「源頼義・義家」(『古代の人物6　王朝の変容と武者』清文堂出版、二〇〇五年)、同『源頼義』(吉川弘文館、二〇一七年)。

(6) 元木泰雄前掲注(5)論文。

(7) 元木泰雄「摂津源氏一門」(『史林』六七巻六号、一九八四年)、同「院政期政治構造の展開」(『院政期政治史研究』思文閣出版、一九九六年、初出一九八六年）、同『武士の成立』（吉川弘文館、一九九四年）。
（8）安田元久氏は、一九六〇年に発表された「古代末期における関東武士団」（『日本初期封建制の基礎研究』山川出版社、一九七六年、初出一九六〇年）において、すでに「東国とくに相模を中心に源氏嫡流家と私的主従関係をもつ在地武士が多くても、ほとんど在京して、貴族社会の中に生活した義家の頃に、常に随兵として行動を共にしていた特殊の郎等を除いては、どれだけ緊密な結合が維持されたか疑問である」（一六二頁）と述べられ、「この時代において、源家が東国を地盤として、東国武士を大きく組織し、いわゆる武士の棟梁としての武士団組織を作り上げていたという考えは、これを否定しなければならない」（一六九頁）と指摘されている。
（9）「大路渡」については、黒田日出男「首を懸ける」（『月刊百科』三一〇号、一九八八年）、大村拓生「儀式路の変遷と都市空間」（『中世京都首都論』吉川弘文館、二〇〇六年、初出一九九〇年）、菊地暁「〈大路渡〉とその周辺」（『待兼山論叢　日本学篇』二七号、一九九三年）を参照。
（10）『水左記』康平六年二月十六日条。
（11）『康富記』文安元年閏六月二十三日条（承安本『後三年絵』）。『奥州後三年記』については、樋口知志「『奥州後三年記』について」（前掲『前九年・後三年合戦と奥州藤原氏』、初出二〇〇九年）、野中哲照『後三年記の成立』（汲古書院、二〇一四年）などを参照。
（12）『中右記』承徳二年十月二十三日条。
（13）『中右記』嘉承三年一月十九日条。
（14）『殿暦』天仁二年二月六日条、『百練抄』天仁二年二月三日条。
（15）『殿暦』天仁二年二月八日条、『百練抄』天仁二年二月七日条。
（16）『殿暦』天仁二年二月十六日条、『百練抄』天仁二年二月十六日条。
（17）『殿暦』天仁二年二月十七・二十三・二十九日条、『百練抄』天仁二年二月二十五・二十九日条。なお、従来の通説は『尊卑分脈』の記載などにしたがって、源為義を義親の四男と理解してきたが、『殿暦』天仁二年二月十七日・三月十日条や『台記』康治元年八月三日条に記されているように、為義は義家の実子（義親の弟）であったと判断される。為義の出生については、南條範夫『生きている義親』（講談社、一九七四年）、角田文衞「源為義の母」（『王朝の明暗』東京堂出版、一九七七年、初出一九七五年）、佐々木紀一「源義忠の暗殺と源義光」（『山形県立米沢女子短期大学紀要』四五号、二〇〇九年）などの議論を参照していただきたい。

(18) 上横手雅敬「院政期の源氏」（『御家人制の研究』吉川弘文館、一九八一年）。
(19) 拙稿「治承・寿永の内乱と鎌倉幕府の成立」（『岩波講座日本歴史　第6巻　中世1』岩波書店、二〇一三年）参照。
(20) 上横手雅敬前掲注（18）論文。
(21) 上横手雅敬前掲注（18）論文、元木泰雄「保元の乱における河内源氏」（『大手前女子大学論集』二二号、一九八八年）、同「源義朝論」（『古代文化』五四巻六号、二〇〇二年）。
(22) 天養二年三月四日「官宣旨案」（相模国大庭御厨古文書、『平安遺文』六―二五四八）。
(23) 天養二年二月三日「官宣旨案」（相模国大庭御厨古文書、『平安遺文』六―二五四四）。
(24) 前掲注（22）（23）史料、久安二年八月十日「下総国平常胤寄進状」（櫟木文書、『平安遺文』六―二五八六）、永暦二年一月日「源義宗寄進状案」（櫟木文書、『平安遺文』七―三一二一）、永暦二年二月二十七日「下総権介平常胤解案」（櫟木文書、『平安遺文』七―三一三九）など。
(25) 金刀比羅宮蔵本『平治物語』上「信西の子息尋ねらるる事　付けたり除目の事幷びに悪源太上洛の事」。
(26) 『吾妻鏡』治承四年十月十七日条。
(27) 『公卿補任』文治元年条（源頼朝項）、『尊卑分脈』第三篇「清和源氏」。
(28) 角田文衞「源頼朝の母」（前掲『王朝の明暗』、初出一九七四年）、上横手雅敬前掲注（18）論文、藤本元啓「藤原姓熱田大宮司家の成立と平治の乱」（『中世熱田社の構造と展開』続群書類従完成会、二〇〇三年）。
(29) 『兵範記』仁平三年三月二十八日条。
(30) 延慶本『平家物語』第三本「木曾義仲成長スル事」。
(31) 前掲注（30）史料、『台記』久寿二年八月二十七日条、『百練抄』久寿二年八月二十九日条、（年月日未詳）「小代伊重置文写」（『肥後古記集覧』、石井進「武士の置文と系図」『石井進著作集　第五巻　鎌倉武士の実像』岩波書店、二〇〇五年、初出一九八七年）。
(32) 上横手雅敬前掲注（18）論文、高橋典幸『源頼朝』（山川出版社、二〇一〇年）。

(33)　拙稿「鎌倉街道上道と東国武士団」（本書第Ⅰ部第三章、初出二〇一〇年）。
(34)　『吾妻鏡』治承四年九月七日条。
(35)　上横手雅敬前掲注（18）論文。
(36)　『兵範記』保元元年七月五・十日条。
(37)　『兵範記』保元元年七月十一日条。
(38)　前掲注（37）史料、『兵範記』保元元年七月三十日条。
(39)　『兵範記』保元元年十二月二十九日条。
(40)　『兵範記』保元二年一月二十四日条。
(41)　『兵範記』保元二年十月二十二日条。
(42)　『除目大成抄』第八「非蔵人」（『新訂増補　史籍集覧　別巻一』臨川書店）。
(43)　『山槐記』保元四年二月二十一日条。
(44)　『公卿補任』文治元年条（源頼朝項）。
(45)　『山槐記』保元四年二月十九日条。角田文衞前掲注（28）論文参照。
(46)　前掲注（45）史料。
(47)　前掲注（44）史料。
(48)　『愚管抄』巻第五「二条」、『帝王編年記』平治二年一月四日条、学習院大学図書館蔵本『平治物語』中「長田、義朝を討ち六波羅に馳せ参る事　付けたり大路渡して獄門にかけらるる事」。
(49)　『帝王編年記』永暦元年一月十九日条、『大乗院日記目録』永暦元年一月二十二日条、学習院大学図書館蔵本『平治物語』中「悪源太誅せらるる事」。
(50)　『帝王編年記』平治元年十二月二十九日条、『大乗院日記目録』平治二年一月二日条、学習院大学図書館蔵本『平治物語』中「金王丸尾張より馳せ上り、義朝の最後を語る事」。
(51)　『愚管抄』巻第五「安徳」、学習院大学図書館蔵本『平治物語』中「頼朝生け捕らるる事」。
(52)　『清獬眼抄』所収『後清録記』永暦元年三月十一日条（『群書類従　第七輯　公事部』巻百八）、前掲注（44）史料。

(53) 前掲注(44)史料。
(54) 元木泰雄『保元・平治の乱を読みなおす』(日本放送出版協会、二〇〇四年)。
(55) 『吾妻鏡』治承四年九月三十日条。
(56) 野口実「平氏政権下における坂東武士団」(『坂東武士団の成立と発展』戎光祥出版、二〇一三年、初出一九八二年)。
(57) 拙稿「秩父平氏と葛西氏」(『秩父平氏の盛衰』勉誠出版、二〇一二年)参照。
(58) 『吾妻鏡』治承四年九月九日条。
(59) 『範国記』長元九年十月十四日条。
(60) 『詞林采葉抄』第五。
(61) 『吾妻鏡』治承四年十月十二日条。
(62) 拙稿「奥州合戦ノート」(『鎌倉幕府成立史の研究』校倉書房、二〇〇四年、初出一九八九年)、同『源平合戦の虚像を剝ぐ』(講談社、一九九六年)。
(63) 『吉記』寿永二年七月三十日条、延慶本『平家物語』第三末「京中警固ノ事義仲注申事」。
(64) 浅香年木「義仲軍団と北陸道の「兵僧連合」」(同著『治承・寿永の内乱論序説』法政大学出版局、一九八一年)、拙稿「内乱期の軍制と都の武士社会」(本書第Ⅲ部第一章、初出二〇〇四年)参照。
(65) 浅香年木前掲注(64)論文。
(66) 『吾妻鏡』養和二年二月八日条。
(67) 拙稿「治承・寿永の内乱と伊勢・伊賀平氏」(前掲『鎌倉幕府成立史の研究』)。
(68) 『吾妻鏡』元暦元年六月十六日条。
(69) 『山槐記』元暦元年八月十二日条、『源平盛衰記』巻第四十一「伊勢滝野軍」。
(70) 元木泰雄「頼朝軍の上洛」(『中世公武権力の構造と展開』吉川弘文館、二〇〇一年)、拙稿前掲注(64)論文。
(71) 『吾妻鏡』文治五年九月四日条。
(72) 入間田宣夫「文治五年奥州合戦と阿津賀志山二重堀」(『之波太』一五号、一九八二年)。
(73) 奥州合戦の意義については、拙稿前掲注(62)論文を参照。

(74)『玉葉』建久元年十一月九日条。
(75)『三槐荒涼抜書要』(櫻井陽子「頼朝の征夷大将軍任官をめぐって」『明月記研究』九号、二〇〇四年)。
(76)下村周太郎「「将軍」と「大将軍」」(『歴史評論』六九八号、二〇〇八年)。
(77)河合正治「鎌倉武士団とその精神生活」(『中世武家社会の研究』吉川弘文館、一九七三年)。
(78)高橋富雄『征夷大将軍』(中央公論社、一九八七年)、同『地方からの日本史』(日本放送出版協会、一九八七年)。
(79)『保暦間記』。なお、本書では『保暦間記』からの引用は、慶長古活字本を底本とした佐伯真一・高木浩明編著『校本　保暦間記』(和泉書院)による。
(80)「小野系図」(『続群書類従　第七輯上　系図部』巻百六十六)。横山氏の系図については、入間田宣夫「鎌倉武士団における故実の伝承」(『中世武士団の自己認識』三弥井書店、一九九八年、初出一九九三年)、拙稿「横山氏系図と源氏将軍伝承」(本書第Ⅰ部第二章、初出二〇〇七年)を参照。
(81)『吾妻鏡』文治五年九月六日条。
(82)『源平闘諍録』一之上「桓武天皇より平家の一胤の事」。なお、本書では『源平闘諍録』からの引用は、福田豊彦・服部幸造全注釈『源平闘諍録(上)(下)』(講談社)による。
(83)今野慶信「東国武士団と源氏臣従譚」(『駒沢大学史学論集』二六号、一九九六年)。
(84)入間田宣夫前掲注(80)論文、今野慶信前掲注(83)論文。
(85)「宇都宮系図」(『続群書類従　第六輯下　系図部』巻百五十二)、「相良系図」(『続群書類従　第六輯下　系図部』巻百六十一)。
(86)前掲注(60)史料。
(87)拙稿前掲注(80)論文。
(88)『源威集』「六　義家武勇ノ事」。
(89)福田以久生「治承四年の反乱と柳下郷」(『駿河相模の武家社会』清文堂出版、一九七六年、初出一九七三年)。
(90)前掲注(80)史料。

〔補記〕原論文を本書に収録するにあたり、注を増補したほか、第Ⅰ部第二章や第Ⅲ部第一章と重複する記述について若干の調整を行った。しかし、独立した論文としての体裁を保つために、重複した記述をあえてのこした部分もあることをお断りしておきたい。

補論　鎌倉幕府の成立時期を再検討する

はじめに

「鎌倉幕府はいつ成立したか」と問われれば、誰もがまず頭に思い浮かべるのは、「イイクニつくろう鎌倉幕府」の一一九二年であろう。この一一九二年説は、いうまでもなく、建久三年（一一九二）七月十二日に源頼朝が朝廷から征夷大将軍に補任された時点に[1]、鎌倉幕府成立の最大の画期を求めようとする説である。また近年では、実は鎌倉幕府の成立は「イイクニ」ではなく「イイハコ」、つまり頼朝が守護・地頭の任命権を朝廷から与えられた一一八五年に求める説が学界では有力であり、教科書の記述も変わってきている、という新聞記事などを目にすることも多い[2]。これは、文治元年（一一八五）十一月のいわゆる「文治勅許」に鎌倉幕府成立の最大の画期を認めようとする説である。このほか、鎌倉幕府の成立時期をめぐっては様々な見解が存在しているが、小論では、このような幕府成立時期の諸説について、鎌倉幕府権力の実質的形成を重視する立場から若干の検討を行うことにしたい。

第一節　頼朝の征夷大将軍任官をめぐって

最初に検討したいのは、建久三年（一一九二）七月に頼朝が征夷大将軍に補任された時点に、鎌倉幕府成立の画期を置く建久三年説である。確かに、鎌倉幕府という軍事権力の首長（鎌倉殿）は、頼朝以後も代々征夷大将軍に補任されたから、頼朝の任官以降、鎌倉殿の地位を象徴する官職として公武両政権に認識されていたことは疑いのない事実であり[3]、それは室町幕府、さらには江戸幕府にまで継承されていくことになる。しかしだからといって、頼朝の征夷大将軍任官をもって鎌倉幕府の成立ととらえてよいのだろうか。

近年、頼朝の征夷大将軍任官に関する興味深い史料が、櫻井陽子氏によって学界に紹介された[4]。新出史料の『三槐荒涼抜書要』に収められている『山槐記』建久三年七月九日条である。そこには、「前右大将頼朝申㆘改㆓前大将之号㆒、可㆑被㆑仰㆓大将軍㆒之由㆖」とあり、頼朝が「大将軍」の地位を望み、この申請を受けた朝廷が、「大将軍」にふさわしい官職として、「征東大将軍」「征夷大将軍」「惣官」「上将軍」の四候補を検討し、「不快」な前例として平宗盛の「惣官」、木曾義仲の「征東大将軍」を避け、また日本では先例のない「上将軍」を候補から除外して、最終的に坂上田村麻呂の「征夷大将軍」を選んだことが明記されているのである。

上記の経緯から明らかなように、頼朝は当初から征夷大将軍の官職を申請していたのではなく、それを決定したのは朝廷側であった。頼朝が任官する以前の征夷大将軍には、武家政権の首長にふさわしい何か特別な権限や権威が存在したわけではなかったのである。むしろ中世武士社会における征夷大将軍の重要性は、ほかならぬ頼朝がこの官職に補任されたことに由来すると考えられよう。

それでは、なぜ頼朝は建久三年になって「大将軍」の地位を望んだのであろうか。治承四年（一一八〇）八月に配所の伊豆国で挙兵した頼朝は、文治五年（一一八九）の奥州合戦の遂行により、十年にも及ぶ治承・寿永の内乱を勝ち抜き、すでに唯一の武家の棟梁としての実質を確立していた。その軍事権力を平時に定着させるために、頼朝は、奥州合戦中から建久年間（一一九〇〜九九）にかけて、輝かしい武功を誇る先祖の鎮守府将軍源頼義の後継者として自らの正統性を演出しつつ、全国の御家人との主従関係の再確認を進めていく(5)。この「大将軍」も、頼義の権威を継承し、かつ平安時代末期に鎮守府将軍に任じられた奥州藤原氏を超える地位として、御家人に誇示する目的で頼朝は申請したと思われる。

内乱のなかで形成された鎌倉幕府権力をいかに平時に定着・存続させていくか、また、それをいかにスムースに二代頼家に継承させていくか、そうした建久年間固有の政治的課題のなかで、頼朝の大将軍申請と征夷大将軍補任は重要な意味をもっていたと考えられる。とすれば、頼朝の征夷大将軍任官は、内乱終息後に浮上した新たな課題に対処するためのものだったのであり、そこに幕府成立の最大画期を求めることは、幕府理解に誤解を与えることになろう。治承・寿永の内乱という全国的内乱のなかで、鎌倉幕府権力が形成されたという歴史的事実を無視することになりかねないからである。

第二節　鎌倉幕府成立時期をめぐる諸説

よく知られているように、鎌倉幕府の成立時期をめぐっては、建久三年の征夷大将軍任官説以外にも多くの説が並立している。代表的な学説を以下に列挙してみたい(6)。

①治承四年（一一八〇）末、頼朝率いる反乱軍が南関東を制圧下に収めた時期。
②寿永二年（一一八三）十月、寿永二年十月宣旨により、頼朝の東国支配権が朝廷から公認された時点。
③元暦元年（一一八四）十月、幕府において公文所・問注所が設置された時点。
④文治元年（一一八五）十一月、文治勅許で守護・地頭補任権が朝廷から与えられた時点。
⑤建久元年（一一九〇）十一月、挙兵後はじめて上洛した頼朝が朝廷から右近衛大将に補任された時点。
⑥建久三年（一一九二）七月、頼朝が朝廷から征夷大将軍に補任された時点。

このような幕府成立時期をめぐる諸説は、鎌倉幕府をどのような権力として理解するかという問題と密接に関わっている。すなわち、①は、鎌倉幕府を鎌倉殿を頂点とする一個の軍事政権と見なす立場から、頼朝が南関東を制圧した治承四年末には、すでにその特徴は出揃っているとする説。(7) ②は、鎌倉幕府が東国に強力な支配を及ぼしていることに注目する「東国政権論」「東国国家論」の立場から、寿永二年十月宣旨の獲得に画期を見出す説。(8) ③は、鎌倉幕府の政治機関に着目する立場から、侍所・公文所・問注所の三大機関が整備された元暦元年を重視する説。(9) ④は、守護・地頭制を鎌倉幕府権力の根幹と理解する立場から、守護・地頭の設置が朝廷から認められた文治勅許の獲得に画期を見出す説。(10) なお、同時代史料には一切登場しないが、承久の乱前後から、頼朝がこの時点で「日本国総追捕使・総地頭」に補任されたという言説も見られるようになる。(11) ⑤は、当時の日本で「幕府」の語が、近衛府や近衛大将を意味したことに注目して、頼朝が右近衛大将に補任された時点を重視する説。(12) なお、④と同様に、頼朝がこの時「日本国総追捕使・総地頭」に補任されたという言説も、鎌倉時代中期以降見出されるようになる。(13) ⑥は、中国では「幕府」の語が出征中の将軍の幕営を意味したこと、あるいは前述した通り頼朝以降鎌倉殿の地位を象徴する官職となった事実に注目して、頼朝が征夷大将軍に補任された時点に画期を見出す説である。(14)

上記のような鎌倉幕府成立時期の諸説が並立するなかで、戦前から最も有力な説となっているのは、⑥の建久三年の征夷大将軍補任説ではなく、④の文治元年の文治勅許説であった。前述した教科書記述をめぐる新聞記事などでは、④の説があたかも近年になって有力になってきているかのように報道されているが、次節で述べるようにそれは誤っていることに注意しておきたい。

第三節　文治勅許説の浸透

文治勅許とは、文治元年十月の源義経・行家による反乱を契機に、一千余騎の軍勢とともに上洛した北条時政の奏請によって、同年十一月二十九日に両人追捕を目的として、諸国に守護・地頭を設置する権限を、朝廷が頼朝に与えたとされる勅許である。(15)

この文治勅許の獲得を鎌倉幕府の成立、鎌倉時代の始まりとして位置づけ、時代の大きな節目ととらえる発想は、古くから存在し、例えば、明治三十五年（一九〇二）に刊行された東京帝国大学文科大学史料編纂掛編纂の『大日本史料　第四編之一』(16)や、昭和二年（一九二七）に刊行された『史料綜覧　巻四　鎌倉時代之一』(17)は、まさに文治元年十一月二十九日の文治勅許の記事から始めている。

戦後においても、竹内理三氏が編纂された著名な史料集である『平安遺文』と『鎌倉遺文』の区切り目は、元暦二年（一一八五）八月十四日の文治改元に置かれており、(18)やはり文治勅許に時代の画期を見出す歴史認識が前提となっている。さらに、自治体史などでは、文治元年が古代編と中世編の節目とされていることも多く、(19)文治勅許の獲得に鎌倉幕府の成立を求める④説は、「鎌倉時代」や「中世」の始点という時代区分観としても、現在なお広く浸透しているのである。

第四節　文治勅許説の問題点と荘郷地頭

それでは、文治勅許は本当に守護・地頭補任の権限を頼朝に与えたものだったのであろうか。そのことを具体的に考えていくために、実際に頼朝が御家人を地頭職に補任した源頼朝袖判下文を見てみよう。[20]

（源頼朝）（花押）

下　伊勢国波出御厨

補任　地頭職事

（異筆）「左兵衛尉惟宗忠久」

右、件所者、故出羽守平信兼党類領也、而信兼依レ発二謀反一、令二追討一畢、仍任二先例一、為レ令レ勤二仕公役一、所レ補二地頭職一也、早為二彼職一、可レ致二沙汰一之状如レ件、以下、

元暦二年六月十五日

この頼朝下文は、元暦二年（一一八五）六月十五日、伊勢国一志郡波出御厨の地頭職に、御家人である惟宗（島津）忠久を補任したものである。下文の内容からうかがえるように、波出御厨は、もとは貞季流伊勢平氏の軍事貴族として活動した出羽守平信兼の党類領であったが、信兼は前年の元暦元年八月に鎌倉の頼朝から伊勢・伊賀両国で起こった反乱に関与した嫌疑をかけられて追討されたため、[21]謀叛人所領として鎌倉方に没官され、惟宗忠久が地頭職に補任

された。[22]この事例に見られるように、鎌倉幕府の地頭は、平氏方や木曾義仲方をはじめとする謀叛人所領の没収地（没官領）に設置されたのであり、頼朝にとって敵方所領の没収地を対象とするものであった。なお、このような荘園・国衙領の没官領に設置された地頭を、のちに一国単位で設置された国地頭と区別して、学界では荘郷地頭と呼んでいる。

さて、ここでもう一度、先の源頼朝下文に注目したい。この下文が出された年月日を見ると、元暦二年六月十五日とあり、同年十一月二十九日に出された文治勅許より前であることが知られる。すなわち、頼朝による荘郷地頭の補任は、文治勅許以前からすでに行われており、文治勅許の獲得によって、はじめて地頭が設置されたわけではなかったのである。また、源義経・行家による反乱が勃発したのも、伊勢国における荘郷地頭補任から四ヵ月後の十月十三日のことであり、[23]義経らの反乱と荘郷地頭の設置が無関係であることも確認しておきたい。

ところで、先に頼朝が荘郷地頭を設置できたのは、敵方所領の没収地であると述べたが、このような敵方所領の没収と御家人への没収地給与は、東国では頼朝が挙兵した直後からすでに進められている。挙兵当初の没収地給与は、下司職補任など種々の名称で行われ、地頭職補任という形式で統一されていたわけではなかったが、敵方武士の所領を没収し、味方の御家人に給与するというシステム自体、のちの地頭制度と全く同質なのである。[24]

では、なぜ頼朝は挙兵以来、敵方所領没収と没収地給与を進めたのであろうか。頼朝が西国において荘郷地頭を補任したのは、前掲の伊勢国の事例が最初であったが、[25]これについて頼朝は後白河院に、「又於㆓伊勢国㆒者、住人挟㆓梟悪之心㆒、已発㆓謀反㆒了、而件余党、尚以逆心不㆑直候也、仍為㆑警㆓衛其輩㆒、令㆑補㆓其替之地頭㆒候也」と述べている。[26]伊勢国内の謀叛人跡に地頭を補任することは、謀叛を起こした敵方武士の一族や余党を現地において監視し、反乱の再発を防止するための措置であり、敵方本拠地の軍事的占領としての意義をもっていたといえよう。

とすれば、挙兵した頼朝の反乱軍のもとで、敵方所領没収と没収地給与が独自に進められたことも当然である。敵方本拠地の制圧と占領は、戦争状態のなかで必然的に展開する戦争行為であり、その戦争行為に本質をもつ鎌倉幕府地頭制は、何らかの権限委譲によって展開するような性質のものではなかったのである。

第五節　文治勅許と守護（惣追捕使・国地頭）

同様のことは、諸国に設置された守護にも該当する。守護は、もとは「惣追捕使」や「守護人」と呼ばれ、各国の国衙機構を掌握して、国内武士の編成や一般民衆に対する兵士役の賦課、さらに荘園・国衙領からの兵粮米・物資の徴発など、一国単位で軍事動員を推進する存在であった。この惣追捕使制は、幕府機関や国衙・国奉行・有力在庁など御家人を媒介とする多様な支配体系が存在した東国よりも、むしろ畿内近国・西国において発達する。(27)その初見は、寿永三年（一一八四）一月末に、一の谷に向かう追討使源義経のもとで軍勢催促にあたった摂津国惣追捕使であるが、(28)二月に生田の森・一の谷合戦に勝利して畿内近国を鎌倉軍が制圧すると、備前・備中・備後・播磨・美作・伊賀・伊勢・紀伊・但馬などの諸国で惣追捕使を設置したことが確認される。(29)守護も地頭と同じく、治承・寿永内乱期の戦争遂行に不可欠な存在であり、文治勅許によってはじめて置かれたものではなかったことは明白である。

こうして平氏追討の過程で西国諸国にも設置された惣追捕使は、平氏一門滅亡後の元暦二年（一一八五）六月にいったん停止され、軍事動員体制が解除されることとなる。(30)しかし、同年十月に源義経・行家の反乱が勃発すると、再び軍事的緊張が高まり、上洛した北条時政の奏請によって、十一月に「国地頭」と名称を変えて西国諸国に再設置された。(31)翌文治二年、義経・行家の没落が明確になると、国地頭制は早くも後退の方向に向かい、「国地頭」の名称は廃止されて「惣追捕使」に戻されるとともに、[32]その役割も、非常時における総力的な軍事動員から、平時における国内御家人の統率に切り替えられた。[33]そして十三世紀に入る頃になり、「守護」という名称が定着していくのである。

ちなみに、この一国単位の国地頭の設置を認めたのが、文治勅許であった。『吾妻鏡』文治元年十一月二十八日条によれば、北条時政は「諸国平均」に「守護地頭」を補任することを朝廷に申し入れているが、諸国平均に補任するのは「守護の地頭」（国地頭）であって、「守護」と「地頭」ではなかったのである。[34]

以上のように、守護・地頭を設置する権限が文治勅許によって頼朝に与えられたとする理解そのものが、明らかな事実誤認に基づいていた以上、鎌倉幕府の成立を文治勅許の獲得に求める④説は、最も有力な説でありながら、成り立つ余地が全くないことに注意しておきたい。

第六節　鎌倉幕府の実質的成立過程

さて、最後にもう一度、鎌倉幕府成立時期をめぐる①〜⑥の諸説を見てみたい。これらのうち、鎌倉幕府を一個の軍事政権と見なす①説と、幕府の政治機関の整備を重視する③説を除けば、ほかの説のすべてが、頼朝が朝廷と接触し、朝廷側から何らかの官職や公権を与えられた時点に、鎌倉幕府の成立を求めようとしている。

既存の王朝国家からの公権委譲に注目するこのような視角は、頼朝の権力を「日本国総追捕使・総地頭」という架空の官職名で理解しようとする中世人の歴史認識にもあらわれており、伝統的な発想であったことがうかがえる。こうした発想は、承久の乱の一時的な対立状況を除けば、基本的に公武両権力が協調関係にあった鎌倉時代に、適合的なものであったと思われる。ちなみに、江戸時代において後期水戸学が、徳川政権が天皇から大政を委任されて統治者たりえているという意味で、「将軍」の政府を「幕府」と呼んだ意図とも一致しており[35]、鎌倉「幕府」をとらえる近代歴史学の発想に影響を与えていたことも考えられよう。

しかし、鎌倉幕府の成立を理解するうえで、このような視角をとることは適切であろうか。守護・地頭制の成立過程についてすでに検討したように、鎌倉幕府が、治承・寿永の内乱のなかで東国の反乱軍として出発し、平氏軍などとの大規模な戦争を勝ち抜く過程で、全国に支配を及ぼす軍事権力に成長したことを念頭に置くならば、朝廷からの公権付与や官職補任の時点に幕府成立の画期を求める見解は、あまりにも形式的で、現実の政治過程から遊離しているといわざるをえない。最新の鎌倉幕府研究の成果に基づいていうならば、現段階で必要とされているのは、一一八五年説や一一九二年説という単純な答えを求めることではなく、内乱の展開に即して、幕府が段階的に成立していった様相をリアルに把握することではないだろうか。

そうした立場から、小論の理解を示せば、鎌倉幕府は次の三段階を経て実質的に成立したと考えられる[36]。第一段階は、治承四年(一一八〇)八月の挙兵以後、頼朝が朝廷に敵対したまま、敵方所領没収や惣追捕使の設置を推し進め、東国の反乱軍の軍事体制として、鎌倉幕府権力が形成された段階である。第二段階は、寿永二年(一一八三)十月宣旨によって、東国で形成された幕府権力がそのまま朝廷から追認され、木曾義仲軍や平氏軍との戦争の進展にともなって、惣追捕使・荘郷地頭・御家人制などが西国にまで拡大した段階である。第三段階は、平氏一門の滅亡、義経・行家の没落により、内乱が終息するなかで、戦時に形成された幕府権力を平時に定着させる頼朝の政治が展開した段階である。全国から御家人を総動員し、頼朝自らそれを率いた文治五年(一一八九)の奥州合戦や、建久三年(一一九二)七月の頼朝の征夷大将軍任官と将軍家政所下文への切り替えなどは、鎌倉殿の権威を確立し、御家人との主従関係を再編・明確化しようとするものであったと思われる。

鎌倉幕府は、このような三段階を経て実質的に形成されたのであり、どこか一つの時点を切り取って論じてみても、幕府の歴史的性格を十分に理解することはできないのである。

注

（1）『吾妻鏡』建久三年七月二十・二十六日条。
（2）「教科ＳＨＯＷ　中学校の歴史　一一九二は違うの？　鎌倉幕府成立」（『朝日新聞』二〇〇八年二月二十三日夕刊）、「変わる日本史教科書　鎌倉幕府「イイクニ」？「イイハコ」？」（『読売新聞』二〇一三年三月二十七日夕刊）など。
（3）例えば、源頼朝が急死した建久十年（一一九九）一月、朝廷を主導していた権大納言源通親は、鎌倉幕府権力の二代頼家への円滑な移行を望み、幕府が申請していないにもかかわらず、一月二十五日に、左中将源頼家にしたがって御家人が「諸国守護」にあたるように命じる宣旨を発給させたが（『百練抄』建久十年一月二十五日条）、貴族社会ではこの宣旨によって頼家が征夷大将軍に補任されたという誤報も広まっていた（杉橋隆夫「鎌倉右大将家と征夷大将軍」『立命館史学』四号、一九八三年）。頼朝死去の段階ですでに、鎌倉殿の地位を象徴する官職が征夷大将軍であるという認識が貴族社会で成立していたことを示していて興味深い。
（4）櫻井陽子「頼朝の征夷大将軍任官をめぐって」（『明月記研究』九号、二〇〇四年）。
（5）拙稿「奥州合戦ノート」（『鎌倉幕府成立史の研究』校倉書房、二〇〇四年、初出一八八九年）。
（6）上横手雅敬「鎌倉幕府」（『国史大辞典　第三巻』吉川弘文館、一九八三年）参照。
（7）石井進「鎌倉幕府論」（『石井進著作集　第二巻　鎌倉幕府論』岩波書店、二〇〇四年、初出一九六二年）。
（8）佐藤進一『鎌倉幕府訴訟制度の研究』（岩波書店、一九九三年、初出一九四三年）。
（9）三浦周行「鎌倉時代史」（『日本史の研究　新輯一』岩波書店、一九八二年、初出一九〇七年）、同「武家制度の発達」（『続法制史の研究』岩波書店、一九二五年、初出一九〇四年）。
（10）本論でも後述するように、④の文治勅許説は戦前から学界では通説の位置を占めていたが、その時点を積極的に鎌倉幕府の成立として論じたものに、石井良助「鎌倉幕府の成立」（『大化改新と鎌倉幕府の成立　増補版』創文社、一九七二年、初出一九五八年）がある。
（11）拙稿「鎌倉幕府成立史研究の現状と本書の視角」（前掲『鎌倉幕府成立史の研究』）参照。

(12)「幕府」(八代国治・早川純三郎・井野辺茂雄編纂『国史大辞典』吉川弘文館、一九〇八年)参照。
(13)上横手雅敬氏は、建久元年の「日本国総追捕使」補任によって頼朝が恒久的に諸国守護を担当することになったと理解され、この時点を鎌倉幕府の成立時期と主張されている(上横手雅敬「鎌倉幕府と公家政権」『鎌倉時代政治史研究』吉川弘文館、一九九一年、初出一九七五年、同前掲注(6)論文)。
(14)塙保己一は、『武家名目抄』職名部一下(『新訂増補故実叢書　武家名目抄第一』明治図書出版、吉川弘文館)において、「文治中」に鎌倉の頼朝が征夷大将軍に補任されたことによって、「天下兵馬の権併其掌握に帰」したと記しており、征夷大将軍任官に画期を置いているが、一方でその時期を「文治」と書いており、文治勅許を意識していたことがうかがえる。
(15)文治勅許については、発給された日付も含めて膨大な論争が存在する。一九八〇年代初頭までの研究史については、関幸彦『研究史地頭』(吉川弘文館、一九八三年)を参照。
(16)『大日本史料　第四編之一』(東京大学出版会、一九六〇年、初出一九〇二年)。
(17)『史料綜覧　巻四　鎌倉時代之一』(東京大学出版会、一九八一年、初出一九二七年)。
(18)竹内理三編『平安遺文　古文書編　第八巻』(東京堂出版、一九六四年)は元暦二年まで、竹内理三編『鎌倉遺文　古文書編第一巻』(東京堂出版、一九七一年)は文治元年から始めている。
(19)例えば、現在も刊行中である『愛知県史』では、『愛知県史　資料編7　古代2』(愛知県、二〇〇九年)の編年史料は元暦元年(一一八四)まで、『愛知県史　資料編8　中世1』(愛知県、二〇〇一年)の編年史料は文治元年(一一八五)から収録されており、古代と中世の区切りを文治元年に置いている。
(20)元暦二年六月十五日「源頼朝下文」(島津家文書、『東京大学史料編纂所影印叢書　島津家文書　歴代亀鑑・宝鑑』八木書店、二〇〇七年)。
(21)元暦元年の乱と平信兼の動向については、拙稿「治承・寿永の内乱と伊勢・伊賀平氏」(前掲『鎌倉幕府成立史の研究』)参照。
(22)元暦元年の乱後の没官領調査・地頭職補任にいたる経緯については、大山喬平「没官領・謀叛人所帯跡地頭の成立」(『史林』五八巻六号、一九七五年)参照。
(23)『玉葉』文治元年十月十七日条。
(24)拙稿「鎌倉幕府荘郷地頭制の成立とその歴史的性格」(前掲『鎌倉幕府成立史の研究』、初出一九八六年)。

(25)『百練抄』元暦二年六月十二日条によれば、頼朝が伊勢国の没官領に地頭職を補任する三日前に、朝廷側に「源二位状云、謀反之輩所知所帯、改二替他人一可二計置一云々」という申請を行っていたことが知られる。
(26)『吾妻鏡』文治二年六月二十一日条。
(27)上横手雅敬「守護制度の再検討」(『日本中世国家史論考』塙書房、一九九四年)、熊谷隆之「鎌倉幕府支配の展開と守護」(『日本史研究』五四七号、二〇〇八年)。
(28)『儒林拾要』(『続群書類従　第三十一輯下　雑部』巻九百二十)。拙稿「生田の森・一の谷合戦と地域社会」(本書第Ⅱ部第二章、初出二〇〇七年)参照。
(29)佐藤進一『増訂鎌倉幕府守護制度の研究』(東京大学出版会、一九七一年)参照。
(30)『百練抄』元暦二年六月十九日条。
(31)石母田正「鎌倉幕府一国地頭職の成立」(『石母田正著作集　第九巻　中世国家成立史の研究』岩波書店、一九八九年、初出一九六〇年)。
(32)大山喬平『日本の歴史9　鎌倉幕府』(小学館、一九七四年)。
(33)拙稿「治承・寿永の「戦争」と鎌倉幕府」(前掲『鎌倉幕府成立史の研究』、初出一九九一年)。
(34)大山喬平前掲注(32)著書。
(35)渡辺浩「いくつかの日本史用語について」(『東アジアの王権と思想』東京大学出版会、一九九七年)。
(36)鎌倉幕府の成立過程を三段階で理解する私見は、すでに拙著『源平の内乱と公武政権』(吉川弘文館、二〇〇九年)や拙稿「鎌倉幕府・戦争・『平家物語』」(本書序章、初出二〇一一年)において示している。

〔補記〕原論文を本書に収録するにあたり、注を新たに付け、若干の加筆を行った。

初出一覧

序章　鎌倉幕府・戦争・『平家物語』（『宮城歴史科学研究』六八・六九号、二〇一一年）

第Ⅰ部　院政期武士社会のネットワーク

第一章　中世武士の移動の諸相―院政期武士社会のネットワークをめぐって―（『歴史のなかの移動とネットワーク』桜井書店、二〇〇七年）

第二章　横山氏系図と源氏将軍伝承（『中世武家系図の史料論　上巻』高志書院、二〇〇七年）

第三章　鎌倉街道上道と東国武士団―秩父氏のネットワークと鎌倉幕府―（原題は副題なし。『府中市郷土の森博物館紀要』二三号、二〇一〇年）

第Ⅱ部　内乱期の地域社会と武士

第一章　和泉国久米田寺と治承・寿永の内乱（原題は「治承・寿永の内乱と和泉国」「久米田寺免田の確立と九条家」「久米田寺の「復興」と安東蓮聖」、『岸和田市史第二巻　古代・中世編』岸和田市、一九九六年）

第二章　生田の森・一の谷合戦と地域社会（原題は「生田森・一の谷合戦と地域社会」、『地域社会からみた「源平合戦」』岩田書院、二〇〇七年）

第三章　中世前期の戦争と在地社会（原題は「鎌倉初期の戦争と在地社会」、『中世内乱史研究』一二号、一九九二年）

第Ⅲ部　鎌倉幕府の成立と武士社会の変容

第一章　内乱期の軍制と都の武士社会（『日本史研究』五〇一号、二〇〇四年）

第二章　鎌倉幕府研究の現状と課題（『日本史研究』五三一号、二〇〇六年）

第三章　鎌倉幕府の草創神話—現代人をも拘束する歴史認識—（『季刊東北学』二七号、二〇一一年）

補論　鎌倉幕府の成立時期を再検討する（『じっきょう地歴・公民科資料』七六号、二〇一三年）

あとがき

院政期武士社会の視点から鎌倉幕府の成立を考察する、という本書の問題関心を明確に意識するようになったのは、二つの学会発表がきっかけである。一つは、二〇〇五年十一月二十六日に開催されたメトロポリタン史学会秋季シンポジウムにおける報告「中世武士の移動の諸相」であり、もう一つは、二〇〇三年十一月二十三日の日本史研究会大会における宮田敬三報告に対するコメント「内乱期の軍制と都の武士社会」である。

ちょうどその時期は、前著『鎌倉幕府成立史の研究』（校倉書房、二〇〇四年十月）を刊行する前後にあたっており、それまでの仕事に一区切りつけ、新しい視野で歴史を考えていきたいという思いが湧き上がっていた。拙い内容ではあったが、鎌倉幕府の成立を、幕府権力それ自体に即してしか見てこなかった私にとっては、視野を拡大するよい機会となった。

同じ頃、東京都立大学では二〇〇三年八月から東京都による強権的な「大学改革」が推し進められ、大学側と協議が行われないまま、二〇〇四年二月に都立四大学の教員に対して、首都大学東京への就任意思を確認する「意思確認書」が送付され、理事長・学長就任予定者・大学管理本部長の名前で「新大学に行きたいという人だけで、首都大学東京はつくっていくつもりだ」とする「四大学教員の皆様へ」という文書も送付された（拙稿「都立新大学問題―何が起こっているのか」『世界』七二八号、二〇〇四年、参照）。同年六月には文部科学省に提出する「就任承諾書」の提出が求められ、私は史学科でただ一人「就任承諾書」を提出せず、「非就任者」として東京都立大学に残留することとなった。

そのような時期であったから、私にとって前著の刊行や新たな院政期武士社会の研究は心の拠り所になっていたと思う。

前著『鎌倉幕府成立史の研究』を刊行していただいた校倉書房の山田晃弘氏から、二冊目の論文集をまとめませんか、とお誘いをいただいたのは、最後の東京都立大学入学者が四年生になる二〇〇七年の年賀状であった。当時、私は非就任者であるにもかかわらず、なかなか新しい勤務先が決まらず、最も苦しい時期であったから、このお声がけにどれほど励まされたかわからない。幸い同年秋に日本大学経済学部の公募で採用が決まり、環境が大きく変化するなか、あらためて論文集をまとめる作業を始めたのは二〇一一年からである。いまその第一次構成案を見てみると、本書の構成とほぼ同じであり、構想をかたちにするのに七年もかかったことになる。二〇一二年から大阪大学文学研究科に勤務先が変わり、平日は大阪に滞在し、東京の自宅で仕事ができるのは週末だけという生活になって、時間的余裕がなくなったこともあるが、やはり私の生来の怠け癖が最大の原因である。

当初は序章や第Ⅱ部第二章の「です・ます」調を常体の文章に改める作業を行っていたが、発表時の文章の雰囲気が壊れてしまうこともあって、途中で方針を変更し、二〇一六年にはあらためて序章から加筆修正の作業をやり直すこととした。夏休みには脱稿できる予測がついた本年五月末、たいへん残念なことに、校倉書房を廃業することになった旨のお便りを山田氏から受け取った。

その後、山田氏が依頼してくださった吉川弘文館より、本論集の刊行についてお声がけをいただいた。吉川弘文館とは拙著『日本中世の歴史3　源平の内乱と公武政権』(二〇〇九年)以来のご縁があり、同書執筆時には、編集部の石津輝真氏に幾度となく東京都立大学や日本大学の研究室に足を運んでいただいた。拙著刊行後も、年に二、三度は、自宅近くの喫茶店で別の企画の進捗状況や近況をお話しするお付き合いを重ねており、石津氏と再び一緒にお仕事をしたいという希望をつねづね抱いていた。その石津氏からご連絡があり、本日石津氏とお会いした際にすべての原稿をお渡しした。こうして本書は、私にとっては願ってもないかたちで吉川弘文館からの刊行が実現したのである。心からお礼の言葉を申し上げたい。

今後は、変容した武士社会に基盤をもつ鎌倉時代の公武協調体制と、そのもとで形成された『平家物語』などの軍記物の歴史的性格について、検討を進めていくことにしたい。引き続き、同学の諸賢のご意見を仰ぎたい。

二〇一八年八月十七日

川合　康

本書第Ⅰ部・第Ⅲ部は、ＪＳＰＳ科研費 JP15520408, JP19520578, JP23520833 の助成による研究成果を含んでいる。

（日本中世の歴史）

源平の内乱と公武政権

川合　康著

二六〇〇円　四六判・三三六頁・原色口絵四頁

平清盛の独裁的な平氏政権はあったのか。源頼朝によりつくられた鎌倉幕府は朝廷に代わる政権となったのか。後白河院政期から鎌倉幕府の成立、その後の北条氏による執権政治の展開まで、朝廷・武門の両者の視点でその協調と対立を描く。武士のネットワークにも注目するなど、武家の自立を変革の時代のなかに位置づけ、新しい歴史像を提示する。

吉川弘文館
（価格は税別）

著者略歴
一九五八年　三重県に生まれる
一九八七年　神戸大学大学院博士課程単位取得退学
現在　大阪大学名誉教授、博士（文学）

〔主要著書〕
『源平合戦の虚像を剝ぐ』（講談社、一九九六年）
『鎌倉幕府成立史の研究』（校倉書房、二〇〇四年）
『日本中世の歴史3　源平の内乱と公武政権』（吉川弘文館、二〇〇九年）
『源頼朝』（ミネルヴァ書房、二〇二一年）

院政期武士社会と鎌倉幕府

二〇一九年（平成三十一）二月一日　第一刷発行
二〇二四年（令和　六　）六月一日　第二刷発行

著　者　川《かわ》合《い》康《やすし》

発行者　吉川道郎

発行所　株式会社　吉川弘文館
郵便番号一一三―〇〇三三
東京都文京区本郷七丁目二番八号
電話〇三―三八一三―九一五一〈代〉
振替口座〇〇一〇〇―五―二四四番
https://www.yoshikawa-k.co.jp/

組版＝株式会社　三秀舎
印刷・製本＝株式会社　デジタルパブリッシングサービス
装幀＝山崎　登

© Kawai Yasushi 2019. Printed in Japan
ISBN978-4-642-02954-4

JCOPY 〈出版者著作権管理機構　委託出版物〉
本書の無断複写は著作権法上での例外を除き禁じられています．複写される場合は，そのつど事前に，出版者著作権管理機構（電話 03-5244-5088，FAX 03-5244-5089，e-mail : info@jcopy.or.jp）の許諾を得てください．

索　　引

I 事　　項

あ 行

熱田大宮司 ……………………………81, 258, 260
案内者 ………………51, 61, 170, 172～174, 188
安元三年の政変 ……………………………16, 17
生田の森・一の谷合戦 ……5, 11, 48, 49, 60, 157～163, 165, 166, 169, 171, 174～176, 182～185, 187, 195, 241, 263, 283
「いざ鎌倉」 ………………………………93, 245
石橋山合戦 ……………………31, 108, 110, 261
板　碑……………………………………………97
「一の谷合戦」………………………157, 177, 183
一国平均役 ……………………………………201
猪俣系図…………………………………………69
院近臣 ……………11, 16～18, 31, 142, 171, 181
院司受領 ………………………………………127
院政期武士社会 …………28～30, 38, 51, 84, 219
院北面（院下北面）…………………31, 106, 242
浮　免 …………………………………………139
宇治川合戦………………………………………43
宇都宮系図 ………………………12, 89, 267, 274
有徳役 …………………………………………201
大蔵合戦 …86, 100, 101, 104～106, 111, 119, 259
奥州合戦………6, 13, 71, 73, 74, 82, 83, 111, 126, 159, 161, 173, 198, 226, 232, 235, 244, 261, 263～266, 273, 278, 285
大路渡 ……………………………………254, 264, 270
大手（軍） ……163, 165, 167, 168, 170, 171, 174～177, 183, 184, 201, 222
大番衆（大番武士・大番兵士） ……32, 34～36, 55, 242
岡部系図…………………………………………88
小野系図 ……62～78, 80～89, 91, 101, 118, 266～268, 274

か 行

下級官人 ………………………………37～39, 49
架空の合戦空間（独自の合戦空間） ………177, 179, 183
隠　物 ………………………………200, 203, 204
水　手 ……………………………………199, 213
貸し人 …………………………………………244
鎌倉殿御祈禱所 ……………………204, 205, 216
鎌倉幕府成立時期（論争）……3, 4, 22, 231, 232, 276, 278, 280, 284, 287
鎌倉幕府草創神話 ………251, 252, 265, 268, 269
鎌倉幕府直轄軍 ………………92, 115, 116, 245
搦手（軍） ……49, 163, 166, 168～177, 179, 180, 182, 183, 185, 189, 222
寛喜の大飢饉 …………………………………145
木戸口 …………………………10, 161～163, 193
衣笠城合戦 ……………………………………108
行基年譜 ………………………………132, 151
京下官人 ………………………………31, 32, 51
梟　首 …………………………70, 71, 73, 74, 82, 266
京都大番役（内裏大番役・大番役） …30, 32～36, 44, 45, 49, 55, 106, 242
京武者 ……19, 29, 43, 84, 105, 129, 149, 190, 218～223, 225～227, 239～242, 244, 253～255, 258～263, 269
国地頭 ………………………2, 22, 230, 282～284
　―伊勢国国地頭 ……………………………208
　―播磨国国地頭 ……………………………246
国兵士 ………………106, 120, 195, 196, 199, 225
熊野詣 ……………………………141, 143, 145, 146
久米田寺「復興」………………………146～148
公文所 ……………………………21, 31, 32, 279
軍事貴族……29, 38, 42, 43, 79, 84, 126, 127, 219, 221～223, 227, 239, 240, 242, 253, 254, 267, 281
軍事占領 …………………………4, 194, 206, 282
軍事動員 ………5, 169, 193～196, 200, 204, 206, 225, 264, 283, 284
警固中節会部類記 ……………………136, 152

家司受領 ……………………………………………127
検非違使……36, 43, 55, 58, 73, 79, 129, 213, 221, 224, 241, 254, 255, 257, 258
源氏将軍故実（源氏将軍伝承）………62, 63, 68, 69, 73, 74, 82, 83, 85
源氏臣従譚 ………………………………267, 268
源氏嫡流工作……………………………………92
源氏平氏（の輩） ………219, 220, 227, 259, 262
権門体制（論） ………………231, 233, 234, 236
元暦元年の乱 ……47, 59, 60, 210, 224, 281, 287
公権委譲（論）……3〜5, 231, 233, 245, 283, 284
強　訴 ………………16〜18, 33, 34, 43, 79, 241
降　人……………………………………………48
公武婚 …………………31, 32, 37, 39, 50, 54, 243
工兵（隊） ……………………164, 165, 198, 199
高麗鐘 ……………………………………146, 147
後三年合戦 …………91, 251, 253, 254, 255, 266
後鳥羽「不徳」観 ……………………………235

さ　行

在地領主制（在地領主）……14, 50, 51, 130, 173, 237, 240
坂落し ……………………157, 163, 183, 185, 191
相良系図 …………………………………267, 274
佐々木系図 …………………………………40, 57
侍　所 ……………………………………116, 279
三槐荒涼抜書要 …………………………274, 277
三種の神器（神器） ……………49, 50, 159, 181
鹿ヶ谷事件 …………………17〜20, 25, 36, 181
実務官人…………………………………………32
地頭（荘郷地頭）……4, 5, 22, 28, 47, 48, 59, 137, 145, 152, 197, 205, 206, 209, 210, 220, 233〜235, 243, 281〜285, 287, 288
地頭役 ……………………………………………145
囚　人 ……………………………………11, 36, 45
寿永二年十月宣旨………3, 5, 222, 231, 263, 279, 285
守　護……5, 10, 22, 145, 168, 169, 216, 230, 241, 283, 284
守護・地頭 ………3, 5, 14, 21, 231, 237, 276, 279〜281, 284, 285
守護の地頭 ……………………………………284
主従関係（主従制）……69, 70, 73, 74, 78, 82, 83, 114, 159, 225, 235, 251, 253, 254, 264, 270, 278, 285
儒林拾要 …………………166, 167, 169, 187, 288
城　郭 ……10, 160〜165, 174, 175, 177, 180, 193, 197〜199, 213, 224
承久の乱 ……5, 18, 28, 33, 34, 84, 115, 145, 146, 221, 226, 227, 235, 240, 242, 244, 245, 249, 279, 284
小代系図 …………………………………107, 118
小代伊重置文 ……71, 88, 91, 101, 113, 118, 271
諸家系図纂 ………………………63, 64, 87, 118
詞林采葉抄 ……………79, 89, 90, 267, 268, 273
新補（率法）地頭 ………………………145, 155
墨俣川合戦 ……………………………………199
征夷大将軍 ……3, 230〜232, 265, 266, 276〜280, 285〜287
制　札 ……………………………204, 205, 215, 216
関ヶ原合戦図屛風（津軽屛風）………………201
摂津国名所大絵図 …………………177, 178, 189
摂津名所図会 ……………………………172, 188
前九年合戦 ………68, 70, 71, 74, 79, 80, 82〜84, 251, 253, 254, 262, 264〜266
惣追捕使 ……5, 10, 22, 145, 168, 169, 283〜285
　―伊賀国惣追捕使 …………………………224
　―伊勢国惣追捕使（惣追捕使代） …216, 226
　―近江国惣追捕使 …………………………226
　―摂津国惣追捕使 …166, 168〜170, 175, 180, 182, 283
　―但馬・淡路国惣追捕使……………………62
　―播磨国惣追捕使 …………………………188
　―備前・備中・備後国惣追捕使 ……50, 224
　―武蔵国惣追捕使 …………………………118
杣　工 ……………………………………………199
村落の戦争 ………………………………205, 209

た　行

大政委任 …………………………………………284
大　道 ……10, 93〜95, 97, 99, 109, 113, 116, 141
大日本史 ……………………………………………7
大日本編年史 ………………………………………7
滝　口 ………………………………………30, 35
誕生儀礼 …………69, 74, 76〜78, 80, 81, 83〜85
壇ノ浦合戦 …………………12, 45, 126, 202, 241
知行国（知行国主・知行国制） ……43, 44, 106, 114, 120, 142〜144, 148, 226
千葉大系図…………………………………………80
朝　敵 ……………………199, 200, 202, 254, 264

鎮守府将軍 ………68, 71, 79, 253, 254, 264～267, 278
追討使 ………49, 59, 78, 79, 165, 167～171, 180, 187, 190, 201, 254, 283,
追　捕 ……73, 197, 201～204, 206, 208, 255, 257, 280
敵方所領没収 ………4, 5, 205, 233, 235, 282, 283, 285
敵方武士の赦免・保護……………………………13
東国国家（論） ……………3, 231, 233, 234, 279
礪波山（倶利伽羅峠）合戦 …………………158
宿　直 ……………………………32, 33, 127, 143

な　行

日本国総地頭 …………………………5, 279, 284
日本国総追捕使 ……………5, 21, 279, 284, 287
日本戦史 ………………………………7, 8, 22
人　夫 …………10, 141, 164, 197～199, 202, 213
曩祖将軍 …………………………68, 84, 264, 265

は　行

配　流 ……16, 29, 30, 42, 43, 235, 239, 252, 255, 260, 261
幕府直轄軍 ……………………92, 115, 116, 245
反乱軍 ……5, 29, 38, 51, 109, 234, 235, 239, 262, 279, 283, 285
廟堂粛清 …………………………………142, 235
兵粮米 ……10, 142, 159, 165, 171, 194～197, 200～202, 218, 241, 283
「ヒロキ中」…………………………12, 48, 50, 60
武家名目抄 ……………………………232, 287
譜　代 ……………………………73, 78, 82, 154
夫　兵 ……………………………………197, 202
文治勅許 ………3, 5, 21, 22, 276, 279～284, 286, 287
平家物語史観 …………………………13, 14, 20
兵士役 ……………165, 171, 195～198, 202, 283
平氏クーデタ（治承三年クーデタ） ……15, 24, 42, 107
平氏政権 ……………………15, 24, 107, 238, 239
平氏都落ち ………11, 43, 46, 60, 77, 89, 136, 181, 182, 201, 221～223, 240, 241, 262
平治の乱 ……15, 24, 37～40, 42, 105～107, 119, 193, 196, 239, 252, 260
保元の乱 ………21, 105, 129, 193, 219, 239, 259, 260
法住寺合戦 …………………………19, 190, 222
傍　輩 ……………………………………35, 36
亡　命 …………………………39, 41, 42, 44, 50
北陸道攻め（北陸道遠征） ………158, 198, 200, 201, 212, 262
没収地給与 …………4, 5, 205, 233, 235, 282, 283
本領・本宅安堵 ……………………194, 195, 205

ま　行

守　刀 ………………………………75～78, 83
水戸学 ………………………………………284
三日平氏の乱 ………………………………210
民衆動員 ……………163, 164, 194, 197, 199, 200
武蔵国衆 …………………………115, 244, 245
武蔵国留守所惣検校職 ………100, 108, 110, 114, 116, 118
武蔵七党系図 ……………62～65, 67, 71, 85, 87
武者所 …………………30, 31, 106, 167, 168, 242
謀叛人跡 …………4, 5, 21, 47, 59, 205, 215, 281, 282
室山合戦 ……………………………136, 137
鳴弦の役……………………………………75～77
廻　文 ……………………………167～169, 187
乳　母 ………………31, 32, 37, 48, 85, 101, 103
乳母夫 ………………………………………105
免　田 ……126, 127, 132～136, 138～141, 143～145, 148, 152
没官（没官領） ……4, 21, 28, 130, 142, 145, 205, 206, 208～210, 233～235, 281, 282, 287, 288
問注所 ……………………………………21, 279

や　行

山上がり ……………………………209, 214, 216
山落とし …………………………………202, 214
謡曲「鉢木」…………………………………93, 116
養和の大飢饉 ……………………………158, 262
横山系図 ……………………62～67, 71, 85～87

ら　行

洛中警固 ……………………………36, 221, 240
領主間の競合・矛盾 ………………51, 130, 174
流　刑 ……………………………………39, 42, 44
流　人 ………………42～44, 50, 51, 245, 260
六条八幡宮造営注文 …………………………244

六波羅探題 ……………………………145, 230
路次追捕 ……194, 197, 200〜202, 205, 206, 214

わ　行

『和歌真字序集』紙背文書……………………246
和田合戦 …………………62〜64, 66〜68, 84, 87
和　平 ………11, 48〜51, 61, 109〜111, 171, 187, 262

Ⅱ　人　　名

あ　行

愛甲内記平大夫（内記太郎） ……………72, 73
秋里籬島 ……………………………172, 188
足利氏 …………………………92, 176, 201, 259
　―尊氏 ……………………………………176
　―忠綱（藤姓足利氏）……………………104
　―直義 ……………………………………176
葦敷重隆 …………………………………221
足立遠元 ……………………………31, 32, 53
安達盛長……………………………………32
安倍氏 ……………………………251, 264
　―貞任 ………68〜71, 82, 253〜255, 264, 266, 267
　―重任 ……………………………………254
　―宗任娘…………………………………40
　―頼時 ……………………………………253
安保氏 ……………………………………122
　―実光 ……………………………………115
安藤次 ……………………………173, 188
安東蓮聖 …………………133, 146, 147, 152, 155
安徳（天皇） …………………………32, 50, 159
池　家 ……………………………42, 46, 241
池禅尼 ……………………………………30, 42
石川源氏 …………………………………221
　―義兼 …………………136, 137, 152, 221, 228
　―義基 ……………………………………136
泉重忠 ……………………………………221
泉高父 ……………………………………132
出雲目代兼次………………………………75
伊賀平氏 ………………………………220, 223
伊勢・伊賀平氏 ……………………219, 223, 224
伊勢平氏 ……11, 36, 42, 128, 129, 185, 240, 241, 255, 259, 260, 263
板垣兼信 …………………………………224
一条忠頼 ……………………………224, 263
一条能保 …………………………………202
伊東祐親 …………………………………108
伊藤忠清 ……………………………………33, 54
伊藤兵衛尉真家……………………………75
井上毅 ………………………………………7
猪俣氏（猪俣党）……………………63, 81, 85
猪俣忠兼……………………………………70
宇佐美氏……………………………………16
　―祐茂 …………………………208, 210, 216
宇都宮氏 …………………12, 41, 46, 47, 59, 227
宇都宮紀氏 …………………………………80, 85
宇都宮紀三郎是景 ………………………75, 81
宇都宮朝綱 ……12, 30, 31, 35, 36, 45〜48, 52, 58, 59, 76, 77, 89, 106, 120, 220, 221
　―頼綱 ……………………………………47, 89
卜部基仲（近江入道蓮浄）…………………36
叡　尊 ……………………………146, 147, 155
江戸氏 ……………………………100, 107, 109
　―重継 …………………………107, 108, 123
　―重長 ……………………108, 110, 111, 262
遠藤為信 …………………………………168
遠藤持遠……………………………………35
奥州藤原氏 …………10, 40, 159, 251, 264, 278
近江源氏 …………………………221, 256, 262
大内惟信 …………………………………240
　―惟義 …………………………169, 187, 224
大江遠業……………………………………55
　―広元 ………………31, 39, 115, 244, 246
太田牛一 ……………………………………8
大庭景親 …………………………40, 108, 261
　―景義 ……………………………………37, 76
岡部清綱 ……………………………………75, 81
小瀬甫庵 ……………………………………8
織田信長 ……………………………………8, 9
小野氏 ……………………………63, 64, 68, 87
小野姓横山氏 ……………………62, 63, 68, 87
小野篁 ……………………………………62, 64
小野諸興……………………………………62

小山朝政 ……………………………………………108
　—政光 ………………………………………31, 212
小山田有重………12, 35, 36, 45, 58, 77, 106, 110,
　220

か　行

甲斐工藤氏 ………………………………………216
甲斐源氏 ……………………………221, 224, 262, 263
覚　盛 ……………………………………………155
葛西氏 ……………………………………………100
　—清重 ………………………31, 108～111, 244
上総常澄 …………………………………………258
　—広常 ……………………………42, 76, 109, 261
柏木義兼（甲賀入道成覚） ……………221, 256
梶原氏 ………………………………………………85
　—景季 ……………………………………76, 83
　—景時 ……76, 83, 165, 171, 183, 188, 203, 204,
　　246
糟屋氏 ………………………………………………85
覚快法親王……………………………………………18
加藤景廉 …………………………………………244
金子氏 ……………………………………………108
鎌倉景正 ……………………………………72, 266
蒲野介広隆……………………………………………75
河越氏 ……………………………85, 98, 100, 107, 109
　—重員 ……………………………………………116
　—重頼 ………75, 81, 85, 98, 99, 108, 110, 116,
　　262
河内源氏………68, 73, 74, 78, 80, 82, 83, 86, 102,
　104, 105, 107, 109, 129, 219, 221, 222, 251,
　253, 255, 258～264, 269
河内坂戸源氏 ……………………219, 257, 259, 261
河原兄弟 ……………………………183, 244, 212
木曾義仲……11, 12, 19, 48, 60, 86, 105, 111, 119,
　136～138, 158, 166, 173, 190, 195, 201, 221
　～225, 240, 259, 262, 263, 277, 282, 285
紀藤四郎 ……………………………………………4
清原氏 ………………………………251, 253, 254
　—家衡 ……………………………………………255
　—武衡 ……………………………………………255
行恵（多米正富）…………4, 205～210, 215, 216,
行　基 …………………………………132, 146, 148
九条家 ……………………140, 143, 144, 148, 154
　—兼実 ………49, 131, 133, 134, 141～144, 154,
　　170, 175, 212, 265
　—良通 ……………………………………………144
楠木正成 ……………………………………6, 7, 176
工藤景光 …………………………………………216
椚田広重………………………………………………67
熊谷直家 ………………………………………212, 244
　—直実 …………………………………35, 106, 244
勲藤庄司家人則安 ………………………208, 216
慶　運 ……………………………………………155
継　尊 ……………………………………………210
顕　尊 ……………………………146, 147, 155
玄禅五師 …………………………………………131
建礼門院………………………………………………50
皇嘉門院聖子 ……………………134, 143, 144, 154
幸珍法師 …………………………………………145
光　祐 ……………………………………………201
後白河（天皇・院）………11, 15～19, 31, 43, 49,
　50, 81, 105, 106, 129, 141～143, 154, 159,
　171, 175, 181, 184, 187, 190, 196, 202, 218,
　225, 240, 241, 258, 259, 282
後醍醐（天皇）……………………………………235
後高倉（法皇）……………………………………235
小谷平大夫景信………………………………………75
児玉党（有道氏）………12, 48, 60, 71, 81, 85, 91,
　99, 101, 104, 105, 109, 113, 118, 119, 259
　—経重 ……………………………………103, 107
　—経行（有三別当） …………70, 71, 101, 103
　—弘行（有大夫広行）……70, 71, 91, 101, 104
　—行重（秩父系児玉氏） ……………101, 107
　—行高（秩父系児玉氏）……………………101
後藤基清 …………………………………………202
後鳥羽（天皇・院）………60, 114, 145, 226, 227,
　235, 240, 241
近衛（天皇、体仁親王）……………31, 197, 258
小松家 ……………………………11, 46, 89, 228, 241
小松家家人 …………………………11, 46, 228, 241
惟宗（島津）忠久 ………………………………281

さ　行

西　光 ……………………………16～18, 25, 181
西　生 …………………………………………137, 145
西念（三滝上人）……………………………………46
佐伯経範 …………………………………………253
坂上田村麻呂 …………………………………265, 277
相模介是成……………………………………………75
佐々木氏 …………………………………………41, 42

—定綱 ……40, 41, 226
—高綱 ……40, 41
—経高 ……40, 41
—秀義 ……39〜41, 57
—盛綱 ……40, 41
佐竹師義 ……80, 268
佐野常世……93
寒河尼 ……31, 53
慈　円 ……18〜20, 25, 35, 106, 180
志太義広 ……221, 261
実　玄 ……133, 152
信濃源氏（頼清流） ……221, 222, 262
信濃源氏（義光流） ……257, 265
斯波高経 ……176
渋谷氏 ……41
—重国 ……40, 41
信夫佐藤氏……40
下河辺行平 ……108
沙弥生西……46
修明門院 ……146
守覚法親王 ……184
主税大夫隆康 ……207, 210
俊寛僧都……17
庄貫首頼季 ……75, 81
聖鑑法師 ……137, 139, 140
静　賢 ……18
上西門院統子 ……35, 81, 258, 260
小代氏 ……91, 113
—行平 ……113
少弐頼尚 ……176
白河（院）……29, 219, 222, 227, 239, 240, 242, 255, 263, 268,
信　西 ……260
季　廉 ……226
崇徳（天皇・上皇） ……21, 38, 105, 129, 259
駿河判官家光……75
清和源氏 ……255, 256, 263
摂津源氏 ……17, 129, 221, 222, 240, 256, 259, 261, 262
妹尾兼康 ……173, 197
宗　性 ……59, 60
相馬庄司清行……75

た　行

待賢門院璋子 ……81, 258
平家貞 ……46, 47, 51, 59, 60
—家弘 ……259
—兼隆 ……42〜44, 58, 129
—清盛 ……15〜21, 24, 25, 32, 36, 43, 45, 46, 105, 129, 146, 181, 182, 219, 223, 239〜241, 259, 260
—維繁 ……259
—維衡 ……128, 129
—維盛 ……33, 34, 54, 190
—貞季 ……43, 127, 128, 129, 166, 223, 259, 263, 281
—貞正（河田入道蓮智）……4, 21, 206, 215
—貞盛 ……78, 79, 129, 262, 267
—貞能 ……12, 13, 36, 45〜48, 51, 58〜60, 89, 220, 221, 227
貞能母尼 ……46, 47
—重国 ……220
—繁貞 ……259
—重衡 ……11, 49, 50, 61
—重盛 ……11〜13, 15, 16, 25, 33, 46, 54, 220, 223, 228, 241
—季衡……46
—資盛 ……16, 34, 46, 59, 89, 241
—忠常 ……78, 79, 253
—忠正 ……21, 260
—忠盛 ……4, 30, 46, 129, 206, 257
—経盛……34
—時家……42
—時兼……43
—時子 ……46, 223
—時忠 ……42〜44, 58
—時盛……21
—知重 ……105
—知忠……13
—知度 ……105
—知盛 ……13, 58, 105, 106
—直方 ……78〜80, 84, 89, 262, 267, 268
—信兼 ……11, 42, 43, 58, 127〜136, 138〜141, 143, 148, 150, 152, 166, 185, 223〜225, 240, 259, 263, 281, 287
—教盛……21
—正盛 ……255, 260
—宗清 ……42, 260
—宗盛 ……11, 16, 36, 45, 46, 49, 50, 58, 89, 174, 220, 223, 241, 277

—盛兼　……………………………127〜130, 259
—盛俊 ……………………………………173, 174
—良文 ……………………………………………193
—頼盛 ……………………21, 42, 105, 241, 260
平子家 ………………………………………64, 66
—広長………………………………………64〜67
高倉（天皇）…………………………17, 32, 33
高階仲兼 ………………………………………127
—仲基 ………………………………………127, 128
多賀久利 ……………………………………173, 174
高田重家 ………………………………………221
武田信義 ……………………………………158, 224
多胡高経　…………………………70, 71, 88, 101
多田源氏 ……………………169, 181, 182, 190
—満仲 ……………………………19, 25, 182
—行綱 ………17〜19, 25, 166, 169, 170, 174〜177, 180〜183, 185, 188〜190, 261
多々良貞義…………………………………………76
橘正盛 …………………………………………168
田名広季 ……………………………………65, 67
為兼法師 ……………………………………129, 130
為兼法師子息兼真 ……………………………130
丹　党 ……………………………………………115
筑前家重 …………………………………197, 198
秩父系児玉氏（平児玉氏）……………107, 119
秩父氏（秩父平氏）……35, 62, 80, 81, 85, 93, 98〜101, 104〜111, 115, 116, 118, 258, 259, 262
—重隆　……………99, 100, 102, 104, 119, 259
—重綱（茲縄）……72, 85, 99〜101, 118, 119
—重弘　………………………………85, 109
—武綱 ………………………………101, 103
—武恒　…………………………75, 80, 85
千葉胤頼　……………………35, 36, 55, 109, 121
—常胤 ……………………………………109, 261
土屋義清　……………………………76, 77, 83
堤権守信遠…………………………………………44
遠山信治 ……………………………………………8
土佐房昌俊…………………………………………36
豊島氏　…………………………80, 81, 85, 100
—清元　………………………………31, 108
豊島介家広　……………………………75, 81, 85
鳥羽（天皇・院）………29, 31, 38, 46, 106, 129, 219, 222, 223, 239, 240, 242, 258, 259, 263, 268
土肥実平　………………11, 36, 48〜50, 171, 224

な　行

内記大夫行遠 ……………………………72, 88
中臣重種……………………………………………55
中原氏　…………………………38, 39, 56, 105
—兼遠　……………………………60, 105, 259
—親能 ……11, 31, 38, 39, 43, 48〜50, 166, 171, 223, 263
—久経 ………………………………………38, 39
—広季………………………………………………39
—宗景 ……………………………………………168
—師元………………………………………………79
二階堂行政…………………………………………31
仁科盛家 …………………………………………221
二条（天皇）……………………32, 105, 260
新田氏 ……………………………………104, 220
—義貞　…………………………………94, 176
—義重 …………………104, 112, 121, 256, 261

は　行

畠山氏 ……………………………………100, 107
—重忠 ………76, 99, 107, 108, 110, 111, 114〜116, 123, 164, 198, 262
—重能 ……12, 35, 36, 45, 58, 77, 101, 104, 106〜110, 220, 259
波多野氏 ………………………37〜39, 41, 56, 85
—有常（有経）…………………………37, 39
—経家………………………………………………39
—遠義 …………………………………………38, 65
—秀遠（成親）……………………………………38
—義景………………………………………………39
—義常 ……………………………………37, 39
—義通 ………………………37〜39, 81, 258
義通妹 ……………………37, 38, 81, 258
八条院 ……………………………………………140
八田知家……………………………………………31
—宗綱………………………………………………31
塙保己一 …………………………………………287
樋口兼光 ………………12, 48, 60, 105, 137, 138
常陸介為範…………………………………………75
常陸房昌明 ………………………………………138
秀郷流藤原氏 ……………………………………253
美福門院……………………………………………46
日向権守清実 ……………………………………138

平賀朝雅 ……115, 210, 226, 257, 265
—義信 ……114, 257
平田家継 ……47, 51, 59, 60, 220, 221, 223, 224, 228
藤原有成 ……127
—有信 ……127
—景通 ……253
—兼長 ……129
—清衡 ……94, 251
—邦綱 ……127, 128
—国衡 ……40
—邦通 ……31, 32
—定能 ……175
—季範 ……81, 258
—隆行 ……128, 131
—忠実 ……79, 127
—忠通 ……46, 127, 131, 144, 151
—経清 ……254
—経宗 ……33
—友範 ……146
—知光 ……31
—長房 ……142〜144
—成親 ……16〜18, 25, 181
—信頼 ……260
—則明 ……253
—秀衡 ……40〜42
—秀康 ……235
—光俊 ……31
—光長 ……142〜144, 154
—光盛 ……127, 128
—光能 ……31
—宗忠 ……255
—基輔 ……142
—基成 ……40, 42
—基衡 ……40
—基房 ……16, 131
—師高 ……16
—師通 ……127
—泰衡 ……40, 42, 73, 74, 82, 161, 198, 264, 266
—行輔 ……142
—頼長 ……105, 129, 259
—頼通 ……79
古郡忠光 ……67, 87
—経忠 ……67, 87
—保忠 ……67, 87
弁　慶 ……172
北条氏 ……52, 115, 116, 244
—時定 ……138
—時政 ……30, 42, 44, 52, 115, 116, 204, 207〜210, 215, 265, 280, 283, 284
—時頼 ……93, 146
—政子 ……76, 114, 115
—泰時 ……115, 116
—義時 ……114
蓬萊経重 ……107

ま　行

牧　氏 ……52
牧の方 ……30, 42, 52, 265
丸山可澄 ……63
三浦氏 ……85, 99, 101, 104〜109, 111, 259
—胤義 ……235
—為次 ……72, 266
—義明 ……81, 100, 101, 107, 108, 111, 123, 255, 258, 262
—義澄 ……35, 36, 108, 109, 121
水走康忠 ……194〜196, 199, 200, 225
源　充 ……193
—有経 ……202
—有雅（岡崎入道三品） ……146
—有通 ……142
—国房 ……219, 221, 222, 256, 257, 259, 261, 262
—実朝 ……115, 116, 256, 265
—重貞 ……257, 261
—重実 ……255, 257
—重時 ……65, 219, 257
—重成 ……129, 219, 257, 259
—重宗 ……102, 129, 219, 221, 222, 255, 257, 259, 261, 262
—季実 ……219, 259
—季長 ……127, 128, 133〜135, 140, 143, 144, 151, 154
—季範 ……219, 257
—資賢 ……142
—為義 ……41, 62, 68, 71〜74, 82, 85, 88, 102, 104, 105, 221, 255〜261, 263, 270
—俊房 ……254
—留（豊島太郎） ……167, 168

—朝長 ………………37, 38, 81, 256, 258～260
—仲政 ………………………………129, 259
—仲綱 ………………………………43, 256
—範頼 ………12, 137, 158, 159, 163, 168, 171, 175, 176, 184, 188, 218, 222, 256
—広業 ……………………………………240
—通親 ……………………………………286
—満仲→多田満仲
—光長 ………………………221, 240, 256, 261
—光宗 ……………………………………219
—光保 ………………………219, 256, 258, 259
—基具 ……………………………………146
—盛季 ……………………………………127
—康綱 ……………………………………261
—行家 ……136～138, 140, 142, 152, 153, 204, 221, 222, 228, 256, 261～263, 280, 282, 283, 285
—義明 ……………………………………255
—義家 ………62, 68～71, 73～85, 91, 92, 101, 104, 129, 222, 251～256, 259, 261, 266～270
—義賢 ……60, 71, 86, 100～105, 111, 119, 256, 258, 259, 263
—義清 ………………………………221, 257, 262
—義国 ………………………………92, 220, 256
—義忠 ………………………………73, 82, 255～257
—義親 ………………………………255, 256, 270
—義綱 ………………………………82, 255～257
—義経 ……11, 43, 48～50, 52, 98, 99, 130, 133, 136～138, 142, 157～159, 163, 166, 168～173, 175～177, 179, 180, 183～185, 189, 195, 196, 200, 202, 204, 207, 210, 212, 218, 221～226, 241, 256, 263, 280, 282, 283, 285
—義朝 ……31, 37, 38, 41, 81, 82, 85, 100, 102, 104～107, 129, 196, 219, 239, 240, 252, 256, 258～262
—義平（鎌倉悪源太）………81, 86, 100～102, 104～106, 111, 256, 258～260, 262
—義光 ………………………221, 256, 262, 265
—義康 ………………129, 220, 256, 259, 260
—頼家 ………62, 76～78, 83, 89, 256, 278, 286
—頼賢 ………………102, 105, 256, 259, 260
—頼兼 ……………………………………240
—頼茂 ……………………………………240
—頼朝 ……3～6, 10～13, 19, 21, 29～33, 35～46, 48～52, 59, 62, 68, 73～78, 80～86, 91, 92, 95, 100, 105～115, 121, 122, 126, 138, 142, 143, 154, 158, 159, 161, 164, 168, 171, 184, 185, 196, 199, 202, 209, 210, 212, 218, 220, 222～226, 230～235, 239～241, 244, 245, 252, 255, 256, 258～266, 268, 269, 276～288
—頼信 ……………………………251, 253, 256
—頼政 ……35, 43, 120, 126, 129, 158, 221, 222, 240, 256, 259, 261, 262
—頼義 ………68, 70, 71, 73, 74, 78～80, 82, 84, 85, 90, 92, 251～254, 256, 262, 264～268, 278
美濃源氏 ……129, 219, 221, 222, 240, 255～257, 259, 261, 262
村上氏 ……………………………………108
村上信国 …………………………………221
明 雲 ……………………………16, 18, 33, 43
明 恵 ……………………………………220
明 空 ……………………………………95
村山氏 ……………………………………108
以仁王 ………………………35, 43, 126, 158, 262
森田介房直…………………………………75
師岡（師岳）重経 …………………………76, 77
文 覚 ……………………………………35

や 行

安田義定 ………………………………221, 257
山内首藤景通 ………………………………210
—経俊 ……………………………208, 210, 226
—俊綱（滝口四郎） ……………207, 210, 216
—通時 ……………………………………210
山辺馬助 …………………………………210
山本義経 ………………………………221, 256
湯浅宗重 …………………………………220
由 阿 …………………………………79, 267
祐 円 ……………………………137, 145, 152
結城朝光……………………………………31
横山氏（横山党）………62～64, 66～70, 72～74, 76, 78, 82～87, 266, 268, 274
—兼氏………………………………………64
—重真………………………………………64
—成任 ……………………………………65, 66
—資隆 ……………65, 66, 68, 69, 74, 75, 78, 80

—隆家 ……65, 66
—隆兼 ……65～67, 69, 72～74, 85
—隆遠 ……65, 66
—孝時……63
—隆泰 ……64, 65
—忠兼 ……65, 69, 70, 73
—経兼 ……65, 66, 69～71, 74, 82, 85, 266
経兼門客貞兼 ……70, 82
経兼郎等惟仲 ……70, 74, 82
—経隆（小山次郎） ……65, 69, 74, 75, 78, 81
—時兼 ……63～67, 69, 73～78, 82, 83
—時重 ……65, 67, 69, 75, 81
—時広 ……62, 64～67, 69, 73, 74, 82, 266
時広郎等（小比企）広綱 ……73, 74, 82
—広長……64～67
—道兼 ……69, 70
—義隆 ……64, 65, 69
姝子内親王 ……260
吉田兼好 ……184

わ　行

鷲尾武久 ……172
—義久（熊王）……172
和田氏 ……62
和田義盛 ……65, 76, 83, 116
渡辺党 ……168, 187

Ⅲ　地名・寺社・建物名

あ　行

愛甲荘（相模） ……72, 73
青墓（美濃）……72, 260
足利（下野） ……95, 98
阿津賀志山（陸奥）……10, 161, 162, 164, 165, 173, 186, 198, 199
安保郷（武蔵） ……115, 122
天野谷（河内）……140
天山杣（山城）……198
粟津（近江）……138
安善寺（下野）……12
伊賀上野（伊賀）……223
伊賀街道 ……223
石河城（河内）……152
伊勢神宮（伊勢）……209
一志郡（伊勢）……128～130
厳島神社（安芸）……15
印南野（播磨）……162, 163, 176, 180～182
入間野（武蔵）……95, 111, 112
石清水八幡宮（山城）……79
宇治（山城） ……129, 222
宇都宮（下野）……30, 41, 46, 80, 95
薗光寺（河内） ……204, 205
園城寺（近江）……158
延暦寺（近江） ……16～18, 25, 33, 34, 43, 79, 129, 158, 241
往生院（伊賀）……60
大江御厨（河内） ……195, 196
大江山（大枝山）（山城）……11, 49, 168, 171
大蔵（武蔵） ……60, 86, 95, 98～102, 104～106, 111, 113, 116, 118, 119, 259
大橋御園（伊勢） ……4, 206, 207, 209, 210, 215, 216
大原荘（近江）……224
大庭御厨（相模） ……37, 258
大輪田泊（摂津） ……162, 163, 174, 179
奥大道 ……10, 41, 94, 95, 161, 198
押小路東洞院殿（京都） ……32
小野（播磨） ……162, 180
小野原（丹波） ……162, 170
小野牧（武蔵） ……62
小山田（武蔵） ……95, 100

か　行

春日社（大和） ……131, 165, 171
勝尾寺（摂津） ……171, 188, 201, 203, 204, 214
加太越 ……223
鎌倉（相模）……2, 11, 37～39, 41, 50, 64, 75, 79, 81, 83, 90, 91, 93～95, 100～102, 104, 105, 109, 111, 112, 115, 158, 164, 184, 198, 220, 224, 239, 243～245, 252, 258, 262～264, 267, 268, 281, 287
鎌倉街道 ……93～97, 117
—「上道」……85, 92～95, 97～100, 109, 111～118, 245
—「中道」……94, 95
—「下道」……94, 95

―「上道下野線」……………………95, 112
鎌倉大道……………………………93, 94
加守郷（和泉）……………………137, 139, 140
河越（武蔵）………………………98, 116
河尻（摂津）……………………162, 181, 182
川辺郡（摂津）…………………18, 169, 181
閑院内裏（京都）…………32〜35, 54, 242
木曾谷（信濃）……………………105, 259
衣笠城（相模）……………………………108
九条御堂（証真如院）（京都）……133, 134, 143, 144
熊谷（武蔵）…………………………………98
久米田寺（隆池院）（和泉）……126, 132〜141, 143〜148, 150〜155
厨川（陸奥）………………………253, 264
河田別所（伊勢）………………4, 205, 216
興福寺（大和）…………………131, 158, 160
高野山（紀伊）……………………15, 79
高麗……………………146, 147, 238, 239
近木郷（和泉）……………………138, 153
児玉（武蔵）……………………95, 98, 99, 112
小松寺（常陸）………………………………12
昆陽野（摂津）……………162, 181, 182, 190
衣川関（陸奥）……………………………253
金剛寺（河内）……………………………140

さ 行

西大寺（大和）……………………146, 147
西方寺（定義如来）（陸奥）………………13
酒匂川（丸子河）（相模）…………80, 108, 268
佐々木荘（近江）……………………………40
佐野（上野）…………………………………93
山陽道（西国街道）……162, 163, 165, 168, 170, 171, 175, 176, 180, 181, 185, 203, 224
塩原山（下野）………………………………12
七条口（丹波口）（京都）……167, 168, 171, 180
下池田村（和泉）…………………………132
小代（武蔵）……………………28, 104, 259
白河殿（京都）…………………129, 259, 260
陣岡（陸奥）…………………………………74
須可荘（伊勢）…………………………129〜131
菅谷（武蔵）……………99, 100, 114, 116, 118
鈴鹿山（伊勢）……………………222, 223
勢多橋（近江）……………………………222
千戸別所（伊賀）……………………………60
泉南郡（和泉）……………………132, 138
善光寺（信濃）…………………95, 114, 122
走湯山（伊豆）…………………80, 111, 268
相馬御厨（下総）……………………37, 258
曾禰荘（伊勢）………………128〜130, 135

た 行

大懺法院（京都）……………………………20
大伝法院（紀伊）…………………196, 213
多可郡（播磨）……………………………173
多胡郡（多胡荘）（上野）………60, 71, 99, 101, 102, 104, 111, 119, 259
タダ越（播磨）……………………170, 180
多田荘（摂津）…………………18, 162, 181, 187
垂水東・西牧（摂津）………165, 168, 171, 196, 201
丹波路……………11, 49, 168, 170, 171, 175, 180
秩父牧（武蔵）………………………………99
机荘（淡路）………………………146, 147
柘植（伊賀）………………………………223
壺井（河内）…………………………………80
東海道………………………72, 80, 98, 268
東山道………………………10, 98, 100, 117, 161
東大寺（大和）……………59, 133, 152, 180, 207
得善・末武保（周防）……………………197
徳蔵寺（武蔵）………………………………97
所沢（武蔵）…………………………………98
利根川……………………………………95, 104
鳥羽（山城）………………………………146
豊西南条小野山（長門）……………………202

な 行

長野荘（河内）……………………136, 137
長野城（河内）…………………136, 137, 152
那須野（下野）……………………111, 112
苦林宿（武蔵）………………………………97
西下（摂津）……………………162, 178, 179, 181
西八条（京都）………………………16, 17
新田（上野）……………………95, 98, 112

は 行

箱根山（相模）……………………………111
波多野郷（相模）……………………………37
波出御厨（伊勢）…………………130, 281
春木荘（和泉）……………128, 131, 132, 151

坂東山償原別所（甲斐）……………………………67
東三条殿（京都）…………………………………33
比企郡（武蔵）……………95, 99, 101, 102, 259
比企谷（相模）……………………………75〜77
櫃川（山科川）…………………………………129
鵯越（摂津）………157, 162, 163, 172, 174〜180, 182〜185, 191
兵庫（摂津）…………………147, 174, 176, 177
平泉（陸奥）……………………………41, 251
平田（伊賀）……………………………………60
笛吹峠（武蔵）…………………………95, 98
福原（摂津）………11, 16〜19, 49, 158, 162, 163, 174〜179, 181, 182, 188, 190, 224
藤岡（上野）……………………………………98
藤白王子（紀伊）………………………………146
峰定寺（山城）…………………………46, 59
船岡山（京都）…………………………………38
船木田荘（武蔵）………………………………62
平沢寺（武蔵）…………………………99, 118
北条（伊豆）……………………………………44
北陸道…………………158, 198〜202, 212, 262
法性寺（京都）…………………………………13

ま　行

松井田（上野）………………………112, 114
松崎浦（伊勢）…………………………………128
松田郷（相模）…………………………37, 38
松山御厨（伊勢）………………130, 133〜135
三木（播磨）……………………162, 176〜181, 189
三草山（播磨）……162, 170, 171, 173, 175, 176, 180
三島社（伊豆）…………………………………111
水走（河内）……………………194〜196, 199, 200
湊川（摂津）……………………………………176
三原（信濃）……………………………111〜113
壬生野郷（伊賀）……………………47, 59, 220
妙雲寺（下野）…………………………………12
妙順寺（和泉）…………………134, 150, 151
武蔵国府（武蔵府中）（武蔵）………95, 98, 100, 110, 262
武蔵路……………………………94, 98, 100, 117
無動寺（近江）…………………………………18

や　行

八木郷（和泉）………………137, 139, 140, 153
柳下（相模）…………………74, 75, 78, 80, 268
屋島（讃岐）………11, 12, 50, 159, 218, 221, 225, 241
社（播磨）………………………………162, 180
安田荘（播磨）………………162, 173, 174, 188
八部郡（摂津）………………164, 172, 181, 188
山木郷（伊豆）…………………………43, 44
山直郷（和泉）…………136, 137, 139, 140, 145
山田荘（摂津）…………………………172, 181
大和街道…………………………………………223
山名宿（上野）…………………………112, 113
由比ヶ浜（相模）………………………………108
由比郷（相模）…………………………79, 262
遊行寺（相模）…………………………79, 267
夢野（摂津）……………………177〜179, 181, 188
湯山街道（山田道）…………178, 179, 181, 182
横山荘（武蔵）…………………………62, 64, 266

ら　行

蓮華王院（京都）………………………………91
六波羅（京都）…………………………………16

わ　行

和田（摂津）……………………………176, 181
和束杣（山城）…………………196, 198, 199

Ⅳ　研究者名

あ　行

相田二郎………………………………197, 213
赤松俊秀…………………………………………59
秋山哲雄……………………122, 243, 244, 249
浅香年木……………………………221, 228, 273
熱田公……………………………………………190
阿部正道…………………………………………117
網野善彦……………………………………1, 2, 155
飯田悠紀子………………………………………54
飯淵康一…………………………………………54
以倉紘平………………………………23, 58〜60
池永二郎…………………………………………216
生駒孝臣……………………………187, 242, 249

石井紫郎 ……23, 58, 211
石井進 ……21, 54, 88, 118, 155, 211, 212, 215, 271, 286
石井良助 ……21, 286
石母田正 ……14, 24, 120, 190, 212, 232, 236, 237, 247, 288
泉谷康夫 ……149
市川健夫 ……116
市沢哲 ……181, 190
市村高男 ……52
伊藤一美 ……122
伊藤瑠美 ……227
稲葉博 ……23
井上満郎 ……227
井上光貞 ……151
猪熊兼繁 ……187
井原今朝男 ……154, 242, 243, 249
入間田宣夫 ……2, 14, 20, 23, 24, 61, 62, 68, 70, 77, 78, 82, 86, 88, 89, 91, 214, 237, 238, 244, 247, 249, 273, 274
上杉和彦 ……56, 246, 249
上野武 ……269
魚澄惣五郎 ……151
牛山佳幸 ……122
内田美子 ……189, 191
上横手雅敬 ……4, 21, 24, 25, 58, 83, 91, 119, 120, 186, 228, 234, 246～248, 271, 272, 286～288
遠藤元男 ……81, 91
大石庄一 ……213
大石直正 ……61, 188
大林太良 ……211
大村拓生 ……270
大森金五郎 ……91
大山喬平 ……2, 21, 22, 59, 287, 288
岡陽一郎 ……93, 116
岡田清一 ……118, 122
小川剛生 ……152
尾崎勇 ……25
落合重信 ……189, 191
落合義明 ……99, 118, 122
小野妙恭 ……60

か 行

海津一朗 ……29, 52, 200, 213
加地宏江 ……90, 187
勝俣鎮夫 ……214
金澤正大 ……53, 54
金子有鄰 ……211
鎌倉佐保 ……86～88
亀井千歩子 ……116
河合正治 ……51, 52, 274
川島茂裕 ……40, 57
菊地暁 ……270
菊池紳一 ……87, 118
喜田貞吉 ……189
木下良 ……117
木村英一 ……32, 33, 54, 55, 226, 227, 229, 240, 242, 246, 248, 249
木村茂光 ……119
木本雅康 ……117
木本元治 ……186
日下力 ……19, 26
熊谷隆之 ……288
久米邦武 ……6, 7, 22
黒板勝美 ……189
黒田俊雄 ……24, 190
黒田日出男 ……270
甲田利雄 ……87
河野守弘 ……23
小林清治 ……23, 186, 198, 213
五味克夫 ……51
五味文彦 ……32, 33, 54, 120, 226, 229, 246～248
米谷豊之祐 ……53, 88
近藤成一 ……33, 54, 246
近藤好和 ……29, 52, 91
今野慶信 ……90, 91, 121, 216, 274

さ 行

齋藤慎一 ……95, 117, 118
斉藤利男 ……239
櫻井陽子 ……246, 274, 277, 286
佐々木紀一 ……271
佐藤進一 ……21, 86, 187, 231, 246, 286, 288
佐藤雄基 ……122
三田武繁 ……246
信太周 ……189
志立正知 ……26
清水亮 ……107, 120, 123, 246
下村周太郎 ……274
釈迦堂光浩 ……87

白井克浩 ……………………………………249
杉橋隆夫 …………………30, 42, 52, 57, 247, 286
鈴木彰 …………………177, 179, 183, 189, 228
鈴木国弘 …………………63, 64, 66～68, 85～87
鈴木宏美 ……………………………………249
鈴木芳道 ……………………………54, 243, 249
須藤聡 …………………………52, 53, 90, 227
関恒久 ………………………………………56
関幸彦 …………………………………21, 287
瀬野精一郎……………………………………51
曽我良成………………………………………25

た　行

高木昭作 ………………………………216, 249
高島緑雄………………………………………86
高田実 ………………………………………229
高橋一樹 ……………………235, 243, 247, 249
高橋慎一朗 …………………………………122
高橋富雄 ……………………………………274
高橋典幸 ………………………………86, 271
髙橋秀樹 …………………………60, 188, 189
髙橋昌明 ……3, 14, 20, 24, 25, 29, 52, 54, 55, 61,
190, 211, 219, 227, 238, 240, 248
多賀宗隼 ……………………………25, 54, 154
竹内理三 ……………………141, 153, 280, 287
竹下賢 ………………………………………227
武末泰雄………………………………………22
竹本豊重………………………………………52
田中文英 ……………………………24, 120, 150
田中稔 ……………………………187, 212, 248
谷口榮 ……………………………………109, 121
田端泰子………………………………………53
玉井力 ………………………………………149
田村憲美 ……………………………………214
田良島哲 ……………………………………215
塚本隆彦………………………………………22
角田文衞 ………………53, 56, 59, 90, 270～272
寺内浩 ……………………………………148, 149
戸田芳実 ……2, 24, 150, 151, 153, 155, 186, 188,
197, 203, 213～215
富田正弘 ……………………………………153
豊田武 ………………………………29, 51, 52

な　行

仲彦三郎 ……………………………………189
永井路子 ………………………………………2
永井義憲………………………………………23
中野玄三………………………………………59
中原俊章 ……………………………………187
永原慶二 ……………91, 224, 229, 236, 237, 247
中村直勝 ………………………………204, 215
永村真 ………………………………………57
長村祥知 ……………………………………249
七海雅人 ……………………………………122
南條範夫 ……………………………………270
西岡虎之助 ……………………………40, 57
西沢勇…………………………………………23
西田友広 ………………………233, 246, 247
西村安博 ……………………………………246
西谷地晴美 ……………………145, 152, 155
西山恵子 ……………………………………154
貫達人 ……………………………………120, 122
野口孝子………………………………………54
野口実 ………30, 39, 52～58, 73, 77, 79, 88～90,
119～121, 211, 228, 240, 244, 248, 249, 273
納冨常天 ………………………132, 151, 155
野中哲照 ……………………………………270
野村貴郎 ………………………188, 189, 191

は　行

芳賀善次郎 ……………………………97, 117
橋本義彦………………………………………24
早川厚一 ……………………19, 25, 189, 190
伴瀬明美 ………………………………235, 247
東啓子 ………………………………………189
樋口健太郎 …………………………24, 25, 55
樋口知志 ………………………………269, 270
菱沼一憲 ……………47, 59, 87, 176, 189～191
兵藤裕己………………………………………22
平田俊春 ……………………………………190
福田以久生 ……………………………90, 274
福田豊彦 ……………………………………121
藤木久志 …………9, 23, 203, 209, 214, 216
藤本正行 ……………………………8～10, 22, 23
藤本元啓 ………………………………90, 271
二木謙一………………………………………89
古川薫 ……………………………………189, 191
古澤直人 ……………………86, 233, 246, 247
細川重男………………………………………52
保立道久………………………………………52

堀　新 ……247
堀内和明 ……149
本郷和人……52

ま 行

牧健二……22
正木喜三郎……148〜150
町田有弘 ……71, 86, 88, 119
松島周一 ……188
松永和浩 ……247
松本一夫……53
松本司……86
三浦圭一 ……153, 187
三浦周行 ……21, 190, 191, 286
峰岸純夫 ……95, 117〜119
美濃部重克 ……19, 26
宮川満 ……187
宮崎康充 ……154, 227
宮地正人……22
宮田敬三 ……23, 50, 61, 186, 218, 221, 224〜226, 241, 248, 249
宮瀧交二 ……117
村井章介 ……238, 239, 248
村上伸二 ……118
村上美登志 ……189
村田修三 ……213
目崎徳衛 ……38, 39, 56, 57
毛利久……59
元木泰雄 ……29, 52, 60, 119, 149, 187, 190, 219, 223, 225, 226, 228, 229, 239, 240, 248, 269, 271, 273
守田逸人……60
森野宗明 ……186
杜山悠 ……170, 187

や 行

八代国治 ……86, 91
安田元久 ……56, 78, 86, 89, 90, 270
山口興順……60
山口英男……86
山田彩起子 ……154
山田朗 ……22
山田邦和 ……190
山中吾朗 ……151
山本隆志 ……41, 52, 57, 121, 122
弓削繁 ……25
湯山学 ……56, 72, 88, 90
吉井敏幸 ……155
義江彰夫 ……2
吉田早苗……53
吉田靖雄 ……153

わ 行

渡辺澄夫 ……149
渡辺浩 ……288
渡辺世祐 ……86, 91